重构人民币债券的信用之锚

——信用评级理论的创新和新的评级体系

王少波　艾仁智　万华伟　编著

中国金融出版社

责任编辑：肖　炜　董梦雅
责任校对：孙　蕊
责任印制：陈晓川

图书在版编目（CIP）数据

重构人民币债券的信用之锚：信用评级理论的创新和新的评级体系／王少波，艾仁智，万华伟编著．--北京：中国金融出版社，2024.12．--ISBN 978-7-5220-2580-3

Ⅰ．F832.51

中国国家版本馆 CIP 数据核字第 2024W2Q498 号

重构人民币债券的信用之锚——信用评级理论的创新和新的评级体系

CHONGGOU RENMINBI ZHAIQUAN DE XINYONG ZHI MAO：XINYONG PINGJI LILUN DE CHUANGXIN HE XIN DE PINGJI TIXI

出版
发行 　**中国金融出版社**

社址　北京市丰台区益泽路 2 号
市场开发部　（010）66024766，63805472，63439533（传真）
网 上 书 店　www.cfph.cn
　　　　　　（010）66024766，63372837（传真）
读者服务部　（010）66070833，62568380
邮编　100071
经销　新华书店
印刷　涿州市般润文化传播有限公司
尺寸　169 毫米×239 毫米
印张　17
字数　281 千
版次　2024 年 12 月第 1 版
印次　2024 年 12 月第 1 次印刷
定价　68.00 元
ISBN 978-7-5220-2580-3
如出现印装错误本社负责调换　联系电话(010)63263947

前　言

信用评级不仅是资本市场的基础设施之一，更是国家软实力的一部分，深刻地影响着国家在国际舞台上的地位和影响力。

自 1987 年我国首家信用评级机构成立以来，我国信用评级行业不断规范，逐步壮大，在助力实体经济直接融资、服务国家战略、有效防范信用风险、支持信用风险定价、推动资本市场对外开放等方面发挥了重要作用。2005 年以来，评级机构累计为 9300 余家发债企业提供了信用评级服务，助力直接融资规模超 137 万亿元；信用评级发挥负面筛选功能，使我国债券违约率显著低于国际水平，2014—2023 年，有评级债券的累计违约金额占比仅为 0.42%。2020—2023 年，信用评级机构在主体违约前进行首次负面评级调整的平均天数从 177 天上升至 577 天，有效地发挥了风险预警功能。

在取得一系列成绩的同时，我国信用评级行业在发展过程中也伴随着一些问题，比如市场普遍反映的评级区分度不高、投资人服务能力不强、国际话语权不足等。在世界百年变局加速演变，中国式现代化建设持续推进的背景下，加快建设金融强国是新时代新征程金融事业发展的重大目标任务。在建设金融强国的道路上，提升并掌握信用评级话语权是其中不可或缺且至关重要的一环。因此，党和政府对信用评级行业的发展提出了殷切希望。2020 年以来，中共中央、国务院、中办、国办先后指出要培育"具有全球话语权"的信用评级机构和培育"具有国际竞争力"的信用评级机构。

党和政府对信用评级行业的殷切希望是行业发展的信心之源。评级机构必须站在维护国家金融安全与稳定的全局和战略高度，以建设

"两个具有"为目标，坚定不移地推动信用评级行业高质量发展。"打铁还需自身硬"，评级机构应加强评级技术体系建设，聚焦于建立中国特色信用评级理论和评级体系这一中心任务，加快推动高区分度评级体系落地实施，向市场提供高质量的信用评级服务，为全球金融市场提供有效的信息参考，从而在根本上增强中国在全球金融治理体系中的话语权和规则制定能力，为迈向金融强国的目标奠定坚实基础。

"四海方磨剑，空山自读书"。联合以推动中国评级行业高质量发展为己任，历经五年艰辛，率先提出"3C"信用评级理论。"3C"信用评级将可持续发展能力纳入信用分析框架，打破了传统"经营风险+财务风险"的二维结构，构建了"经营能力+财务能力+可持续发展能力"的三维信用分析框架，是对评级理论创新的一次有益尝试。"3C"信用评级理论既紧跟"低碳经济""气候治理""绿色金融""人类命运共同体"等可持续发展的时代要求，又使评级体系对不同市场体制的适用性更强，更具普适性，其评级结果在准确性、区分度等方面均对标国际水平。"惟其艰难方知勇毅，惟其磨砺始得玉成"，"3C"评级将"重构人民币债券的信用之锚"，为中国评级机构走向国际化和建立话语权勇作先行。

联合信用管理有限公司董事长兼首席执行官　王少波

2024 年 12 月

云程发轫　骥步致远

随着 2005 年银行间市场的蓬勃发展，中国信用评级行业从 20 世纪 80 年代和 90 年代的量小力微逐渐发展成为中国金融价值链中的重要一环。2023 年，中国评级市场的信用债评级业务总量约 6000 只，涉及金融、房地产、公用事业、建筑工程、化工、煤炭等众多行业。2023 年中国发行信用债的评级比例为 42.9%，这一数据超过了近年欧洲市场存续债券（约 30%），略低于美国（约 55%）。

经过数十年的发展，中国评级机构从最初的学习、模仿也逐渐成长为拥有通识性兼具独特性的评级技术和观点的市场力量。评级活动运用极强的专业能力，通过总括性的方式处理纷繁复杂的海量信息，极大降低了债券市场中的信息不对称，在很大程度上提高了信息透明度、降低了交易成本，促进了债券市场稳健运行。2014—2023 年，中国公募债券市场 3 年期平均累积违约率仅为 1.21%，显著低于国际评级机构标普、穆迪、惠誉所披露的全球市场 3 年期平均累积违约率 4.11%（1981—2023 年）、4.93%（1983—2023 年）和 2.06%（1990—2023 年）。

中国评级行业作为一个新兴行业，在复杂的市场环境下，囿于市场竞争、信用文化和制度约束等诸多原因，也在各方角力之下不断调整，这主要表现为信用等级分布的变迁上。多年来，中国债券市场的信用等级逐步向高等级迁移，评级集中度大幅上升。2020 年，AAA 级和 AA+级高信用等级发行人占比首次超过了 50%。

信用等级高集中度并非一开始就形成，而是各方博弈、不断演变的结果。回顾中国债券市场信用等级分布的变化历程，可以分为三个阶段。第一阶段是 2005—2008 年，在这期间发行人信用等级分布逐步跨越 10 个子级以上，各等级相对均衡，低信用等级在市场普遍存在，整体区分度达到最高峰。其中，AAA 级和 AA+级信用等级发行人占比仅 30%，AA-级及以下信用等级发行人占比接近 50%，A+级及以下较低信用等级发行人占比约 25%。第二阶段是 2009—2015 年，伴随着债券市场交易场所的丰富与交易所 AA 级信用等级债券上市门槛政策的出台，AA 级信用等级发行人数量和占比快速增加，逐步形成了 AA 级为中枢的信用等级分布形态，同时 2011 年起 AA-级及以下信用等级占比不断下降。至 2015 年底，AA 级信用等级发行人占比达到 48% 的高峰，AA-级及以下信用等级发行人占比大幅降至 20%，AAA 级和 AA+级信用等级发行人占比仍维持在 32% 左右。第三阶段，自 2016 年起，随着刚性兑付打破后信用风险持续暴露，各金融机构在投资过程中不断下调其风险容忍度，与投资标的信用风险等级相关的政策也相继出台，如公司债券公开发行需达到 AAA 级信用等级、货币市场基金投资债券的信用等级不得低于 AA+级等，中国债券市场投资门槛逐步收紧，受各种力量的交织影响，发行人信用等级分布呈现了不断向高信用等级集中的新趋势，AAA 级和 AA+级信用等级的发行人占比不断上升。至 2023 年末，AAA 级发行人占比由 2015 年末的 13% 上升至 27%，AA+级发行人占比由 19% 上升至 29%，而 AA-级及以下信用等级发行人占比下降至不足 10%。这在很大程度上是市场失灵的表现，也是评级机构的集体失败。这背后有评级机构和评级从业者的额蹙心痛、深深自省，也不断激发信用评级人奋起有为的壮志雄心。

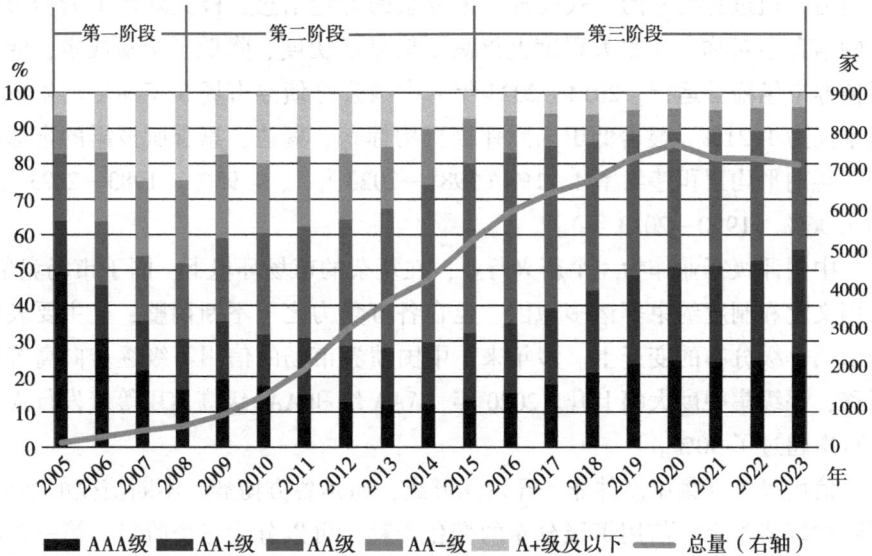

图1 中国债券市场发行人主体信用等级分布趋势变化
（数据来源：Wind，联合整理）

信用等级过于集中在高等级不利于债券市场的高质量发展。如果高等级样本均系高信用企业，那意味着债券市场门槛过高，不能给更多企业提供融资。如果高等级是信用标尺宽松所致，则无法为投资者提供有效的信用区分和定价支撑，也就难以形成多层次的资本市场。2021年，中国人民银行牵头五部门发布《关于促进债券市场信用评级行业健康发展的通知》，提出了"长期构建以违约率检验为核心、实现合理区分度"的评级体系等。在此背景下，开展评级理论和实践创新，构建具有合理区分度的新评级体系，是中国评级机构自身发展的内在需求。

纵观已有百余年发展史的国际评级机构，基本形成了自身较为稳定且接近"正态"的信用等级分布形态。正态分布体现的是一种橄榄型结构，即两端极好和极差的占比较低，而处于中间水平的占比较高的一种形态结构。在现实世界中，许多自然和社会现象都近似遵循或接近正态分布，在统计学上具备可加性等较好的性质。使得企业信用等级分布类似正态，并不是某个随机变量在统计学上服从某种概率分布的概念，而是在信用等级标尺设置时的一种有意选择。当前国际评级机构普遍形成的这种类正态分布，已经为市场普遍认可和接受，同时由于国际评级机构发布了长期的违约率统计数据，全球投资人、国际监管机构和权威组织在评级机构评价和评级结果使用等方面，广泛使用国际评级机构所统计的违约率构建了检验标准。鉴于此，中国的评级机构在不断走向国际化的过程中，在评级理论、评级方法、评级技术方面持续推进特色创新的同时，在违约率和信用等级标尺等方面应注重与国际接轨，使中国评级与国际评级具有一定的可比性，以便于境内外投资者更好地识别投资标的的信用风险程度和了解相关信息。

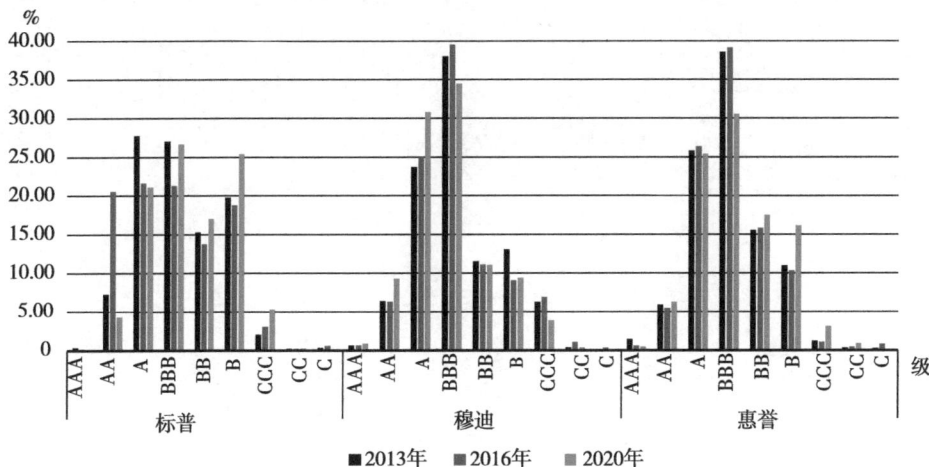

图2　国际三大评级机构主要年份主体信用等级分布

（数据来源：Exhibit 1 to Form NRSRO，联合整理）

联合在构建具有自身特色的新评级体系之路上积极探索，勇毅先行。联合研发团队率先构建了 3C 信用评级理论，通过对企业的发展韧性、财务弹性和 ESG 进行深入分析，构建企业可持续发展能力的评价方法，并将其和经营能力、财务能力有机整合，形成三支柱评级框架。同时，3C 信用评级体系充分考虑了分布合理性以及国际化的问题，重新界定了人民币债券的信用之锚，其评级中枢在 A-级左右，整体近似正态分布。结果检验表明，其评级准确率对标国际水平，违约预警及时性大幅改善，显著提升了评级质量，适用于全球人民币债券发行人，可有效缓解信息不对称，提高全球人民币债券市场的定价效率，有助于畅通全球人民币债券市场的投融资活动，助力中国债券市场的双向开放。

"问渠那得清如许，为有源头活水来"，本书旨在深入剖析 3C 信用评级理论及评级体系的内涵与价值，探讨其应用，以期为推动中国评级行业的高质量发展贡献绵薄之力。愿本书能为读者提供有益的参考与启示，共同见证中国信用评级行业的辉煌未来：云程发轫、骥步致远。

联合 3C 评级研发团队

2024 年 12 月

摘　要

　　信用评级距今已走过百余年的发展历程。随着经济活动的不断创新、发展模式的不断变化，加之社会体制和人文经济多元化的客观存在，现有信用评级体系已经逐步显现出不能完全适应市场需求的问题，亟须提出一套与时俱进的、适合于不同经济体制的信用评级理论和方法。

　　作为一家以"成为伟大的公信力公司"为愿景的机构，联合信用管理有限公司（以下简称联合）将信用评级作为主要的业务板块，一直致力于中国信用评级行业的高质量发展，持续提升评级结果对信用风险的揭示作用。"海纳百川、兼容并蓄"，联合在二十多年的发展实践中不断学习国内外的优秀成果，总结经验与不足，并加大研发投入，强化自身的技术储备。随着中国进入建设中国式现代化的新时代，中国的信用评级机构也必然要承担起相应的时代责任。"与时俱进、革故鼎新"，经过多年的深入研究，联合创新性地提出了基于"经营能力""财务能力""可持续发展能力"的3C信用评级理论，并以此为基础研发出一套新的评级技术体系，经过实践检验，评级理念更加顺应时代的发展潮流，评级结果在准确性、区分度等方面对标国际水平，可以作为人民币债券的全球评级体系（以下简称3C信用评级或3C评级）。

　　本书对3C信用评级进行了全面介绍，分为六个部分：第一部分为实践与反思，对3C评级方法体系提出的背景及原因做简要的介绍；第二部分为人民币债券全球信用评级理论概述，对可持续发展理论和3C信用评级理论进行详细介绍；第三部分为3C评级方法体系，主要介绍了联合的信用评级基础定义、行业风险评价方法、企业评级方法总论及评级模型构建技术；第四部分为重点行业 3C 评级方法和模型，详细介绍了 20 个重点行业的评级方法和评级模型；第五部分为 3C 信用评级质量评价，介绍了联合的信用评级质量评价体系和 3C 评级质量检验结果；第六部分为展望。

目 录

第五部分　3C 信用评级质量评价

第六部分　展望

第一部分　实践与反思

一、金融密集型经济增长模式下的债务资本市场快速发展与评级实践

在过去的三四十年里，无论是发达国家还是发展中国家，通过金融和债务手段推动经济增长似乎已是普遍现象。国际金融协会（IIF）在《全球债务监测》报告中表示，2023年全球各类债务（包括政府、居民、企业）再创历史新高，达到了313万亿美元。这也表明，全球债务规模持续攀升的后果之一则是，经济金融化现象在西方主要国家已日益显现。截至2023年末，在国际清算银行BIS公布的全球48个国家或经济体债务数据中，非金融部门债务与GDP占比，发达经济体平均水平为264.3%、新兴经济体平均水平为216.3%，我国非金融部门信贷总额与GDP比值为283.4%，处在第9位。债务本身是中性的，尤其在经济发展早期，信贷增长有利于拉动固定资产投资和基础设施建设，加快推动出口和工业化发展等，实现国民经济的快速增长。这一阶段在达里奥《债务危机》中被描述为债务周期的早期阶段，也被称为黄金阶段。但研究表明，债务与经济增长呈现"倒U形"关系，债务增长与经济增长的平衡就变得至关重要。无论是宏观还是微观主体，债务安全阀门就是一个重点考量的要素。

从中国的债务增长来看，我国非金融部门（政府、居民与非金融企业）的债务总存量从2004年的24.2万亿元人民币增长至2023年的363万亿元人民币，债务规模增长15倍，年均债务增长15.3%。从债务结构来看，过去20年的举债主体和债务功能发生了显著变化。2012年之前的工业化高峰期，资本密集型工业企业举债投资是新增债务主力；2012年到新冠疫情之前，政府和平台举债增加支出、居民部门举债购房和消费是新增债务主力。这与发达国家历史经验基本一致。从债务资本市场来看，中国债券市场的规模从2010年末的20.7万亿元人民币（约3.1万亿美元）增长到2023年末的155.7万亿元人民币（约21.8万亿美元），十余年间增长了六倍多。其中信用债和地方政府债是最大的两个板块，市场占比分别为39%和26%，其次是国债，占比为19%，政策性银行债则占16%。截至2023年末，中国信用债市场的总规

模约为 61.1 万亿元人民币,其中 33.5 万亿元由非金融企业发行,27.6 万亿元由金融机构发行。迄今为止,中国债券市场是仅次于美国的全球第二大市场。如何吸引更多的境内外投资者参与中国在岸债券市场,是影响中国金融对外开放程度的一个重要内容。其中,以信用评级表达的信用利差是投资决策的关键参考。从过往的评级表现来看,国内信用评级机构的评级序列普遍偏高,信用差异化有所不足。截至 2024 年上半年末,我国信用债券中,主体评级为 AA 级及以上的债券在有评级债券中的占比为 96.7%,其中评级为 AAA 级的占 49.3%。从国内债券市场的违约情况来看,截至 2024 年上半年末,我国债券市场累计有 288 家发行人发生违约,共涉及到期债券期数和规模分别为 912 期和 7734.75 亿元;截至 2023 年末,我国债券市场 AAA~AA 级发行人一年期平均累积违约率分别为 0.25%、0.31% 和 0.17%,主要级别违约率出现"倒挂"现象。因此,加大对国内评级序列的区分度、去评级泡沫化的呼声日益高涨。在这一市场需求下,评级机构如何应对,是主动变革还是被动改变,这是悬挂在国内评级机构头上的"达摩克利斯之剑"。

二、五部门下发的《关于促进债券市场信用评级行业健康发展的通知》开启了中国评级行业高质量发展的序幕

在过去三年里,随着强制评级的逐步取消,评级机构由事前准入审批改为备案制等一系列政策的推进,给中国评级机构的业务模式带来深远影响,中国评级行业经历了由"监管驱动"向"市场驱动"的转变。取消强制评级以来,我国债券市场中无评级债券的占比显著上升,信用评级业务量明显下降。截至 2023 年末,我国债券市场中无评级债券的期数占比为 57.10%,较取消强制评级后的第一年(2021 年)[①](38.32)大幅提升了近 19 个百分点;公开发行市场债项评级项目数量为 3239 个,较 2021 年(5086 个)大幅下降了36.32%。评级行业发展由"监管驱动"向"市场驱动"转型的趋势明显。

与此同时,为了评级行业的健康发展,2021 年 8 月 6 日中国人民银行、发展改革委、财政部、银保监会、证监会五部门发布了《关于促进债券市场信用评级行业健康发展的通知》(以下简称《通知》)。《通知》旨在推动评级机构既要构建真正以违约率检验为核心、具有合理评级区分度的、能真实反映出不同发行主体和债券信用风险高低的新型评级体系,有效解决现有评

---

① 2020 年 12 月 25 日,中国人民银行、发展改革委和证监会联合发布《公司信用类债券信息披露管理办法》,将信用评级报告从发行时必须披露的文件中删除。自 2021 年 3 月起,无评级发行债券的趋势开始在债券市场蔓延。因此,此处与取消强制评级后的第一年,即 2021 年做对比。

级集中度高、高信用等级占比过高、级别序列分布不合理、评级质量不高等问题，还要维持金融市场秩序、尽量避免由于级别变动过大带来的市场波动过高的风险，实现平稳有序的过渡。从《通知》下发至今的运行情况来看，目前国内各家评级机构主要通过在个体信用级别环节提高区分度，最终信用等级基本稳定、信用等级适度下调的方式来满足文件要求。所谓个体信用级别，是指在不考虑来自关联方或政府特殊支持的情况下对发行人个体内在实力的评估。该方法虽然有利于维护市场稳定，但个体信用级别仅是评级过程的中间产品，从最终的评级结果来看，个体信用级别并未解决级别分布不均、高信用等级占比过高等历史问题，还可能会带来在个体信用部分的级别竞争问题；同时各家机构外部支持的增信力度差异较大，并且调整规则的一致性也很难统一，仍无法解决市场关注的痛点问题。如何能够真正构建有区分度的评级体系，实现评级行业的高质量发展，更好地发挥债券市场基础设施的关键作用，这无疑需要评级机构主动直面变革，在深入吸取国际三大评级机构先进评级经验的基础上，结合中国企业运行特征，通过创新评级理论方法来实现。

三、构建既能反映发行人真实信用质量又能体现信用变化趋势的新型信用评级体系

信用评级的本质是要能准确反映和表达受评对象的真实信用状况和水平。因此，无论是评级维度、评级指标体系，还是评级模式的选择和构建的适宜性，这些都是必须要从技术层面正视的。

首先，从评级维度来看，传统信用评级对债务风险的评估主要针对经营和财务因素，这也是国际评级机构的理论框架，这一框架形成于一百多年前。然而，人类社会在经历了近百年的快速发展之后，气候问题、低碳节能问题、对共同社区的关怀、公司自身的战略和治理问题等成为关乎企业未来发展的关键影响因素。就现代企业而言，在绿色、节能、转型经济等方面，短期内是资本资金投入，是成本支出；但长期来看，是通过调整企业生产经营结构后的长期收益，这关乎企业未来的现金流和信用表现。因此，通过对发行人可持续发展能力的分析和评估，可以评估发行人未来一段时期的信用变化趋势。联合认为，可持续发展能力能够对企业未来的持续经营产生重要影响。因此，联合构建了以经营能力（Business Capability）、财务能力（Financial Capability）和可持续发展能力（Sustainable Development Capability）为三支柱的新型信用评级体系（以下简称3C评级），超越了长期以来以经营、财务分

析的二维体系。这不仅响应了"低碳经济""气候治理""绿色金融"的时代要求，更能体现当下债券融资人的运营特征。这一评估体系的构建与企业现行发展的时代背景要求更为吻合，更具有现实性意义和适用性，犹如二维评估体系构建于百年前，与当时相吻合一样。不同的社会发展时期，企业的经营需求和要求在发生变化，为之服务和反映企业真实信用状态的评估体系，自然也应顺势而为、与时俱进。联合通过评级理论的创新，以期更为准确地反映发行人未来的信用变化趋势。

其次，从评级指标体系、评级模型的构建来看，需要考虑的是，在全球范围内，不同市场发展阶段和运行特征有所不同，不同经济体制环境下企业在资源和要素的配置方面所具备的能力和得到的支持也不同，导致反映不同市场的企业信用特征指标体系同中有异。实际上，国际三大评级机构的评级样本主要来自欧美发达国家的债券发行人，其中考量的因素和建模指标对非欧美企业不一定适宜，如果简单套用国际评级体系，必然面临水土不服的问题。以中国为例，通过对国内外企业债务违约的深入分析可发现，国内外企业的债务风险来源和表现并不完全相同。国外企业债务违约通常与经济或金融周期密切相关，经济周期会显著影响企业经营和财务表现。中国企业信用风险和周期的相关性相对弱一些，且影响因素更加多元。从这个角度来看，国际三大评级机构也存在一定的样本偏差之痼疾。此外，在可持续发展能力的考察上，联合认为，ESG合规性要求是底线和基础，"S"指标的选择就跟国际流行的略有差异。联合更为重点考察的则是企业面对各种风险和变故的自我应对和适应能力，如主要衡量企业未来是否能够持续的经营、是否能保持和拓展核心优势、是否能持续获得用户和用户的稳定性如何、抗风险能力强不强、有没有二次起飞能力等。可持续发展能力也包含企业适应财务环境变化的能力。总之，探索契合不同市场经济运行逻辑和企业信用特征的评级要素和指标体系，是极为有意义的探索，因为这更能贴切、准确地评估中资债券融资发行人的信用状况。这也是联合在构建新型评级体系时，重点挖掘和探索之后的智慧集成，能更为准确、科学反映中国受评企业的信用风险特征。

四、新的评级体系的初步实践与检验

联合3C评级样本目前涵盖工商、公用和金融板块36个行业近6000家企业，基本覆盖全市场全行业公开数据可得的样本。从评级结果分布来看，级别中枢相当于A-级，AAA级占比不足5%，整体区分度高，能够为债券市场的参与者提供更好的信用风险服务。

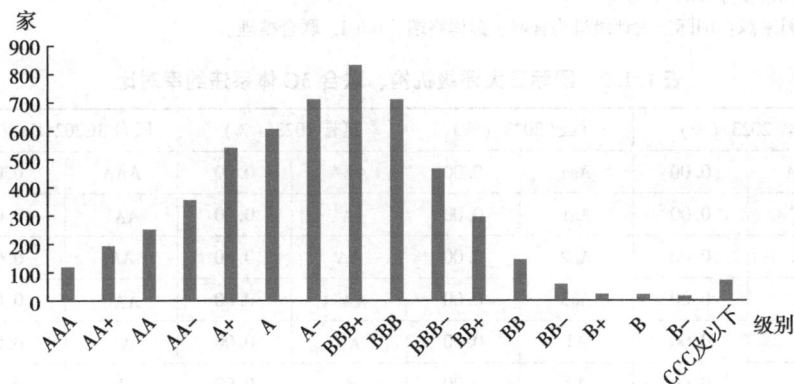

图 1.1.1　3C 评级模型各级别分布情况

同时，还对 3C 评级结果进行了连续 3 年的评级质量检验，3C 平均累积违约率（2021—2023 年）1 年期为 0.39%，3 年期为 1.54%。最新的 3C 评级结果与国际三大评级机构 2023 年度评级结果（全球范围内）的回溯检验详见表 1.1.1 和表 1.1.2。

表 1.1.1　2023 年国际三大评级机构评级结果质量评价指标

评价内容	评级指标	标普	穆迪	惠誉	3C
评级准确性	各级别 1 年期平均累积违约率倒置情况（次）	0	1	倒置较多	1
	各级别 3 年期平均累积违约率倒置情况（次）	3	1	倒置较多	—
	各级别 5 年期平均累积违约率倒置情况（次）	5	1	倒置较多	—
	年度违约率样本的基尼系数	0.97	0.97[a]	0.82	0.98
	违约前平均信用等级的水平	CCC	C	CCC	CCC
评级稳定性	各级别 1 年期平均累积违约率同比波动水平（%）	3.74	10.24	5.63	—
	1 年期平均信用等级迁移矩阵级别波动率（%）	21.91	23.89	20.81	—
	3 年期平均信用等级迁移矩阵级别波动率（%）	46.22	—	44.95	—
	5 年期平均信用等级迁移矩阵级别波动率（%）	59.88	65.08	58.74	—
	大跨度调整率（%）	0.42	0.00	0.59	0.20
	评级逆转率（%）	0.00	0.00	0.00	0.00

注：[a] 穆迪基尼系数使用其披露的平均违约位置（ADP）指标换算得到；2023 年惠誉违约前平均信用等级使用年初级别进行计算，标普和穆迪违约前平均信用等级使用违约前 12 个月级别进行计算，如为区间值则取较高级别；因数据可得性问题，1 年期、3 年期、5 年期平均信用等级迁移矩阵级别波动率指标使用标普、穆迪、惠誉披露的平均信用等级迁移矩阵中各合并级别迁移率的算术平均值替代；联合 3C 评级体系年度违约率样本的基尼系数、违约前平均信用等级的水平、大跨度调整率、评级逆

转率均为 2024 年上半年结果；标普、穆迪、惠誉大跨度调整率指标和评级逆转率指标使用 2024 年上半年人民币债券市场结果。

资料来源：国际三大评级机构官网、彭博终端、Wind，联合整理。

表 1.1.2　国际三大评级机构、联合 3C 体系违约率对比

标普 2023（%）		穆迪 2023（%）		惠誉 2023（%）		联合 3C2024H1（%）	
AAA	0.00	Aaa	0.00	AAA	0.00	AAA	0.00
AA⁺	0.00	Aa1	0.00	AA⁺	0.00	AA⁺	0.00
AA	0.00	Aa2	0.00	AA	0.00	AA	0.00
AA⁻	0.00	Aa3	0.00	AA⁻	0.00	AA⁻	0.00
A⁺	0.00	A1	0.00	A⁺	0.00	A⁺	0.00
A	0.00	A2	0.00	A	0.00	A	0.00
A⁻	0.00	A3	0.40	A⁻	0.31	A⁻	0.00
BBB⁺	0.16	Baa1	0.15	BBB⁺	0.22	BBB⁺	0.00
BBB	0.14	Baa2	0.15	BBB	0.00	BBB	0.00
BBB⁻	0.00	Baa3	0.00	BBB⁻	0.00	BBB⁻	0.00
BB⁺	0.00	Ba1	0.00	BB⁺	0.48	BB⁺	0.00
BB	0.00	Ba2	0.00	BB	0.88	BB	0.00
BB⁻	0.42	Ba3	1.98	BB⁻	1.44	BB⁻	1.85
B⁺	0.00	B1	0.76	B⁺	0.00	B⁺	0.00
B	0.38	B2	0.41	B	0.47	B	0.00
B⁻	2.96	B3	0.93	B⁻	2.37	B⁻	0.00
CCC/C	30.89	Caa1	3.05	CCC/C	30.59	CCC	0.00
—	—	Caa2	4.25	—	—	CC	6.90
—	—	Caa3	12.76	—	—	C	0.00
—	—	Ca-C	54.97	—	—	D	0.00
IG	0.06	IG	0.11	IG	0.09	IG	0.00
SG	3.67	SG	4.83	SG	2.81	SG	0.60
All	1.85	All	2.28	All	1.10	All	0.08

资料来源：国际三大评级机构官网，联合整理。

五、通过新评级理论和评级体系的突破，为人民币债券融资提供更为适宜的债务风险评估工具，充分发挥信用评级的金融基础设施作用

债务推动经济发展是硬币的两面。在当前日益复杂的国际国内环境下，需要严控信用风险的无序扩张，守住不发生系统性风险的底线。一方面，要降低信贷密集度、防止在去杠杆过程中的硬着陆风险；另一方面，还必须提高投资效率和融资效率，吸引更多的境内外投资者，以扩大中国资本市场的对外开放。这就需要构建一套能准确评估债券融资发行人信用品质真实状况的评级体系，并被境内外广大投资者所接受和认可。

第一，对发行人未来信用变化的趋势判断，简单地采用既有的违约表现和财务数据来做预测的方法不一定适合当下的企业现状或长期以来就表现出一定的局限性。因此，采用可持续发展的概念和具体考量的内容来做分析，可能不失为一种有价值的新的探索和尝试。

第二，通过 3C 评估体系中更有针对性、更为有效的指标构建，让市场投资者逐步认识到，对债务风险的识别和判断，不同地域和市场既有普遍一致性又有相对差异性。不同地域、不同市场的发展环境和制度、发展程度和水平等都不同，应采用更能反映不同区域发行人特征的指标和阈值，这样才能更为准确地反映出信用水平的差异。

第三，建议探索采用 3C 评级体系进行市场推广，用 3 年时间实现对现有市场评级的替换，以避免持仓债券价格的大幅波动，实现债券评级市场的平稳过渡，让更多投资者对可持续发展概念深入理解并在实际投资活动中加以应用。

第四，建议监管机构构建统一的、以违约率为检验各评级机构评级质量的标准，不同机构的评级结果与监管机构的违约率标准相映射，增强监管的客观性和便利性。

第一章　可持续发展理论概述

一、可持续发展理论的演绎与发展

可持续发展理论的形成和付诸实践，迄今总体上经历了四个阶段：萌芽期、前期探索期、基本形成期、广泛实践期。目前，可持续发展理论正处于第四个阶段，在全球范围内得到广泛传播和应用。

（一）萌芽期

早在 20 世纪 40 年代，国际公认的生物圈学说奠基者，苏联科学家维尔纳茨基就系统论证了生物圈对人类生活的重要性，并强调人类是地球的公民。人的思考和行动应从地球角度出发。美国学者威廉·福格特 1948 年出版了《生存之路》，论证了人口与资源之间平衡的极其重要性，指出人类必须控制人口和恢复资源，需根据有限的资源来重新调整生活方式，否则就会失去过文明生活的一切希望，甚至可能陷入战争深渊，回到野蛮时代。美国著名科学家和环境保护主义者奥尔多·利奥波德在 1949 年出版的《沙乡年鉴》中提出"土地伦理"思想，认为人类作为土地共同体的一员而存在，土地共同体的完整、健康是人类生存的根基和前提，人类需要尊敬该共同体中的每个成员，以及尊敬该共同体本身。

1962 年，美国著名海洋生物学家蕾切尔·卡逊出版了《寂静的春天》一书，提出环境污染是 20 世纪中叶人类生活中的一个重大问题。通过分析滥用农药带来的严重环境污染，揭示了由此造成的对生态系统和人体的损害。该书出版后便引起轰动，震动了美国社会，引发了一场持续数年的论战——杀虫剂论战，并以生态意识的胜利而告终，从而极大地推动了民众环境意识的觉醒。《寂静的春天》不但是环境保护运动的经典，而且促进了可持续发展理论的形成，卡逊运用生态学知识全面而系统地揭示了环境污染的严重危害，把人们对环境问题危害的认识提高到理性和科学的高度。在卡逊看来，生态系统是一个涵盖所有生命及其赖以生存的土壤、水体和大气等要素的庞大网络，动态平衡不仅是系统本身的根本特征，也是系统中各个要素的特征，而维系整个系统存在和演化的动力与纽带是其内部不间断的物质、能量和信息传递。通过食物链这种主要的传递方式，生态系统被联结成一个相互依存的整体。卡逊认为，导致日益严重的环境污染的根本原因是人类工业时代特有的控制自然的欲望在作祟，人类应当放弃控制自然的陈旧观念和做法，代之以基于人与自然新观念的新模式和新方法，即以生态学意识为根据的"生物学方法"。

这一阶段，正是一些关注环境、生态和资源对人类生活的影响的学者基于自身的研究提出了人与自然的共生问题，推动了人类环境意识的觉醒并积极投身环境保护运动，进一步促使可持续发展思想的萌芽，形成了一些与可持续发展有关的见解，但可持续发展的正式概念尚未被提出。

（二）前期探索期

《寂静的春天》一书关于环境污染及其危害的透彻分析唤起了人们对环境问题的高度重视，促使人们对工业文明的发展模式和伦理价值观进行深刻反思，并推动对可持续发展问题的积极探索。1968 年，罗马俱乐部成立，明确把"开创对人类困境的研究计划"作为研究宗旨，并于 1972 年发表关于人类困境问题研究的第一份报告——《增长的极限》。该份报告对传统经济增长方式提出质疑，系统阐述了增长极限论，无限度的经济增长与有限的自然资源之间不可避免地存在矛盾和冲突，如果无限度地增长继续下去，世界经济终有一天会因为遇到自然资源的极限而陷入崩溃。为避免增长导致的世界经济崩溃的结局，人类应自觉控制过度增长，并及早寻求从当前的增长模式向更加均衡、可持续的全球发展模式的转变。在报告中，"全球均衡状态"作为新发展模型被提出来。所谓"全球均衡状态"，指的是人口和资本基本稳定，且倾向于增加或减少人口和资本的力量也处于平衡之中，其主要特征是把改善生活质量作为社会基本价值目标，把平等摆在重要位置。《增长的极限》采用系统分析方法，倡导全球观念和视野，把对人类困境问题的研究提高到一个较高水准，对可持续发展理论的形成具有里程碑的意义。

1972 年 6 月，113 个国家和地区的代表召开了一次历史性会议——联合国人类环境会议，通过了两个著名文件：《人类环境宣言》和《只有一个地球》。《人类环境宣言》指出：现代人类改造其环境的能力，如果明智地加以使用，就可以给各国人民带来开发的利益和提高生活质量的机会；如果使用不当，或轻率地使用，这种能力就会给人类和人类环境造成无法估量的损害。《人类环境宣言》呼吁人类必须利用知识在同自然合作的情况下建设一个较好的环境。《只有一个地球》从整个地球的发展前景出发，从社会、经济和政治的不同角度，评述经济发展和环境污染对不同国家产生的影响，呼吁各国人民重视维护人类赖以生存的地球。1981 年，美国世界观察研究所所长莱斯特·R. 布朗发表《建设一个可持续发展的社会》，较为全面地阐述了建设一个可持续发展社会的必要性和途径，指出人类社会需要通过大规模和根本性的变化，实现与大自然和谐相处，完成向可持续发展社会的转型。1982 年 10 月，联合国大会通过了《世界自然宪章》，指出人类属于自然的一部分，由此确定国际社会对人与自然的伦理关系及其所应承担的道德义务的承诺，为可持续发展观奠定了哲学基础。

在人们的积极探索下，可持续发展的概念在这一阶段被提出来，可持续发展的一些主要思想也逐渐形成，人们以系统的方法从人类本身、自然和社会发展的整体视野来思考发展问题，环境保护和协调发展被提升到一个新的高度，部分国家运用可持续发展理论进行了一些实践探索。

（三）基本形成期

进入 20 世纪 80 年代中后期，人们对可持续发展的理论研究迎来重要阶段，1987 年 4 月，世界环境与发展委员会（WCED）出版《我们共同的未来》，正式提出和阐释了可持续发展的概念。按照该报告的表述，可持续发展是既满足当代人的需要，又不对后代人满足其需要的能力构成危害的发展，该定义包括两个重要概念：一是"需要"的概念，尤其是世界上贫困人民的基本需要，应将此放在优先地位来考虑；二是"限制"的概念，技术状况和社会组织对环境满足眼前和将来需要的能力施加的限制。由于世界各国发展程度和具体情况的差异，该报告认为各国对可持续发展的解释可以不同，但必须坚持可持续发展的基本精神，并由此出发确定本国的经济和社会发展目标。该报告认为，人类需求和欲望的满足是发展的主要目标，所谓满足人类需求，首先是满足广大发展中国家大多数人的基本需求，包括粮食、衣服、住房和就业等，其次还要提高人们的生活质量。社会从两方面满足人民需要，一是提高生产潜力，二是确保每个人都有平等的机会，实现每代人内部和各代人之间的平等。该报告提出，只有人口数量和增长率与不断变化的生态系统的生产潜力相协调，可持续发展才有可能实现；可持续发展要求不可再生资源耗竭的速率应尽可能少地妨碍将来的选择，环境保护要集中解决环境问题的根源而不是症状，在实现发展的过程中保护生物的多样性，保持生态系统的完整性，把对大气质量、水和其他自然因素的不利影响减少到最小程度。《我们共同的未来》以丰富的材料全面揭示了当今世界在环境与发展问题上面临的严峻挑战，系统阐述了可持续发展的理论要求，提出了人类社会走向可持续发展之路的主张与途径，因此被视为可持续发展理论正式诞生的标志和人类走向可持续发展时代的里程碑。

1991 年，联合国环境规划署、世界自然基金会和世界野生生物基金会共同编著的《保护地球——可持续生存战略》发行，为人类生存发展的政策和行动提供内容广泛而实用的指南。该书提出了持续生存的原则，确定了可持续生存的社会原则和 58 个行动建议，具体包括：尊重和保护生活社区；改善人类生活质量；保护地球活力和多样性；最大限度地减少非再生资源的耗竭；使发展规模保持在地球的承载能力之内；改变个人的态度和行为；促使社区成员关注并重视其所在环境的保护与改善；提供协调发展与保护的国家框架以及建立全球联盟等。同时，该书指明了持续生存的 62 个进一步行动，以确保上述原则得以实施，并将其应用于能源、商业、工业和贸易、人类居住区、农田和牧场、森林与土地、淡水、海洋和沿海地区。该书可以说是关于在地球自然承载阈值内实施可持续生存战略的纲领性文件，对推动可持续发展理念付诸实践发挥了重要作用。

1992 年 6 月，联合国环境与发展大会在巴西里约热内卢召开，通过了五个重要文件，即《里约环境与发展宣言》《21 世纪议程》《关于森林问题的原则声明》《气候变化框架公约》《生物多样性公约》。《里约环境与发展宣言》总结了人类对可持续发展理论认识的最新成就；《21 世纪议程》是一个广泛的行动计划，为各国提供了一个向可持续发展转变的行动纲领，此次大会成为可持续发展从理论探讨走向广泛实践的重要标志。《里约环境与发展宣言》认为人类处于普受关注的可持续发展问题的中心，他们应享有以与自然相和谐的方式过健康而富有生产成果的生活的权利。为了实现可持续发展，人类必须遵循一些原则，具体包括：确保发展的权利的实现；把环境保护作为整体性的发展进程的一个组成部分来考虑；应进行全球合作，以保存、保护和恢复地球生态系统的健康和完整；应当减少、消除不能持续的生产和消费方式，推行适当的人口政策，使所有的人都享有较高的生活素质；各国应增强技术开发，通过科学和技术知识方面的国际合作和交流，以加强本国的可持续发展的能力等。《里约环境与发展宣言》强调了国际社会和各国政府在可持续发展方面应当坚持的原则，具体包括：权利与责任统一的原则，即各国拥有按照本国的环境与发展政策开发本国自然资源的主权权利，同时负有确保本国或其他国家环境不受破坏的责任；差别责任原则，鉴于发达国家给全球环境带来的压力更大，所以，他们在追求可持续发展方面负有较大的责任；立法原则，各国应当根据自身状况制定有效的环境法，包括关于环境损害责任赔偿的法律以及有关的国际法律等。

自可持续发展概念被正式提出以来，随着该理论的不断深化与丰富，以及一系列可持续行动建议和纲领的推出，特别是在联合国环境与发展大会的推动下，可持续发展理念在全球范围内得到了广泛接受。各国已将这一理论应用于经济和社会实践中，使得可持续发展理论得以基本确立，并成为世界各国的普遍共识。

（四）广泛实践期

可持续发展理论基本形成后，很快在世界范围内传播并成为发达国家和发展中国家的共识，世界各国也驶入了将可持续发展理论付诸实践的快车道。2002年8月26日至9月4日，在南非约翰内斯堡召开的第一届可持续发展世界首脑会议全面审议1992年以来环境发展大会所通过的《里约环境与发展宣言》《21世纪议程》等重要文件和其他一些主要环境公约的执行情况，并在此基础上制定了面向未来的行动战略与具体措施，积极推进全球的可持续发展。会议认为，在刚刚过去的20世纪，人类在经济、社会、教育、科技等众多领域取得了显著的成就，但在环境与发展的问题上始终面临着严峻的挑战。由于国际环境发展领域中的矛盾错综复杂，利益相互交错，以全球可持续发展为目标的《21世纪议程》等重要文件的执行情况并未达到预期，全球的环境危机没有得到扭转，原因在于一方面，由于自身经济不发达，发展中国家在实现经济发展和环境保护的目标过程中困难重重；另一方面，发达国家并没有履行公约中向发展中国家提供技术资金支持的义务。会议最终通过《约翰内斯堡可持续发展宣言》和《可持续发展世界首脑会议执行计划》，将各国对可持续发展的共识变成可行性的计划，并推动各国努力付诸执行。

为践行可持续发展理念，世界各国在应对气候变化方面开展了广泛的合作。1997年12月，在日本京都举行的气候大会通过了《京都议定书》，对2012年前主要发达国家减排温室气体的种类、减排时间表和额度等做出了具体规定，从2008年到2012年，主要工业发达国家的温室气体排放量要在

1990 年基础上平均减少 5.2%，这是设定强制性减排目标的第一份国际协议，首次确定具有法律约束力的量化减排指标，同时确立排放贸易、联合履约和清洁发展三种灵活机制。2007 年 12 月，在印度尼西亚巴厘岛举行的气候大会上，确立了"巴厘路线图"，建立了双轨谈判机制，即以《京都议定书》特设工作组和《联合国气候变化框架公约》长期合作特设工作组为主进行气候变化国际谈判。按照"双轨制"要求，一方面，签署《京都议定书》的发达国家要执行其规定，承诺 2012 年以后的大幅度量化减排指标；另一方面，发展中国家和未签署《京都议定书》的发达国家则要在《联合国气候变化框架公约》下采取进一步应对气候变化的措施。2015 年 9 月，联合国可持续发展峰会正式通过无贫穷、零饥饿、良好健康与福祉、优质教育、性别平等、清洁饮水和卫生设施、经济适用的清洁能源、体面工作和经济增长、产业、创新和基础设施、减少不平等、可持续城市和社区、负责任消费和生产、气候行动、水下生物、陆地生物、和平、正义和强大机构、促进目标实现的伙伴关系共 17 个可持续发展目标，旨在从 2015 年到 2030 年以综合方式彻底解决社会、经济和环境三个维度的发展问题，转向可持续发展道路。2015 年 12 月，联合国 195 个成员国在巴黎举行联合国气候变化框架公约第 21 次缔约方大会，通过《巴黎协定》，为 2020 年后全球应对气候变化行动做出安排。《巴黎协定》是《联合国气候变化框架公约》下继《京都议定书》后第二份有法律约束力的气候协议，该协定指出各方将加强对气候变化威胁的全球应对，把全球平均气温较工业化前水平升高控制在 2 摄氏度之内，并为把升温控制在 1.5 摄氏度之内努力。只有全球尽快实现温室气体排放达到峰值，21 世纪下半叶实现温室气体净零排放，才能降低气候变化给地球带来的生态风险以及给人类带来的生存危机。2021 年，《联合国气候变化框架公约》第二十六次缔约方大会在英国格拉斯哥召开，经过两周谈判，各缔约方最终完成了《巴黎协定》实施细则，包括市场机制、透明度和国家自主贡献共同时间框架等议题的遗留问题谈判。

在可持续发展理论的影响下，可持续投资迅速发展，据 GSIA（全球可持续投资联盟）统计，截至 2020 年，包括美国、欧洲、加拿大、大洋洲和日本在内的五大地区可持续投资合计达到 35.3 万亿美元，可持续投资在总资产管理规模中占比达到 35.87%。另据彭博调查，到 2025 年，全球 ESG（环境、社会和公司治理）投资规模预计将达 50 万亿美元。从区域看，全球 ESG 投资发展并不平衡，发达国家占据了 ESG 投资资产规模的大部分，其中，美国约占 48%，欧洲约占 34%，日本约占 8%，三者合计占比约 90%，其他区域占比相对较低。MSCI 发布的《2021 年全球机构投资者调查》显示，在调查的 200 名机构投资者中，52% 表示已经采用 ESG 投资策略，73% 的投资者计划增加 ESG 投资规模。随着公众环境和社会意识的提升，个人投资者对 ESG 产品的持有比例不断提高，从 2012 年的 11% 增长至 2020 年的 25%。

经过近百年的探索和发展，可持续发展理论历经早期的探索和实践，最终形成较为成熟的理论体系，在全球范围内得到广泛认同并被付诸实践。进入 21 世纪 20 年代后，可持续发展理论方兴未艾，可持续发展运动在全球蓬勃发展，人类在面临严峻的气候和环境问题后，把可持续发展作为解决人类困境和未来生存危机的关键途径。

二、可持续发展理论的基本内涵

按照广泛认可的定义，可持续发展是既满足当代人的需要，又不对后代人满足其需要的能力构成危害的发展，是建立在社会、经济、人口、资源、环境相互协调和共同发展的基础上的一种发展。可持续发展理论涉及经济、环境和社会的广泛范围，具有非常丰富的内涵，从自然属性、社会属性、经济属性和科技属性等不同角度理解会有不同的看法和认识，不过从全球普遍认可的角度，可持续发展理论的基本内涵主要包括可持续性、协调性、公平性和集约性，以下分别予以介绍。

（一）可持续性

可持续发展理论首要强调可持续性，首先，人类对自然的索取与人类向自然的回馈要相平衡，人类要克服自身的欲望，不能过度攫取自然资源，否则人类与自然之间将失衡，人类将遭受大自然的惩罚。恩格斯曾告诫："不要过分陶醉于我们对自然界的胜利。对于每一次这样的胜利，自然界都报复了我们。"其次，经济、社会和环境的发展，应以自然资源为基础，同环境承载能力相适应，经济和社会发展不能超越资源和环境的承载能力，否则就可能带来巨大的环境和生态灾难，全球气温过快上升和极端天气已经对人类发出了严重警告。最后，人类要努力实现资源的永续利用和维护良好的生态环境，使可再生资源的消耗速率低于资源的再生速率，使不可再生资源的利用能够得到替代资源的补充，使污染物的排放速度不超过环境的自净速度。只有努力做到这些，人类社会的可持续发展目标才有可能实现。

（二）协调性

协调性是可持续发展理论的内在要求，首先，要维持人与自然之间的关系平衡，实现人与自然的协调发展。恩格斯曾指出："我们连同我们的肉、血和头脑都是属于自然界和存在于自然之中的。"人类与自然界属于一个共同体，尽管人类凭借高度的社会化组织以及科学技术的巨大进步，获得了一定超越自然界的能力，但人类无法脱离自然界，必须与自然界和谐相处，才不会由于自身的错误行为遭受大自然的反噬。其次，要实现人与人之间关系的协调，不断提升社会的有序性、组织效率、理性认知水平，并增强促进社会和谐的能力。在人类商业社会高度发达后，全球的贫富差距不断扩大，由此引发的社会骚乱、暴力、动荡和冲突不时发生，进而威胁着部分国家或地区人民的基本生存权利，甚至造成人道主义灾难或生态灾难。如果不能实现人与人之间关系的协调发展，则难以实现可持续发展的目标。最后，要实现各国或地区经济与人口、资源、环境、社会及内部各个阶层的协调。只有每一个国家均实现了经济、环境和社会的协调发展，才可能实现全球的协调发展，否则任何一个国家的环境灾难或社会问题都可能产生外溢效应，进而破坏其他国家生态和社会平衡。

（三）公平性

可持续发展理论的公平性包括两层含义。一是空间维度上的公平，即世界、国家和地区空间层面的公平，一国或地区的发展不能以损害他国或地区发展能力为代价。由于人类生存于同一个地球，地球是一个复杂的系统，每个国家或地区都是这个系统不可分割的子系统，各个子系统和其他子系统相互联系并发生作用，只要一个子系统发生问题，都会直接或间接影响其他子系统，甚至诱发系统的整体突变，这在地球生态系统中表现尤为突出。因此，要实现人类可持续发展的总目标，必须保证各国或地区空间层面的公平，争取全球配合行动，致力于达成既尊重各方利益，又保护全球环境与发展体系的国际协定。二是时间维度上的公平，当代人的发展不能以损害后代人的发展能力为代价。可持续发展要求当代人在考虑自己的需求与消费的同时，也要对未来各代人的需求和消费负起历史责任，同后代人相比，当代人在资源开发和利用方面处于无竞争的主宰地位。代际公平要求各代人都应享有同样的选择机会空间，任何一代人都不能把自己列为支配地位，未来各代人可以与当代人一样获取资源和环境的福利。

（四）集约性

可持续发展理论既关注公平，也关注效率，只不过可持续发展的效率不仅包括经济意义上的效率，也包含自然资源和环境损益的成分。可持续发展倡导在资源或能源的使用上实现集约化，通过提高生产资料、自然资源的使用效率以实现用尽可能低的资源投入达到尽可能高的产出，因此集约性也是可持续发展理论的重要内涵。可持续发展体现为高质量发展，相对经济数量的增长，更强调经济质量的提升，要求改变"高投入、高消耗、高污染"的传统生产和消费模式，大力实行清洁生产和文明消费，节约资源和减少废物排放，实现绿色发展。人类需要积极开展科技创新，通过科技进步贡献率抵消或克服投资边际收益递减率，建立极少产生废料和污染物的绿色工艺或技术系统，以创新的方式来解决环境与发展问题。当代人应投入尽可能多的资源用于创新，并要将创新的知识、经验和创新精神传递下去，让后代人传承和发展前代人的知识和精神，增强创新能力，以最终解决人类社会的可持续发展问题。

三、可持续发展理论的现实意义与影响

（一）有利于解决全球生态危机

进入 21 世纪后，生态危机成为人类面临的最大挑战。生态危机不再是一个区域性问题，而是一个关系到全人类生存的全球性问题。联合国环境规划署 2019 年发布的《全球环境展望》显示，近年来，环境问题日益成为制约经济发展的主要因素。世界因污染造成的福利损失总量年均达 4.6 万亿美元，相当于全球经济产出的 6.2%。自 1990 年以来，全球温室气体的年排放量已增长了 41%，并且这一数字仍在持续攀升，由此引发了全球气候变暖以及极端天气的频繁出现。另据联合国在 2019 年发布的《生物多样性和生态系统服务全球评估报告》，在全世界 800 万个物种中，有 100 万个正因人类活动而遭受灭绝威胁，而全球物种灭绝的平均速度已经大大高于 1000 万年前。由于人类的乱砍滥伐与盲目开垦，世界每年有 2100 万公顷肥沃的土壤丧失粮食生产能力，其中 600 万公顷更是完全退化为沙漠。全球土地森林资源衰竭对人类的生存空间构成了巨大的威胁。面对严峻的生态危机，可持续发展理论为人类提供了思想武器和解决路径。可持续发展理论倡导人与自然和谐发展，经济和社会发展不超过资源和环境的承载能力，人类要努力实现资源的永续利用，采用集约化生产方式，最大限度减少废物的产生和对环境的影响，以维持良好的生态环境。可持续发展理论形成后，促进了全球范围内生态环保运动的开展，世界各国纷纷把生态环保目标列入自身的发展规划，并制定相关

政策予以落实。因此，可持续发展理论对解决全球生态危机发挥了重大的影响和作用。

（二）有助于构建和谐的世界秩序

可持续发展理论倡导人与自然和谐相处，协调发展，人类在改造自然的实践过程中，必须遵循自然运行的内在规律，不能无视自然客观规律盲目改造自然，还应加强对自然的生态环境的保护，以促进人与自然之间和谐友好的秩序构建。可持续发展理论不仅关注人与自然之间和谐关系的构建，还关注人与人之间构建和谐关系，认为如果人类社会陷入冲突、动荡或战乱之中，则人的基本权利难以得到保障，基本社会秩序不能得以维持，可能带来严重的人道主义灾难。而且，由于冲突、动荡或战乱导致社会秩序陷入无序混乱中，还使得人类保护自然资源，维护良好生态环境的努力可能落空，甚至造成严重的生态灾难。人类历史上就发生数起由于战争对自然生态环境的严重破坏事件，且部分损害至今难以修复，如"一战"期间伊普雷战役中德国使用的有毒化学武器对当地生态的毁灭性灾难，"二战"期间美国在日本广岛和长崎投下原子弹造成的严重核污染，越南战争中美国喷洒的植物杀伤毒剂造成成片的森林和庄稼被污染和毁坏，海湾战争中700余口油井爆炸起火燃烧释放的大量有毒气体对空气的污染等。可持续发展理论倡导世界、国家和地区空间层面的公平，以此促进世界各国构建和平、稳定、互惠互利、协同发展的良好关系，最大限度降低冲突或战争爆发的风险。可持续发展理论认为世界各国要实现自身的协调发展，在经济、人口、资源、环境和社会等方面有效平衡，建立起和谐的秩序。因此，可持续发展理论在世界范围内被广泛付诸实践，将有助于全人类构建和谐的世界秩序，为人类带来长远的福祉。

（三）推动全球发展模式的巨大变革

可持续发展理论已在发达国家和发展中国家形成广泛共识，推动世界各国的发展模式发生巨大变革。美国在可持续发展方面已投入了大量资金，制定了《气候变化技术计划战略规划》《美国应对气候变化的长期战略》《低碳经济法案》等政策措施。欧盟发布了《马斯特里赫特条约》《阿姆斯特丹条约》《用能产品生态设计框架指令》《欧洲绿色协议》等政策法令，将可持续发展作为其根本目标，大大强化了欧盟范围内的环境保护措施。英国推出了《我们未来的能源——创建低碳经济》白皮书、《气候变化法案》《英国气候变化战略框架》等政府文件，并启动了清洁化石燃料计划、氢战略框架、超级发电计划等研究计划。日本则颁布了《环境税》《新产业创造战略》《世纪环境立国战略》等政府文件，投入资金大力发展可再生能源技术。中国 1994 年就把实施可持续发展战略纳入《国民经济和社会发展"九五"计划和 2010 年远景目标纲要》，通过《中华人民共和国循环经济促进法》《中华人民共和国清洁生产促进法》等法律法规，发布《节能减排综合性工作方案》和《绿色制造工程、实施指南（2016—2020 年）》等实施方案。通过大力发展绿色产业，促进清洁生产，过去 40 年中国单位 GDP 综合能耗年均降幅超过 4%、累计降幅近 84%，截至 2021 年底清洁能源消费量占能源消费总量已超过 25%。2009 年，中国在哥本哈根举行的联合国气候变化峰会上向国际社会承诺：到 2020 年单位 GDP 二氧化碳排放较 2005 年下降 40%~45%，非化石能源占一次能源消费比重达到 15% 左右。中国在 2019 年就已提前完成了这一承诺，二氧化碳排放强度较 2005 年下降了 48.1%，非化石能源消费比重达到 15.3%。2020 年 9 月，中国又在联合国大会上提出"力争 2030 年前二氧化碳排放达到峰值，努力争取 2060 年前实现碳中和"。2020 年 12 月，中国在气候雄心峰会上宣布"到 2030 年，单位 GDP 二氧化碳排放将比 2005 年下降 65% 以上，非化石能源占一次能源消费比重将达到 25% 左右，森林蓄积量将比 2005 年增加 60 亿立方米，风电、太阳能发电总装机容量将达到 12 亿千瓦以上。"总的来看，可持续发展理论推动了世界各国大力发展绿色产业，积极开发和利用绿色技术，努力实施绿色生产和绿色能源转型，广泛普及绿色生活方式，从而推动全球发展模式发生了巨大变革。

（四）促进 ESG 在各个领域的广泛实践

ESG 是一种关注企业环境、社会和治理绩效而非财务绩效的评价标准和投资理念，强调企业不仅要追求财务绩效，还要为生态环境保护和社会公益事业作出积极的贡献。ESG 体现了可持续发展理论关于保护生态环境，实现人与自然和谐发展，促进社会公平，以及构建和谐社会的重要思想，是可持续发展理论在实践中落地的重要方式和措施。

从国际相关政策来看，ESG 实践在不断发展和深化。2004 年，联合国规划署首次提出 ESG 投资概念，认为该原则是衡量公司是否具备足够社会责任感的重要标准。2006 年，联合国发布负责任投资原则，正式将社会责任履行纳入到投资决策指标中，目前全球 60 多个国家超过 4000 家机构签署了该原则。全球报告倡议组织（GRI）于 2013 年发布《可持续发展报告指南》，为 ESG 信息披露标准提供了重要参考。纳斯达克交易所在 2017 年和 2019 年分别发布《ESG 报告指南 1.0》和《ESG 报告指南 2.0》，为企业披露 ESG 信息提供标准。欧盟委员会于 2021 年 4 月发布《公司可持续发展报告指令》征求意见稿，要求所有大型企业和上市公司都必须提供 ESG 报告，但中小型上市公司可以有三年过渡期，企业应当在 ESG 报告中披露可能影响可持续发展的无形资源，特别是知识产权、技术专利、客户关系、数字资产和人力资本等，对碳排放的披露则不仅要考虑自身业务产生的碳排放，还要考虑与之相关的上下游产业的排放量。2023 年 6 月，国际可持续准则理事会（以下简称 ISSB）正式发布首批可持续披露准则，分别为《国际财务报告可持续披露准则第 1 号——可持续相关财务信息披露一般要求》（IFRSS1）和《国际财务报告可持续披露准则第 2 号——气候相关披露》（IFRSS2），推动了 ESG 信息披露框架的全球统一。

国内也是如此。2008 年 5 月，上海证券交易所发布《上海证券交易所上市公司环境信息披露指引》，对上市公司的环境信息披露范围和内容做出规范。2018 年 11 月，中国证券投资基金业协会发布《绿色投资指引（试行）》，明确了绿色投资定义和范围，提出有条件的基金管理人可以采用系统的 ESG 投资方法，综合环境、社会、公司治理因素落实绿色投资。2021 年 12 月，中国生态环境部印发实施《企业环境信息依法披露管理办法》，明确了环境信息依法披露主体和内容。2022 年 7 月，深圳证券交易所推出 ESG 评价方法，发布基于该评价方法编制的深市核心指数（深证成指、创业板指、深证 100）ESG 基准指数和 ESG 领先指数。2022 年 7 月，绿色债券标准委员会发布《中国绿色债券原则》，明确绿色债券定义及四项核心要素，明确要求募集资金应 100%用于绿色项目，与国际标准接轨。2023 年 2 月，深交所发布《上市公司自律监管指引第 3 号——行业信息披露（2023 年修订）》和《上市公司自律监管指引第 4 号——创业板行业信息披露（2023 年修订）》，突出行业特性，强化 ESG 信息披露要求。2023 年 7 月，国务院国资委办公厅印发《央企控股上市公司 ESG 专项报告参考指标体系》和《央企控股上市公司 ESG 专项报告参考模板》，为上市公司提供了最基础的指标参考，提供了 ESG 专项报告的最基础格式参考。2024 年 4 月，上交所、深交所和北交所发布《上市公司可持续发展报告指引（试行）》，对我国上市公司在环境、社会和治理等可持续信息披露做出了规范，明确了首批强制执行范围。2024 年 5 月，财政部就《企业可持续披露准则——基本准则》征求意见，这是我国第一份由政府层面发布的、适用于全部企业的可持续发展披露准则，有利于推动我国可持续信息披露与国际社会接轨，提升我国企业可持续信息的披露质量。

在行业层面，节能环保、清洁生产、清洁能源、生态环境、基础设施绿色升级和绿色服务六大产业获得中国政府的大力鼓励和支持，2004年至2019年，中国环保产业规模从606亿元增长至约1.8万亿元，增长了29倍，年均增长率到达25.5%，远高于GDP增速。另据国家统计局数据，2022年，环保行业规模以上工业企业实现营业收入1.8万亿元，同比增长5.6%；实现利润总额1980亿元，同比增长9.8%；实现税金总额2350亿元，同比增长7.2%。

在企业层面，企业积极开展清洁生产和资源循环利用，大力开发膜处理、脱硫除尘、发动机排气净化、固废焚烧、土壤修复和污染源监测等绿色技术，在生态环境保护方面的投入大幅增加。一些中国企业还积极参加乡村振兴、救灾赈灾、捐资助学等活动，履行了自身的社会责任。企业的ESG报告披露数量不断提高，披露2023年度ESG相关报告的中国A股上市公司超过2000家，在5000余家上市公司中占比接近四成，披露质量也持续提升，从单领域、单因素逐渐向多维度演变和完善，由环境排放监测逐渐扩展至整个气候风险领域。与ESG相关的监管政策、信披标准、实践指南、投资估值、评级方法等体系已基本形成，参与方涉及国际组织、监管机构、实体企业、投融资方、评估公司、评级机构等，在可持续发展理论的引领下，ESG已在各个领域得到广泛实践。

第二章　3C 信用评级理论与可持续发展能力

一、企业可持续发展理论

可持续发展理论在全球范围内已形成广泛共识并逐渐被付诸实践。可持续发展理论主要是从地球、全人类、国家的层面来进行相对宏大的叙事，企业作为经济和社会发展的重要单元，是可持续发展理论的重要践行者，因此企业的可持续发展能力及建设对整个社会发展具有十分重要的意义。

可持续发展的内涵是可持续性、协调性、公平性和集约性，这无论是对人类社会、国家、组织，乃至所有追求长期发展的主体都具有适用性。企业是现代社会经济活动中最重要的主体，无论是从全人类的宏观视角还是个人的微观视角，都和企业的经营活动有着非常密切的联系并相互影响。一方面，企业的经营发展依赖于整个社会和经济的可持续发展，可持续发展的社会环境是企业生存发展的土壤。另一方面，可持续发展理论框架下提出的各种目标和路径，从顶层设计角度对企业的经营方式也会产生重大影响，甚至必须依赖企业来完成。比如，从环境维度看，企业是环境污染的最重要来源，据生态环境部发布的统计公报，2022 年，中国废气排放中二氧化硫排放量为243.5 万吨，其中工业源废气中二氧化硫排放量为 183.5 万吨，占比为 75%；颗粒物排放量为 493.4 万吨，其中工业源废气中颗粒物排放量为 305.7 万吨，占比约 62%；挥发性有机物排放量为 566.1 万吨，其中工业源废气中挥发性有机物排放量为 195.5 万吨，占比约 35%；全国一般工业固体废物产生量为41.1 亿吨，工业危险废物产生量为 9514.8 万吨，因此企业在环境保护方面的行动对环境的可持续性具有至关重要的影响。从社会维度看，企业是社会组织化的主体，对提供体面工作和实现经济增长、产业、创新和基础设施、减少不平等、可持续城市和社区等联合国可持续发展目标均具有重要贡献。没有作为社会经济活动主体之一的企业的参与和努力，人类社会的可持续发展目标就无法实现。

正因为如此，企业的发展，必须要和全人类的可持续发展趋势相一致，必须要考虑可持续发展目标对企业经营带来的机遇和风险，必须结合经营环境和竞争优势实现自身的可持续发展。

（一）企业可持续发展的定义

通常来讲，对于企业可持续发展的直观认识就是要实现企业的长寿命，实现基业长青，打造百年老店。根据企业生命周期理论，企业的发展过程如同人的成长历程，要经历婴儿期、学步期、青春期、盛年期、稳定期、衰退期、消亡期或蜕变期等阶段。企业的可持续发展，意味着企业要尽快进入并尽可能延长稳定期，这需要企业能够持续地创造价值。

企业在进入稳定期后，仍然会经历发展中的各种挑战。如果企业不能克服外部环境的调整和自身发展中的问题，如由于社会变革和技术进步等外部因素带来的商业模式转变、需求市场的调整、突发性市场危机等，或由于内部管理层次和幅度增加导致组织成本上升、决策效率下降、创新意识减弱、应对危机不当等，都可能导致企业加速走向衰退期、消亡期，破产倒闭或被竞争对手吞并。

企业实现可持续发展的根本是持续创造效益。在可持续发展理念下，效益不再局限于单一的经济效益层面，同时也要兼顾非经济效益（包括环境和社会效益）。在经济效益方面，表现为经营绩效和财务绩效的提升，包括企业的运营效率改善，市场份额提高，竞争优势扩大，盈利能力增强，净现金流增加等。在非经济效益方面，表现为社会贡献的提升，包括解决社会就业、纳税数额上升、员工福利改善、用户满意度提高、公益捐赠增大、生态环境改善等方面。

企业实现可持续发展需要持续提升自身的核心竞争力。通常而言，能够把握市场需求，从而持续提供优质产品和服务、拥有稳定用户群体的企业，更容易实现长期稳定发展。在高度竞争环境下，能够不断变革与创新，提升科技研发水平和经营管理效率的企业，具有更好的发展韧性。它们通过增强对外部环境的适应能力，不断调整和重塑自身的核心竞争力，甚至进行"变轨"，跳出原有周期，开展二次创业，实现代际成长，从而有效延缓乃至突破衰退和消亡的周期性。财务状况健康、资金储备充足、后备安全垫厚实的企业，具有较强的财务弹性，有更大的腾挪空间和能力应对突发风险。注重环境和社会效益的企业，其社会认可度高，能得到更有力的外部支持和更好的发展环境。治理水平高的企业，往往拥有强大的战略规划、组织能力、创新能力，其风险应对和把握机遇的水平也更高，也就更容易实现"二次起飞"。

基于上述分析，企业的可持续发展，是企业在发展过程中，不断适应社会和环境的变化，进行创新和变革，增强自身核心竞争力，从而持续创造效益，实现自身的永续生存和发展。

（二）企业可持续发展能力的构建

根据企业可持续发展的定义与内涵，企业构建可持续发展能力需要关注以下三个方面。

1. 商业模式

效益的创造源于企业与用户的价值交换。离开了与用户的价值交换，企业什么也创造不了。企业实现价值交换的过程，就是商业模式。

商业模式的基本要素包括需求和生产两个方面。长期以来，人类社会的根本矛盾，是生产力的相对不足，需求基本集中在马斯洛金字塔中下层次。纵观历史，促进人类社会发生巨大变化的三次工业革命中，前两次工业革命本质都是解决能源问题，极大促进了生产力的发展，从而也引起了生产关系的变化。在这一阶段，商业模式相对简单，那就是不断提高生产力来满足现实的需求。因此，企业的核心竞争力就着眼于如何占有生产资料、提升生产力和生产效率。随着技术的不断进步，生产和需求的鸿沟逐步缩小，需求端变得越来越重要。第三次工业革命从单纯的能源领域转向了信息化，使得商业模式开始趋于复杂化。在当今的互联网领域，一些平台企业先投入资源抢占用户，虽然前期出现大幅财务亏损，但由于用户不断增长，获得持续的外部投入，最终赢得竞争。此类互联网经济模式，就是占领需求端商业模式的一种形态。

商业模式的核心始终在于需求端。过去之所以体现在生产端为主，主要由于生产相对不足，占领生产端实际就是占领需求端。在生产能力提升到一定水平后，需求逐步向马斯洛金字塔的顶端转移，体现出趋于多元化和更加多变的特点，商业模式的需求决定性越来越突出。随着技术革命和社会进步，商业模式也必然发生相应的调整。目前正在孕育的第四次科技革命，有望在人工智能方面取得突破，将会进一步促使商业模式发生上述转变。可以预见，相比于占有生产资料，占有需求（用户）成为企业可持续发展的关键。正如彼得·德鲁克所说："企业的真正目的是创造和留住用户。"企业通过自身的产品和服务创新，发掘出新的需求和用户；更重要的是，企业需要通过优质的产品和服务留住用户，并且还需要不断创新迭代，这在部分行业尤显重要。

据研究显示，获得用户的成本是留住现有用户成本的 5~25 倍，多留住 5% 的用户能提高 25%~95% 的利润。因此，企业是否能够形成适应当前经济发展阶段的商业模式，其服务面向的是一次性或偶发性的"顾客"，还是拥有持续、稳定的"用户"，是企业可持续发展能力的重要体现之一。

2. 代际成长

如前所述，在需求主导模式下，需求更加多元，其变更迭代也在加速。在这一背景下，行业的周期趋短，新兴领域不断出现，这对企业的快速响应能力提出了要求。企业成长的关键从代内成长向代际成长转变。在这方面也不乏案例，比如培训机构转型直播带货。

代内成长指在经营过程、运营模式、市场环境等基本不变的条件下，企业由小到大，由弱到强的量变过程，是一种稳定成长；代际成长指由于经营环境的重大变化，企业对其运营模式、组织结构、资源配置等进行根本性调整的过程，是企业核心能力新旧更迭的过程。代内成长是给定核心能力或竞争优势的释放过程，而代际成长则是企业核心能力的重构过程，即"二次起飞"过程。企业代际成长能力的提升，核心在于创新和变革，一是要强化和提升企业的组织变革能力，持续优化和改变企业的行为模式或组织惯例；二是要培育核心能力的自我超越能力，有效突破原有能力体系，实现核心能力的创新和重塑；三是根据代际更替类型，把握和选择好代际推进路径，代际更替类型包括产品代际、技术代际、组织代际、人力代际和混合代际等，代际推进路径的选择关键在于代际推进方式和时机的选择；四是要大力提升企业的创新能力，培育创新型的企业文化。

例如，当绿色消费意识成为一种潮流，企业就需要对产品或服务进行创新或改变，赋予产品或服务更多的绿色属性，以满足消费者的绿色消费需要，获得更大的用户群体。又如，随着公众对环境问题的关注度日益上升，监管部门提高了企业环境信息的披露要求，企业就应强化对环境保护的组织管理，在环境信息披露上更全面、更准确、更及时，以满足公众对企业环境关注的需要和监管要求，维护自身的环境形象，降低环境风险。再如，中国提出二氧化碳排放力争 2030 年前达到峰值，力争 2060 年前实现碳中和的"双碳"目标，对企业带来巨大的节能减排压力，企业的生产方式面临巨大变革，企业的产品结构需要升级换代，不能适应"双碳"转型需要的企业未来就可能被市场淘汰。此外，当企业进入成熟期后，就需要通过创新和变革，实现竞争力的提升或转型发展，在更高水平上配置资源和创造价值，从而实现可持续发展目标，避免进入衰退期甚至消亡。由此可见，创新和变革能力也是企业可持续发展的关键能力。

3. 全球可持续发展大趋势

企业实现可持续发展，需要不断适应全球可持续发展目标的大趋势，不能适应可持续发展大趋势的企业必定会被时代淘汰。人类社会追求可持续发展的时代浪潮已经到来，联合国提出的气候行动、水下生物、陆地生物、负责任消费和生产、清洁饮水和卫生设施、经济适用的清洁能源、良好健康与福祉、减少不平等、可持续城市和社区等可持续发展目标已经深入人心。企业需要适应全球可持续发展的大趋势，才能实现自身的可持续发展。随着世界各国倡导可持续发展理念，加快落实可持续发展措施，社会责任、环境影响等传统上认为是外部性的因素，已经逐步从对企业声誉方面的潜在性影响等内化到对企业直接性的效益创造中。随着排污费、碳排放交易（碳排放税）、新能源补贴等政策的出台，以及全球供应链管理在生态保护、绿色、人权等方面的要求越来越高，企业外部性不断内化得到了越来越有力的实践证明。各国对环境的保护日益增强，环境税的征收使环境污染的外部成本成为企业的内部成本，碳税的征收将使大量排放温室气体的企业承担更大的环境成本。因此，企业加强自身的环保行动，减少温室气体排放和环境污染，既是对生态环境作出社会贡献，更是有助于降低自身运营成本，避免环境风险。同样，违反人权、缺少员工保护等社会责任表现差的企业，很可能难以吸引到投资资金，甚至被排除在全球供应链之外。因此，企业需要在公平雇佣、职业安全和健康、员工发展和公益活动等方面履行自身的社会责任，以塑造良好的社会形象，为自身的可持续发展争取更多的社会资源和支持。

（三）企业可持续发展能力的评价

企业可持续发展能力即企业不断巩固、保持和提升核心竞争力以推动自身持续发展的能力。核心竞争力是企业独具的，支撑企业过去、现在和未来竞争优势，并使企业在竞争环境中能够长时间取得主动的核心能力，是企业在长期的发展过程中形成的。但核心竞争力并非一成不变，而是需要不断更新和迭代的。因此，在企业发展的不同阶段，核心竞争力能否保持并有效更新和迭代，是企业能否实现可持续发展的关键。从这个意义上讲，企业可持续发展能力的本质，是指企业核心竞争力的可持续。企业核心竞争力的有效更新和迭代高度依赖于其创新和变革能力，只有通过不断创新和变革，推动核心能力升级和换代，才能巩固和保持核心竞争力，从而实现企业的可持续发展。构建核心竞争力主要从企业外部和内部两个方面来构建，外部侧重于环境，企业通过感应和预测未来变化，及时调整企业重点战略，重点布局 ESG 等方面的可持续发展。内部侧重于同业竞争和自身，企业通过迭代主业务和开拓新业务，努力提升自身的生产经营效率和收益。从信用评级的视角，对企业可持续发展能力主要从以下三个方面开展评价。

1. 发展韧性

发展韧性是指企业有效应对内外部干扰，抵御冲击，在遭受冲击后能迅速调整和恢复，从而实现可持续发展的能力。企业发展韧性越强，则其应对冲击的能力越强，可持续发展能力也越强。发展韧性主要考察企业的商业模式、创新能力和数字化水平等涉及核心竞争力可持续性的要素。如前所述，需求端在企业商业模式构建中的重要性越发凸显，企业能够构建适应当前经济发展阶段的商业模式，持续和有效地满足用户需求，形成足够规模的稳定用户，则其发展韧性较强；反之较弱。创新能力对企业持续满足用户不断变化的需求具有重要影响，对企业代际成长能力提升具有关键作用，一定程度决定企业"二次起飞"能否成功，创新能力越强的企业，其发展韧性越强。全球正处于以人工智能为代表的第四次科技革命浪潮中，数字化水平对企业敏捷、灵活、高效地满足用户需求具有越来越重要的作用，还对企业提升运营效率，降低管理成本带来巨大帮助，企业数字化水平越高，则其发展韧性越强。

2. 财务弹性

财务弹性是指企业适应经济环境变化和利用投资机会的能力，具体指企业动用闲置资金和剩余负债能力，应对可能发生的或无法预见的紧急情况，以及把握未来投资机会的能力。企业财务弹性越强，其可持续发展能力越强。财务弹性主要从现金储备、现金流平衡、资产的抵质押率、融资成本和融资渠道、可用授信空间等方面考察。企业现金储备越充足，现金流平衡能力越强，资产的抵质押率越低，融资成本越低，融资渠道越丰富，或可用授信空间越大，则其财务弹性越强；反之越弱。

3. ESG

ESG 考察企业的环境责任、社会责任和公司治理，企业 ESG 表现越好，其可持续发展能力越强。其中，环境责任主要从碳排放、污废管理、资源利用、生态保护和绿色运营等方面分析，企业环境责任履行越好，其 ESG 表现越好；社会责任主要从税收缴纳、解决就业、员工权益保护、用户服务、供应商履约和公益事业贡献等方面分析，企业社会责任履行越好，其 ESG 表现越好；公司治理主要从治理架构、合规与风险管理、ESG 信息披露质量等方面分析，公司治理水平越高，其 ESG 表现越好。

二、3C 信用评级理论与评级体系

信用评级是指信用评级机构对企业偿还债务的能力及偿债意愿进行综合评估。传统的信用评级主要从经营、财务两个维度来评价企业的信用水平，该两维度评估主要基于企业的历史数据和当前表现，虽然也纳入了数据预测和未来发展的考虑，但整体缺少企业可持续发展能力的重要视角。随着企业可持续发展理论和实践的丰富，企业信用评级的理论也应与时俱进，将企业可持续发展能力的考察引入到信用评级中，成为了新时期信用评级理论完善与发展的必然选择。

（一）3C 信用评级理论的提出

所谓 3C 信用评级理论，是指对企业信用风险的考察主要来自对其经营、财务和可持续发展三个方面的综合评估，即企业的信用评级由其经营能力（Business Capability）、财务能力（Financial Capability）和可持续发展能力（Sustainable Development Capability）三个支柱决定。联合经过在中国债券市场20 余年的评级实践，尤其是在近几年债券市场信用风险事件多发的背景下，不断地对评级原理和评级方法进行比较与借鉴、总结与反思，原创性地提出了以经营能力、财务能力和可持续发展能力为核心的 3C 信用评级理论，主要源于以下思考。

第一，从信用评级对企业偿债能力考察的角度来看，企业是否稳健发展是非常重要的分析和评级视角。这反映在企业的经营、财务上是一个持续稳健的表现，而不是大起大落的，而企业经营和财务上的稳健性，是企业经营发展可持续性的重要体现。

第二，目前各国的两维评估体系中，尽管也包含了对经营、财务的未来预测，但相对分散，不聚焦不突出，没有形成较为系统和完整的分析思路，更多是对现状分析后的简单测算，而不是深入分析其背后的原因，对未来发展的预测和分析力度不够，这会影响对受评企业信用水平的评估，也就难以发挥信用评级揭示风险的作用。而联合明确地将可持续发展能力作为企业经营能力、财务能力之外的第三个独立维度进行考察，这样的好处在于：一是分析思路更为清晰、更加系统性；二是使分析师更加着力于对受评企业在未来一段时间内核心竞争力和财务能力进行更加综合、立体和全面地分析评估；三是在分析过程中，更加重视对受评企业未来现金流的测算，以及影响未来现金流的可持续性因素的关注，而不仅仅局限于当前状况。

第三，强化对可持续发展能力的评估符合行业发展趋势。以可持续发展的主要内涵之一 ESG 为例，近年来，国际、国内资本市场逐步认识到 ESG 信息在企业可持续发展和长期价值创造上发挥了越来越重要的作用，对公司 ESG 信息披露关注度不断提高，越来越多的机构开始推出 ESG 评估产品。同时企业 ESG 因素也被绝大多数评级机构以不同的形式纳入了信用评级框架。

第四，可持续发展能力的纳入，使得评级框架更具有普适性。在全球范围内，不同经济体制环境下的信用特征有所区别。传统的分析框架主要适用于所谓的完全市场环境，在公有制为主体，多种所有制经济共同发展的环境下，不同性质的企业在资源和要素的配置方面所具备的能力和得到的支持与所谓的完全市场条件下有较大区别，其可持续发展能力和信用水平也表现出明显差异。因此，纳入可持续发展能力作为第三维度，并赋予其相对灵活的权重，对不同市场体制的适用性更强。

（二）3C 信用评级理论的主要内容

联合 3C 信用评级理论的三支柱是指受评企业的经营能力、财务能力和可持续发展能力，其中企业的经营能力可以刻画受评企业是否在市场竞争中具有核心竞争力，这种核心竞争力转化为其获得偿债资金的规模和可靠稳定程度；财务能力的高低可以量度受评企业未来一段时间内偿债资金对所需偿还债务的保障程度，以及盈利水平和现金流可能的波动对所需偿还债务保障程度的影响；可持续发展能力则衡量受评企业在未来一段时间抵抗外部风险的韧性、核心竞争力的可持续性和可拓展性、财务弹性的充足性，以及对其可持续获取偿债资金的保障程度。通常来看，企业经营稳健性越低，经营风险越大，其信用风险越高；企业财务杠杆越高，现金或现金流对债务的保障程度越低，财务风险越高，其信用风险越高；企业缺乏长远考虑，发展韧性不足，可持续发展风险越高，其信用风险越高。

企业的经营能力、财务能力和可持续发展能力三者之间具有内在联系，相互结合构成企业信用质量的整体。譬如，企业经营能力的高低影响其财务表现，财务状况是企业经营的结果，而财务能力也会反作用于经营能力，当企业财务能力弱化，出现流动性困境，融资能力丧失，往往会导致经营无法正常进行，甚至陷入经营困境。企业对可持续发展能力关注不足，可能导致核心竞争力在未来丧失，或者对危机事件缺乏足够准备，从而在未来陷入经营或财务困境，而当前的经营能力和财务能力又为企业构建可持续发展能力提供资源和基础。

3C 信用评级理论中的经营能力，主要从市场竞争力、经营效率等方面进行分析，主要考察受评企业是否具有核心市场竞争力，以及在同行业中的地位。这是企业的基本经济面，是企业经营的内核，内核质量的高低是信用能力的决定性因素之一。财务能力主要考量资产质量和盈利能力、资本结构、偿债能力等方面，其中杠杆水平、现金流、债务保障程度等是分析的重点。经营能力和财务能力在传统的信用评级理论中多有论述，在此不再赘述。

3C 信用评级理论对企业可持续发展能力的考察，与企业可持续发展理论保持一致，核心是考察企业不断巩固、保持和提升核心竞争力以推动自身持续发展的能力，同时聚焦于信用评级领域，重点选取和企业信用风险相关的因素。从信用评级视角，可持续发展能力主要从发展韧性、财务弹性、ESG 三个方面进行分析。

发展韧性是指企业有效应对内外部干扰，抵御冲击，在遭受冲击后能迅速调整和恢复，从而实现可持续发展的能力。发展韧性主要从商业模式、创新能力和数字化水平等涉及核心竞争力可持续方面进行分析，其中：商业模式决定企业与用户交换价值的方式，对形成足够规模的稳定用户群体具有关键性影响；创新能力对企业适应用户需求变化，持续满足用户不断变化的需求具有重要作用；数字化水平则对企业满足用户需求的敏捷性、灵活性和高效性具有重要影响。

财务弹性是指企业适应经济环境变化和利用投资机会的能力，具体指企业动用闲置资金和剩余负债能力，应对可能发生的或无法预见的紧急情况，以及把握未来投资机会的能力，是企业可持续发展的重要保障。财务弹性对于企业应对财务危机具有重要影响。保持适度财务弹性的企业具有有效的资金链管理和保护机制，在面对无法预见的紧急情况时，企业可以通过自身现金储备、资产变现和外部再融资来及时筹措和调度资金，保持企业内外部流动性合理充裕，避免出现资金周转不畅、调度不灵引发危机的情形。对财务弹性的评估主要关注企业的现金储备、现金流平衡、资产的抵质押率，企业的融资成本和融资渠道，企业可用授信空间，企业资产受限、股权质押情况等，以及金融企业推进中的资本补充计划及其进展等。

ESG 是企业可持续发展能力分析的重要内容，在可持续发展浪潮风起云涌、ESG 在各个领域广泛付诸实践的大背景下，将 ESG 纳入企业可持续发展能力分析符合时代潮流。正如前文所述，环境风险和社会风险已经对企业的可持续发展构成重要影响，因此需要分析企业所面临的环境和社会风险、机遇，以及企业对环境风险和社会风险的应对能力。而公司治理为企业的可持续发展提供制度和体系保障，与环境和社会一起纳入 ESG 分析框架中。

综上所述，3C 信用评级理论对企业可持续发展能力的考察是一个整体框架，包含了影响企业核心竞争力的巩固、保持和提升的一系列重要因素。需要强调的是，一些评级机构将 ESG 因素纳入评级体系，作为对原有评级体系的优化和扩展。这样的做法向前迈出了一步，但实质上治标不治本，在理论上更是片面的。ESG 评价的考察重点是企业面临的环境风险、社会风险以及治理水平，ESG 评价好的企业，其治理水平高，应对环境风险和社会风险的能力强，也就拥有较强的可持续发展能力，但这仅是企业可持续发展能力的一小部分，对企业可持续发展能力的考察不能仅局限于 ESG 评价。正是因为如此，3C 信用评级理论对企业可持续发展能力的评价不仅考察了企业的 ESG 评价，还考察了影响企业经营和财务可持续的其他重要因素，即企业的发展韧性和财务弹性。

（三）3C 信用评级体系适用于全球人民币债券

近年来，人民币国际化的步伐不断加快，据央行发布的统计数据，2022 年，银行代客人民币跨境收付金额合计为 42.1 万亿元，同比增长 15.1%，其中货物贸易人民币跨境收付金额占同期本外币跨境收付总额的比例为 18.2%。2023 年 1~9 月，人民币跨境收付金额为 38.9 万亿元，同比增长 24%，其中货物贸易人民币跨境收付金额占同期本外币跨境收付总额的比例为 24.4%，同比上升 7 个百分点。人民币融资货币功能持续提升，2022 年末，国际清算银行（BIS）公布的人民币国际债务证券存量为 1733 亿美元，排名升至第 7 位，同比提升 2 位。环球银行金融电信协会（SWIFT）数据显示，2022 年末，人民币在全球贸易融资中占比为 3.91%，同比上升 1.9 个百分点，排名第三。2023 年 9 月，人民币在全球贸易融资中占比为 5.8%，同比上升 1.6 个百分点，排名上升至第二。离岸人民币市场交易更加活跃，国际清算银行（BIS）2022 年调查显示，近三年来人民币外汇交易在全球市场的份额由 4.3% 增长至 7%，排名由第八位上升至第五位。在人民币国际化水平不断提升的同时，我国债券市场双向开放的进程也进一步加速。据中国人民银行发布的数据，截至 2023 年 12 月末，境外机构持有银行间市场债券 3.67 万亿元，比 2022 年增加约 2800 亿元，约占银行间债券市场总托管量的 2.7%。境外机构在我国债券市场熊猫债的发行量也大幅上升，2023 年，熊猫债共发行 97 只，发行额共计 1544.7 亿元，相比 2022 年 52 只的发行量和 850.7 亿元的发行金额均实现大幅增长。离岸人民币债券市场快速壮大，据彭博数据，2023年点心债发行2542只，同比增长21.69%，发行金额9813.80亿元，同比增长20.83%，均创历史新高。

在人民币国际化和债券市场双向开放加快的大背景下，国内外投资者对人民币债券发行人信用信息的需求快速增长，这为3C信用评级体系提供了广阔的应用场景。由于国内现行的区域评级体系在评级标准上与国际评级体系存在较大差异，且级别分布高度集中，缺乏合理的信用风险区分度，因此得不到国际债券市场投资者的认可。而国际三大评级机构的评级体系存在对中国主权风险的严重高估，且对中资企业的信用风险洞察力不足，对中资企业的信用风险分析缺乏针对性，因此在人民币债券发行人的信用分析和评级方面适用性亦不足。3C信用评级体系基于经营能力、财务能力和可持续发展能力三个维度对企业开展信用分析，打破了传统的经营+财务的二维分析框架。可持续发展能力的纳入，并赋予其相对灵活的权重，使得3C信用评级体系对不同国家或区域的债券发行人适用性更强。对投资中国债券市场的国际投资者而言，需要一套能有效区分信用风险的评级体系，3C信用评级体系的结果分布于AAA~CCC级及以下，近似正态分布，具有良好的区分度，能够有效满足国际投资者的需求。对熊猫债发行人来说，3C信用评级体系能够为其提供高区分度的评级结果，助其债券合理定价，同时有助于投资者有效识别熊猫债发行人的信用风险。对点心债发行人来说，3C信用评级体系为其提供有效的信用风险评价结果，有助于投资人准确识别点心债发行人的信用风险，进而帮助点心债发行人顺利从市场融资。总体来看，3C信用评级体系适用于全球人民币债券发行人，能够通过其高区分度的评级结果有效缓解全球人民币债券发行人的信息不对称，提高全球人民币债券市场的定价效率，有助于畅通全球人民币债券市场的投融资活动。

三、3C信用评级体系的特点

3C信用评级理论在可持续发展理论的指引下，把可持续发展能力作为考察企业信用质量的重要支柱，打破了传统的"经营风险+财务风险"的二维信用风险分析框架，实现了信用评级理论的创新。在对可持续发展能力的分析中，3C信用评级理论把企业对环境风险和社会风险的应对能力考虑进来，强调了企业的环境责任和社会责任，体现了可持续发展理论对环境保护和社会责任的关注，在微观主体层面上捕捉了环境风险和社会风险对信用风险的影响。因此，3C信用评级理论是可持续发展理论在信用评级领域的体现和实践，对贯彻可持续发展理论具有重要意义和作用。与传统信用评级相比，3C信用评级体系的优势主要体现在以下几个方面。

（一）实现了信用评级理论的重大创新

"经营风险+财务风险"的二维信用风险分析框架已经运行了上百年，国际评级机构均从经营风险和财务风险两个维度对企业信用风险做出评价和判断。中国评级机构的评级理论和技术是在借鉴国际评级机构的基础上发展起来的，虽然结合中国国情进行了一定的修正和改进，但迄今尚没有实现突破性的创新。3C信用评级理论的提出，成功打破了传统"经营风险+财务风险"的二维信用风险分析框架，突破了西方对评级理论的垄断，是中资评级机构在评级领域的重大理论创新。

3C信用评级理论把可持续发展能力作为重要支柱之一，对企业的发展韧性、财务弹性和ESG进行深入分析。由于企业处于复杂多变的环境中，"黑天鹅"事件时有发生，能够不断适应社会和环境的变化，进行创新和变革，商业模式领先、创新能力强劲、数字化水平发展较高的企业，发展韧性越强，其应对重大危机或冲击的应变能力也越强。企业的财务弹性越大，在金融政策和投融资环境发生重大变化时，回旋余地越大，发生流动性危机的可能性越小。ESG考察企业公司治理能力、对环境风险和社会风险的管控能力。随着全球向低碳经济转型，气候变迁风险、环境风险和社会风险会对企业未来的生存和发展产生重大影响。因此，可持续发展能力作为3C信用评级理论的重要支柱，弥补了传统信用风险分析框架的不足，能够更全面、更长远地审视企业信用风险的整体面貌。

（二）评级理论普适性更强，适用性更广

传统的信用风险分析框架主要适用于理想情况下的完全市场环境，企业按照市场化方式运作，较少受到政府的干预。但由于各国国情的差异，市场化程度各不相同，企业所有制形式多样，由此导致各国企业在资源和要素的配置上各不相同，甚至存在显著差别。由于资源和要素配置上的差别，各国企业的经营模式和财务特征表现各异，进一步使得其信用风险的来源、关键要素和传导机制等不尽相同，因此传统的信用风险分析框架不一定适合所有市场。对中国来说，目前以公有制经济为主体，多种所有制经济共同发展，不同性质的企业在资源和要素的配置方面所具备的能力和得到的支持与所谓的完全市场条件下有较大区别，其可持续发展能力和信用水平也表现出明显

差异。所以，如果采用传统的二维信用风险分析框架，则难以准确反映中国企业的信用特征。把可持续发展能力作为第三维度，并赋予其相对灵活的权重，使评级体系对不同市场体制的适用性更强，是解决各国国情不同导致信用风险识别和评判标准不同的有效途径。由此可见，可持续发展能力的纳入，使得评级体系更适用于不同体制和文化的国家，其普适性更强。从构建真正的"全球评级体系"的角度出发，3C 信用评级体系的适用范围更广，更有利于进行全球化推广和应用。

（三）顺应了可持续发展的时代潮流

可持续发展理论已经在全球范围内形成广泛共识，3C 信用评级理论把可持续发展能力作为重要支柱之一，是可持续发展理论在信用评级领域重要的实践举措，顺应了可持续发展的时代潮流。在对企业的可持续发展能力的分析中，ESG 要素考察了企业对环境风险和社会风险的管控能力：企业的碳排放强度、能源消耗、水资源利用、污染物排放等被纳入环境风险分析，充分体现了"低碳经济""气候治理"和"绿色金融"的时代要求；企业的税收和就业贡献、用户服务、供应商履约、公益活动等被纳入社会风险分析，是构建和谐社会的具体体现。企业对环境风险和社会风险的管控能力被纳入信用评级考量，有助于促进企业重视自身的环境责任和社会责任，加大环保投入，提高能源使用效率，减少二氧化碳和污染物排放，对中国实现碳达峰和碳中和远景目标具有积极的推动作用。

（四）契合了人类命运共同体理念

人类命运共同体旨在追求本国利益时兼顾他国合理关切，在谋求本国发展中促进各国共同发展。习近平总书记指出："人类命运共同体，顾名思义，就是每个民族、每个国家的前途命运都紧紧联系在一起，应该风雨同舟，荣辱与共，努力把我们生于斯、长于斯的这个星球建成一个和睦的大家庭，把世界各国人民对美好生活的向往变成现实。"习近平总书记在全国生态环境保护大会上强调："人类是命运共同体，保护生态环境是全球面临的共同挑战和共同责任。"3C 信用评级理论把可持续发展能力作为重要支柱之一，认为企业的信用能力不仅依赖于经营成果和财务表现，还与其对环境和社会的贡献密切相关。3C 信用评级理论倡导企业重视自身的环境责任和社会责任，加强生态环境保护，维护利益相关者权益，这一做法契合了人类命运共同体理念。由此可见，3C 信用评级理论顺应了构建人类命运共同体的时代潮流，亦将从信用评级角度对构建人类命运共同体发挥积极的影响和作用。

（五）对促进中国评级行业高质量发展具有重要的现实意义

中国评级行业经过三十多年的发展，已基本形成较为完整的评级技术和应用体系，对缓解信息不对称，提升交易效率，促进债券市场发展发挥了重要作用。但由于历史和市场等原因，中国现行的市场评级存在等级分布过于集中，信用风险区分度不足，违约风险预警不及时等弊端，难以满足债券有效定价和投资人管控风险的需要。3C 信用评级体系把提升评级质量作为核心目标，以 3C 信用评级理论为指导，结合单变量分析、数值模拟、AHP 层次分析法、网格搜索和计量检验等技术，对传统信用评级体系进行革新。3C 评级结果合理分布于 AAA~CCC 级，大大提高了对信用风险的区分度，评级质量检验的准确率基本达到国际水平，违约预警及时性大幅改善。3C 信用评级体系贯彻和落实了中国人民银行、证监会等五部门发布的《关于促进债券市场信用评级行业健康发展的通知》的精神和要求，实现了构建合理区分度的评级技术体系的目标，显著提升了评级质量，对促进中国评级行业的高质量发展具有重要的现实意义。

第三部分 3C 信用评级方法体系

第一章 信用评级基础定义

一、信用评级的基本原则

(一) 真实性原则

信用评级的真实性是指评级过程中,应按照合理的程序和方法收集数据和资料并进行科学分析,按照合理、规范的程序审定评级结果,评级结果建立在客观和真实的资料基础上,建立在真实的操作过程上。

(二) 一致性原则

评级机构在评级业务过程中所采用的评级程序、评级方法应与其公开的程序和方法一致,从而促进评级结果的一致性和可比性:同一时期不同评级对象同样的评级结果对应的信用风险程度应大致相当;同一行业、地域或领域内的评级结果应有较强的可比性;同一评级对象不同时期的评级结果应有很强的可比性(评级方法或评级标准发生大的调整情况除外)。

(三) 独立性原则

评级机构及其信用评审委员会成员、评估人员在评级过程中应保持独立性,应根据所收集的数据和资料独立做出评判,不能受评级对象(发行人)及其他外部因素的影响,要采取回避、信息披露等方式方法避免、减少利益冲突。回避制度即评级机构、评级人员若存在利益冲突情形,不得参与该债券或其发行人的信用评级。信息披露制度是指,如果评级机构或评级人员存在无法回避的利益冲突情形,应通过信息披露的方式,向市场披露存在利益冲突的情况,便于投资者做出客观的评价。

信用评级的独立性原则包括几个层次的含义：第一个层次是评级机构及其高管人员与发债主体之间的独立性，即评级机构及其高管人员与发债主体之间在股权上是相互独立的，不存在相互控股或持股的关系；第二个层次是评级机构与发债主体高管之间的独立性，即评级机构的高管与发债主体的高管之间不存在直接亲属关系；第三个层次是指评级人员与发债主体之间的独立性，包括评级人员不得参与评级收费的谈判、不得为受评对象提供咨询、评级人员的直系亲属不得在受评对象任职高管、评级人员不得接受受评对象超过一定金额的馈赠或其他活动。

（四）客观性原则

客观性原则是指评级机构的评估人员在评级过程中应做到公正，不带有任何偏见。对于信用评级的客观性，评级机构通过实地调查制度、信息披露制度、合规制度、保密制度、档案管理制度和市场表现统计分析等保证信用评级的客观性。

（五）审慎性原则

在信用评级资料的分析过程和做出判断过程中应持谨慎态度。对基础资料要采取质疑的态度并努力求证，对影响评级对象（发行人）经营的潜在风险要认真评估，对未来预测要采取审慎客观或相对保守的观点，对评级对象（发行人）某些指标的极端情况要做深入分析，避免遗漏重要风险的线索。

二、信用评级定义

（一）信用评级基本概念

1. 信用风险

信用风险是指债务人未能按时足额偿付债务导致债权人发生损失的风险。

2. 信用评级

信用评级是指由独立的信用评级机构对影响评级对象的诸多信用风险因素进行分析研究，就其偿还债务的能力及偿债意愿进行综合评估，并用简单明了的符号表示出来。按照评级对象分类，信用评级可分为主体评级和债项评级两大类。

3. 违约

联合认为当出现下述一个或多个事件时，即可判定债券/主体发生违约：

（1）债务人未能按照合同约定（包括在既定的宽限期内）及时支付债券本金和/或利息；

（2）债务人不能清偿到期债务，并且资产不足以清偿全部债务或者明显缺乏清偿能力，债务人被人民法院裁定受理破产申请的，或被接管、被停业、关闭；

（3）债务人进行债务重组且其中债权人做出让步或债务重组具有明显的帮助债务人避免债券违约的意图，债权人做出让步的情形包括债权人减免部分债务本金或利息、降低债务利率、延长债务期限、债转股（根据转换协议将可转换债券转为资本的情况除外）等情况；

（4）联合认定的其他事件。

但在以下两种情况发生时，不视作债券/主体违约：

（1）如果债券具有担保，担保人履行担保协议对债务进行如期偿还，则债券视为未违约；

（2）合同中未设置宽限期的，单纯由技术原因或管理失误而导致债务未能及时兑付的情况，只要不影响债务人偿还债务的能力和意愿，并能在 1~2 个工作日得以解决，不包含在违约定义中。

联合认为，对于主权国家或地区政府发行的本、外币债券和票据，如果主权政府未能在到期日按规定偿付债务或者发生了债务重组等损害债权人利益的行为，则认定发生了主权违约。如果主权政府未能按规定偿付公有部门、官方债权人或国际金融组织的债务以及未能履行担保义务并不构成违约。

4. 违约率与违约概率

违约率是指债务人发生违约的实际历史频率，是基于历史数据的统计结果。违约概率是对给定时期内债务人发生违约的可能性的期望值或目标值。

5. 违约损失率

违约损失率是指债务人一旦发生违约，将给债权人带来的损失大小，采用相对数形式表示，即损失数额占风险敞口的百分比。其中，风险敞口是指当债务人违约时债权人可能损失的最大金额。

6. 预期损失率

预期损失率是违约概率与违约损失率的乘积，即预期损失率（EL）＝违约概率（PD）×违约损失率（LGD）。

（二）信用评级分类及内涵

1. 主体评级和债项评级

（1）主体评级

按照评级对象分类，信用评级可分为主体评级和债项评级两大类。主体评级是对国际开发机构（多边组织）、国家主权、地方政府、金融企业、非金融企业等各类经济主体的评级。主体评级主要是对受评对象偿还债务的能力及意愿进行综合评价。需要强调的是，主体评级是通过信用等级表示受评主体信用风险水平高低的相对排序，而不是对其违约概率的绝对度量。

（2）债项评级

债项评级是对上述各类经济主体发行的固定收益类证券以及资产支持证券等结构化融资工具的评级，主要包括政府债券（中央政府债券、地方政府债券）、金融债券（普通金融债、次级债、二级资本债、优先股等）、非金融企业债券（短期融资券、中期票据、企业债、公司债等）、资产支持证券（信贷资产支持证券、企业资产支持票据、资产支持计划等）、其他固定收益类产品等。

债项评级是对该债务融资工具或金融产品违约可能性及违约损失的严重性的综合评价。通常而言，债项评级是在主体信用评级基础上，对融资主体发行的各种债务工具进行的评级。

①一般无担保债券

对于一般无担保债务，债务人的可偿债现金及现金流是唯一偿债来源，如债务人无法偿付债务，则债权人无权从其他途径获得补偿。因而对于一般无担保债务来说，信用评级主要是对发行人的偿债能力和偿债意愿进行综合评定，一般无担保债务的信用等级通常与发行人主体信用等级相同。

②担保债券

对于附增信措施债务的信用评级，既要考察发行人的主体信用等级，还要考察增信措施是否能有效降低违约损失率。

目前中国债券市场中主要增信方式有第三方连带责任保证担保和抵质押担保，其中第三方连带责任保证担保是最主要的担保方式。同等情况下，对于有增信措施的债务，其违约后的回收预期可能高于无增信措施的债务。有效的担保措施（如抵押或担保充分的债务）可以增强对债权人偿付的保障，减少违约损失的程度，故债项的信用级别有可能高于主体的信用级别。

对于抵押、质押担保作为增信措施的债务工具，抵押或质押担保债券的信用等级是无抵押或无质押情况下的主体信用等级加上所增信的等级，增信的效果主要取决于抵押、质押资产价值对债券本息的覆盖率。

对于第三方保证担保作为增信措施的债务工具，保证担保人的信用状况越好，担保履约可能性越强，则该债项获得的保障也就越强，其信用风险程度与一般无担保债务相比越小。但是，第三方担保人通常分为第三方企业担保和专业担保公司担保，其中第三方企业多为发行人的关联公司。一般来说，关联的担保公司和发行人会受到相同的行业、政策等因素影响；而专业担保公司相对独立，受发行人的行业等影响因素较小。关联担保人与发行人之间的违约关联度要远大于专业担保公司，因此投资者更倾向于专业担保公司增信的债券。关联担保企业由于与发行人面临着类似的行业环境、宏观政策等风险，同时发生风险的可能性较大，因而担保履约可能性偏弱。

③次级债券

次级债务指除非发债主体倒闭或清算，不能用于弥补日常经营损失，且偿还顺序在债务主体股本之前、一般性债务之后的一种债务形式。国内资本市场上，银行、证券和保险机构发行次级债务一般用于补充资本，其中银行是最主要的发行主体。

以商业银行的次级债券为例，《商业银行次级债券发行管理办法》[①] 规定，次级债券可以计入附属资本，其债券本金和利息的清偿顺序列于商业银行其他负债之后、先于商业银行股权资本的债券。因此，一般来讲，银行的次级债务的信用等级通常比银行主体评级低。此外，由于银行法规限制了次级债务被偿还的条件，次级债券契约中规定的、在资本或收益满足一定条件后次级债才能得到偿还等原因，当次级债务比优先债务的偿还风险更大时，两者的信用等级差别也会扩大。

④集合债券

集合债券主体违约率的大小与每个主体违约概率的大小和集合各主体之间的相关性有密切关系，集合债券的违约损失与各主体违约概率、违约比例（违约主体的资金规模在整个集合债券规模中的比例）、单个主体的风险暴露、发生违约时单个主体的回收率等因素相关。

⑤永续债券

永续债包括金融企业和非金融企业在中国银行间债券市场注册发行的

---

① 《商业银行资本管理办法（试行）》（2013 年）（以下简称资本管理办法）施行后，次级债这一概念被二级资本债所替代，只有二级资本债（附加条件的次级债）才能计入银行附属资本，而普通次级债无法计入附属资本而只能计入银行负债。

"无固定期限，赎回前长期存续"的债券，以及由国家发改委审核发行或在交易所市场注册发行的具有"续期选择权"的债券。

对于无担保永续债，永续债的偿还保障来自发行人，主要体现在两方面：一是发行人的整体偿债能力；二是永续债偿付保障与普通优先无担保债务的差异程度，而后者取决于永续债的股性强弱。因此，发行人主体信用等级越高，永续债的基础信用等级越高；永续债条款设置越接近普通股，即股性越强、债性越弱，永续债信用等级在主体信用等级基础上的下调幅度越大。对于永续债股性的判断，联合通过分析偿付顺序、有效期限、利息支付灵活度、本金减记与转股安排等因素来判断。

对于设置了担保条款的永续债，需要根据担保方主体信用状况或抵质押物变现价值及其担保协议约定对永续债的实际保障情况，判断担保能力和有效性，得到担保措施对永续债的偿还保障能力。

⑥资产证券化产品

资产证券化是金融机构或企业将能够产生稳定的、可预期的现金流的资产（基础资产）的未来现金流进行重组，并通过资产出售的方式发行有价证券的行为，以此方式发行的证券即为资产支持证券。联合对资产支持证券信用等级的评定是对证券的违约风险的评价，是以基础资产的信用表现为基础，结合交易结构分析、压力测试综合判定受评证券本金和利息获得及时、足额支付的可能性。

2. 长期评级与短期评级

根据覆盖的期限长短不同，信用评级可划分为长期评级和短期评级。短期评级的对象，其债务通常在一年内到期，例如商业票据（短期融资券）、货币市场工具等有关的信用工具等；而长期评级对象的债务则一般在超过一年的期间到期，例如中期票据、可转换债券等。评级机构通常采用不同的符号来表达长、短期评级的结果，表示的含义也存在较大的区别或差异。

3. 全球评级和区域评级

按照评级结果可比适用范围，信用评级可分为全球评级和区域评级。全球评级是指信用评级机构按照全球统一的评级标准进行的信用评级，其评级结果在全球范围内具有可比性。区域评级是指对该区域内的评级对象采用特定的评级标准进行的信用评级，其评级结果只在相应区域范围内具有可比性，并不具有全球可比性。

4. 本币评级和外币评级

根据债务偿付的币种，信用评级可分为本币评级和外币评级。本币评级是指以本币作为偿还债务货币的债务工具和主体的信用评级。外币评级是以外币作为偿还债务货币的债务工具和主体的信用评级。

5. 主动评级与委托评级

信用评级业务包括委托评级业务和主动评级业务，其中委托评级业务分为发行人委托评级业务和投资人委托评级业务等。发行人委托评级是指信用评级机构受发行人委托，通过公开渠道和实地调研收集受评对象相关资料，并以此为依据对相关发债主体或债项开展的信用评级。投资人委托评级是指信用评级机构受投资人委托对已经发行的债券进行评级，主要通过发债主体配合和公开渠道收集受评对象相关资料，并以此为依据对受评对象开展的信用评级。主动评级，亦称公开评级，是指信用评级机构未经委托，主要通过公开渠道收集受评对象相关资料，并以此为依据对受评对象开展的信用评级。

6. 初次评级与跟踪评级

初次评级是指评级机构对受评对象（主体、债项）首次进行信用评级。自出具初次评级结果开始，即进入持续跟踪评级阶段。跟踪评级是信用评级的重要环节，是指信用等级有效期内，评级机构通过对评级对象信用状况影响因素的持续跟踪和分析，及时有效地揭露评级对象的信用状况变化情况，并给出相应跟踪评级结果的评级行动。跟踪评级分为定期跟踪和不定期跟踪两部分。定期跟踪评级是指在信用等级有效期内，按照既定的时间周期对评级对象信用状况进行跟踪分析，并出具跟踪评级报告的评级行为；不定期跟踪评级是指信用等级有效期内，在发生有可能影响评级对象信用等级的重大事项时对评级对象信用状况进行跟踪分析并公布跟踪评级结果的评级行为。

三、信用评级符号及含义

（一）主体信用等级设置与含义

联合将企业主体 3C 评级的长期信用等级划分为四等十级，符号表示为 AAA、AA、A、BBB、BB、B、CCC、CC、C、D。除 AAA 级、CCC 级（含）以下等级外，每一个信用等级可用"＋""－"符号进行微调，表示略高或略低于本等级。

各信用等级符号代表了评级对象违约概率的高低和相对排序，信用等级由高到低反映了评级对象违约概率逐步增高，但不排除高信用等级评级对象违约的可能。

具体等级设置和含义见表 3.1.1。

表 3.1.1　金融机构、非金融企业主体 3C 评级长期信用等级设置及含义

级别	含义
AAA	偿还债务的能力最强，基本不受不利经济环境的影响，违约概率极低
AA	偿还债务的能力很强，受不利经济环境的影响不大，违约概率很低
A	偿还债务能力较强，较易受不利经济环境的影响，违约概率较低
BBB	偿还债务能力一般，受不利经济环境影响较大，违约概率中等
BB	偿还债务能力较弱，受不利经济环境影响很大，违约概率较高
B	偿还债务的能力较大地依赖于良好的经济环境，违约概率很高
CCC	偿还债务的能力极度依赖于良好的经济环境，违约概率极高
CC	基本不具备偿还债务的能力，濒临违约
C	未能履行某些债券的偿债义务
D	进入破产程序或所有存续债券均未能偿付

(二) 债项信用等级设置与含义

1. 中长期债券信用等级设置及含义

联合中长期债券信用等级符号表示为 AAA、AA、A、BBB、BB、B、CCC、CC、C。除 AAA 级、CCC 级（含）以下等级外，每一个信用等级可用"+""−"符号进行微调，表示略高或略低于本等级。

各信用等级符号代表了评级对象违约概率的高低和相对排序，信用等级由高到低反映了评级对象违约概率逐步增高，但不排除高信用等级评级对象违约的可能。

具体等级设置和含义见表 3.1.2。

表 3.1.2　中长期债券信用等级设置及含义

级别设置	含义
AAA	偿还债务的能力极强，基本不受不利经济环境的影响，违约概率极低
AA	偿还债务的能力很强，受不利经济环境的影响不大，违约概率很低
A	偿还债务能力较强，较易受不利经济环境的影响，违约概率较低
BBB	偿还债务能力一般，受不利经济环境影响较大，违约概率一般
BB	偿还债务能力较弱，受不利经济环境影响很大，违约概率较高
B	偿还债务的能力较大地依赖于良好的经济环境，违约概率很高
CCC	偿还债务的能力极度依赖于良好的经济环境，违约概率极高

级别设置	含义
CC	在破产或重组时可获得保护较小，基本不能保证偿还债务
C	不能偿还债务

联合永续债、商业银行金融债券信用等级设置及含义同中长期债券一致。

2. 短期债券信用等级设置及含义

联合短期债券信用评级等级符号表示为 A-1、A-2、A-3、B、C、D。每一个信用等级均不进行微调。

各信用等级符号代表了评级对象违约概率的高低和相对排序，信用等级由高到低反映了评级对象违约概率逐步增高，但不排除高信用等级评级对象违约的可能。

具体等级设置和含义见表3.1.3。

表3.1.3 短期债券信用等级设置及含义

级别设置	含义
A-1	还本付息能力最强，安全性最高，违约概率极低
A-2	还本付息能力较强，安全性较高，违约概率较低
A-3	还本付息能力一般，安全性易受不良环境变化的影响，违约概率一般
B	还本付息能力较低，违约概率较高
C	还本付息能力很低，违约概率很高
D	不能按期还本付息

3. 长期债券与短期债券级别映射关系

长期债券和短期债券级别之间存在如表3.1.4所示的对应关系。

表3.1.4 长期债券与短期债券等级映射

短期债券 长期债券	A-1	A-2	A-3	B	C	D
AAA						
AA$^+$						
AA						
AA$^-$						
A$^+$						

长期债券 \ 短期债券	A-1	A-2	A-3	B	C	D
A	■					
A⁻	■					
BBB⁺		■				
BBB		■				
BBB⁻			■			
BB⁺				■		
BB				■		
BB⁻				■		
B⁺				■		
B				■		
B⁻				■		
CCC					■	
CC					■	
C						■

（三）评级展望设置及其含义

评级展望是对信用等级未来一年左右变化方向和可能性的评价。评级展望通常分为正面、稳定、负面、发展中等四种。评级展望设置及含义见表3.1.5。

表 3.1.5　评级展望设置及含义

评级展望设置	含义
正面	存在较多有利因素，未来信用等级调升的可能性较大
稳定	信用状况稳定，未来保持信用等级的可能性较大
负面	存在较多不利因素，未来信用等级调降的可能性较大
发展中	特殊事项的影响因素尚不能明确评估，未来信用等级可能调升、调降或维持

第二章　行业风险评价方法

企业所处行业的信用风险水平会对企业个体信用风险产生影响，在企业信用评级过程中，联合会根据行业信用风险评价结果对企业信用等级进行调整。

一、行业信用风险的定义与级别划分

行业信用风险评价是对行业长期信用风险高低的评估，是对行业趋势性和行业波动性的综合评价。行业周期性、行业竞争环境、行业发展（行业增长性）、行业盈利能力、行业杠杆及偿债能力等是决定一个行业信用风险水平高低的主要因素。行业发展越快，即行业收入和利润增长越快，盈利能力越高，杠杆水平越低，偿债能力越强，表明行业信用水平较高；行业周期性越强，即行业收入和利润水平的周期性波动越大，行业运营效益对外部环境变化的敏感程度也就越高，表明行业信用水平的波动性越大，行业信用风险越大。联合将行业信用风险由低到高分为六个等级，其中 1 为行业信用风险最低，6 为行业信用风险最高，行业信用风险评价等级设置及含义见表 3.2.1。

表 3.2.1　行业信用风险等级设置及含义

等级	含义
1	行业内企业整体偿债能力很强，基本不受不利经济环境的影响，行业信用风险水平很低
2	行业内企业整体偿债能力较强，受不利经济环境的影响较小，行业信用风险水平较低
3	行业内企业整体偿债能力尚可，可能受到不利经济环境的影响，行业信用风险水平低
4	行业内企业整体偿债能力一般，较易受不利经济环境影响，存在一定的行业信用风险
5	行业内企业整体偿债能力较弱，受不利经济环境影响很大，行业信用风险水平较高
6	行业内企业整体偿债能力很弱，高度依赖于良好的经济环境，行业信用风险水平很高

二、行业信用风险评价的关键假设、核心要素和评价框架

联合认为，行业信用风险主要可以通过两个维度来考量，一是行业特征

因素，主要分析在相当长一段时期内不易改变的行业本质，如行业经济周期特征、行业竞争格局等；二是行业信用风险表现因素，是衡量行业在中短期内的风险水平，包括行业的增长性、盈利水平、杠杆水平、偿债水平等。因此，行业信用风险评价主要从行业周期性与竞争性以及行业增长性与风险表现两个方面出发，通过定性和定量分析得到初始的行业信用等级，再结合行业政策进行调整，得到最终的行业信用风险等级。

行业信用风险评价分为行业周期性与竞争性、行业增长性与风险表现两个一级指标。其中，行业周期性与竞争性对行业信用风险的评价更为重要，因为行业增长性与风险表现主要是衡量行业现阶段的状态，而行业周期性与竞争性代表的则是行业的基本特征和内在本质，是影响未来行业发展至关重要的因素。因此，行业信用风险评价会更侧重于行业周期性与竞争性的评价结果。

行业周期性与竞争性方面主要从行业周期性、行业准入壁垒、行业竞争格局、替代品风险、行业地位和行业环境风险这六个因素入手分析；行业增长性与风险表现则主要考虑行业增长性、行业盈利能力、行业杠杆水平、行业偿债能力这四个方面。

行业政策会对行业未来发展起到至关重要的作用，因此联合还会结合行业政策对行业发展影响程度的分析，得到最终的行业信用风险评价结果（见图3.2.1）。

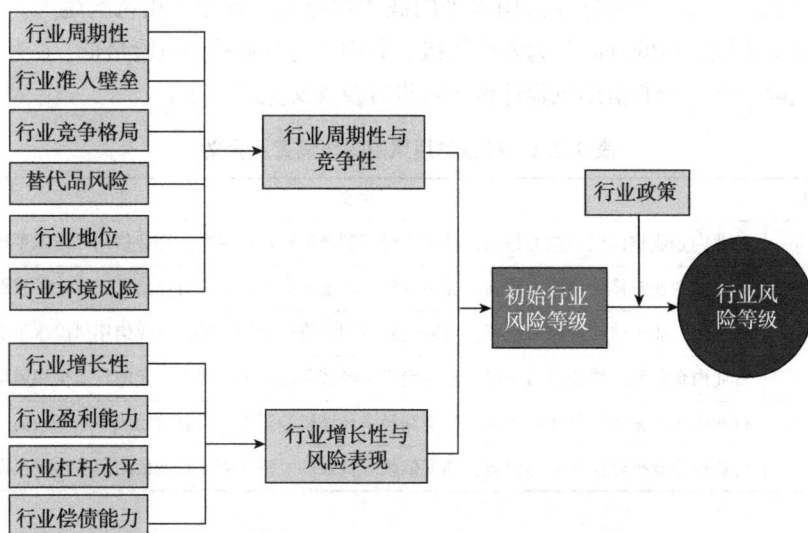

图 3.2.1 行业信用风险评价方法框架

三、行业信用风险评价的主要指标和评价方法

(一) 行业周期性与竞争性

行业周期性与竞争性主要从行业周期性、行业准入壁垒、行业竞争格局、替代品风险、行业地位和行业环境风险这六个方面入手分析。其中，最为重要的是行业周期性、行业竞争格局和行业准入壁垒，这几个方面更具有行业代表性，能够反映行业的内在本质，其他三个因素可能都会受到这几个方面的驱动影响。比如行业竞争越激烈，集中度越低，相应的定价能力也会比较低，这就是竞争格局对行业地位产生的影响。所以在评价中，相应地赋予行业周期性、行业竞争格局和行业准入壁垒这三个因素更高的权重。

1. 行业周期性

行业周期性是指行业和宏观经济波动的相关程度。周期性行业的运行状态与宏观经济周期密切相关，而非周期性行业的运行状态在宏观经济扩张和收缩阶段都相对稳定。因此，行业周期性越强，行业的波动越大，总体行业信用风险就越高。

2. 行业准入壁垒

行业准入壁垒包括行业的资金壁垒、技术壁垒、资源壁垒等。同时，还需要了解分析行政管制方面的政策措施及其对行业产生的影响。行业准入壁垒较高，进入行业的成本较高，可有效地限制竞争者数量，使得行业的竞争力较强，行业整体的风险也较低。

3. 行业竞争格局

行业竞争格局反映了行业内企业竞争的激烈程度，会对整个行业的利润水平和发展产生影响，主要考察行业现有的竞争态势，包括行业集中度、行业内企业数量及单位规模、产品同质化程度等。行业竞争格局一般可以划分为完全垄断、寡头垄断、地区垄断、垄断竞争、完全竞争等。行业集中度越低，竞争越激烈，行业的信用风险也越高。

4. 替代品风险

一个行业是否有竞争力，重要的一个方面是其是否会被其他行业替代。技术的进步与创新可能会促使行业替代品出现，这将会对行业的整体发展产生重大的影响，行业会受制于替代品行业的发展情况。在考察替代品风险时，主要从行业产品的可替代程度以及转换成本的高低进行分析。替代品的威胁越大，行业的信用风险也越高。

5. 行业地位

行业地位包含两个维度的分析，一方面是对上游供应商的议价能力，另一方面是对下游客户的议价能力。一个行业的议价能力通常受到以下因素的影响：即相对于上下游行业的竞争格局、采购或销货量、买卖双方选择的替代产品数量、买卖双方选择替代产品的成本、买卖双方逆向合并的威胁等。行业越是接近产业链中心，行业地位越高，行业的信用风险越低。

6. 行业环境风险

行业环境风险主要考察行业造成的环境污染与生态环境破坏程度。随着中国环保处罚和激励政策的逐步完善，环境风险对于行业信用风险的影响越来越大。行业环境风险的评估可参考中国环保部和各行业污染物排放的相关资料（包括大气污染、水土污染、资源消耗和事故灾害等），可结合实地调查和样本企业污染物排放数据和安全事故情况等进行分析。

（二）行业增长性和风险表现

行业增长性与风险表现主要考虑行业增长性、行业盈利能力、行业杠杆水平、行业偿债能力这四个方面。从信用分析的角度来看，偿债能力与杠杆水平对信用风险评价更为重要。在计算权重时，通过量化方法初步得出权重之后，再结合定性调整，赋予杠杆水平和偿债能力更大的权重，和指标实际的重要程度相匹配。

1. 行业增长性

行业增长性越高，行业发展越快，行业信用风险越小。增长性高的行业，收入和利润处于高速增长期，需求和价格维持较高的水平，预期增长率较快；增长性较低的行业，行业内企业的营业收入和营业利润增速较低，甚至行业内企业出现大规模亏损，需求增长缓慢或出现负增长，价格下降。

通常使用行业的营业收入和利润总额增长率来衡量行业增长性，这两个指标能够直观反映出行业的增长性与增长趋势。

2. 行业盈利水平

盈利是主体生存发展及偿还债务的根本，盈利状况直接决定行业的偿债资源情况，因此，行业整体的盈利情况是评价行业表现的重要因素。由于在增长性中考察了利润的增长率，本部分盈利水平主要考察利润占营业收入和资产的比重，反映行业以单位资源获取利润的能力。

通常使用营业利润率和资产报酬率反映行业的盈利表现，这两个指标分别从收入角度和资产角度衡量盈利情况。此外，在实际分析时，如果行业自身有一定的特殊性，不适用上述指标，则可以使用销售毛利率、净资产收益率等指标进行替换。

3. 行业杠杆水平

行业杠杆水平指行业债务资本和权益资本的关系，杠杆水平在一定程度上决定了行业偿债风险、再融资需求以及资金来源的持续性和稳定性，能够比较直观地反映行业信用风险。如果行业债务资本比例过高，行业债务还本付息压力较大，叠加行业经营环境恶化状况下息税前整体利润下降的影响，行业债务偿付压力将快速上升，行业信用风险较高。

在指标方面，传统的杠杆率指的是资产负债率，指标的普适性较强。从评级的角度看，全部债务资本化比率剔除了商业信用等无息负债，反映了行业的刚性债务水平，更加准确地衡量了行业的债务偿付压力和信用风险水平。通常模型中选择用这两个指标来反映行业杠杆水平。

4. 行业偿债能力

偿债能力是指主体在使用资产和经营过程中创造的收益用于偿还债务的能力，包括偿还短期债务和长期债务的能力。短期偿债能力是指偿付日常短期到期债务的能力，重点衡量当前财务能力，特别是流动资产变现能力。长期偿债能力是指偿还长期债务的能力，长期债务主要包含长期借款、应付债券等。

用来衡量偿债能力的指标包括现金类资产/短期债务、全部债务/EBIT-DA、现金收入比、经营现金流动负债比、全部债务/经营活动现金流量净额等。

（三）行业政策

行业政策的分析，包含行业监管政策、行业准入与退出政策、环保政策和地方重点政策等。在对行业政策进行评价时，主要从行业政策的确定性、落地程度以及影响程度三个方面考虑，其中行业政策的确定性主要考察政策是否与国家发展目标相一致，以及政策制定者对该政策实施的坚定程度；行业政策的落地程度则主要从政策的执行层面考虑，包括政策的可操作性，以及政策执行广度及深度等方面；行业政策的影响程度则需考虑该政策的贯彻落实是否对行业的整体发展构成了重大影响。由于行业政策对行业未来发展的影响程度很高，且整体基调具有长期指导意义，因此，我们将其作为调整项，对初始行业信用等级进行调整。

四、行业信用风险评价的局限性

联合对行业增长性与风险表现的判断是以该行业历史状况为基础，通过行业政策进行调整，但由于行业的发展及偿债能力的内外因素是动态变化的，这些影响因素的未来状况可能与过去、现在有着较大的不同，因此本方法对行业信用风险的评价不能保证完全准确地预测其未来实际的信用风险。

行业信用风险评价指标中包含定性因素，尽管分析人员在评价过程中会通过合理且严谨的机制并结合专家的长期经验进行定性因素评估，但始终存在主观判断成分。

行业信用风险评价所使用的数据来源于行业内企业公开披露的信息，因此其真实性、完整性和可靠性将影响打分表结果。

样本的选择方面，联合选择的发债与上市企业样本未必能够反映全行业整体的表现，发债上市企业整体质量较好，对定量结果有一定影响。

行业的分类方面，虽然行业划分越细致，得到的结果会越精确，但是细分的行业样本数量较少，不具有代表性。而部分包含范围较广的综合类行业内部也存在表现差距较大的问题，对于这类行业进行部分定性判断较为困难。

联合重视量化评估在行业信用风险评价中的参考作用，但不会完全依赖量化评估确定行业信用风险评价结果。在参考量化结果的基础上，联合还将考虑影响行业信用风险的其他考量因素，由公司信用评级委员会投票确定行业信用风险评价结果。

第三章 企业信用评级方法总论

一、评级方法基本框架及假设

企业主体信用评级是对受评企业生产经营、财务状况、可持续发展等诸多因素进行分析研究，并对其债务的偿还能力和意愿进行评估，其目的是对受评企业能否如期足额偿还其全部债务及利息的能力和意愿进行综合评价。

企业主体信用评级的结果，是对信用风险程度的一种综合评估意见的表达，且是一种相对动态的评估过程和评价结果。信用评级结果更多代表的是市场同类企业信用风险程度的一种相对排序，一定程度上表示违约概率的大小，但并非是一一对应的关系。

采取定性分析与定量分析相结合的方法，定量分析更多根据数据进行客观度量，定性分析更多依赖专家经验进行主观判断。本评级方法是在量化分析基础上由专家进行专业评估的结果。

从三个维度对受评企业的主体信用状况进行分析，即对其经营能力、财务能力和可持续发展能力进行分析和判断，从而形成以 3C 理论为基础的基本分析思路和评估框架。3C 理论中的经营能力分析，主要从市场竞争力、经营效率等方面进行分析，主要考察受评企业是否具有核心竞争力，以及在同行业中的地位。这是企业的基本面，是企业经营的内核，内核质量的高低是信用能力的决定性因素。财务能力分析，主要考量资产质量和盈利能力、资本结构、偿债能力等方面，其中杠杆水平、现金流、债务保障程度等是分析的重点。可持续发展能力因素则主要从发展韧性、财务弹性、ESG 等方面进行分析。

根据 3C 中可量化评估的因素综合评估，可得到模型基础信用级别 R_0，其反映的是行业内企业的基础信用水平排序，R_0 还需要根据不同行业特性进行必要的调整，才能实现同信用等级的企业间信用水平相当，即体现信用级别在不同行业之间的可比性。在模型基础信用级别 R_0 的基础上，通过对行业信用风险的评估（关于行业信用风险评价方法，参见第二章），得出个体初始信用级别 R_1。需要说明的是，原则上同一评级机构的同类评级结果都应具备不同行业之间的可比性，联合秉承这一原则，但这种可比性并非绝对的。

在 R_1 的基础上，联合考虑其他因素来修订初始信用状况的评估。这些因素通常属于偶发或突发性的事件，不适用定量打分，但对信用级别可能有较大影响。这些因素主要包括受评企业所处信用环境松紧程度的变化、自身信息披露质量、财务政策、流动性风险、母公司风险、或有风险以及其他对信用状况有重大影响的因素等方面内容。对这些因素分析和评估后再对个体初始信用级别 R_1 进行调整，得出 R_2。在不考虑外部支持的情况下，R_2 可以视为受评企业的个体信用级别。最后根据来自政府、股东等外部支持或影响，得出受评企业的主体信用级别 R_3。

综上所述，信用级别评定过程如下：首先，从企业的经营能力、财务能力和可持续发展能力三个维度构建模型进行测算和排序，得出受评主体的模型基础信用级别 R_0；其次，根据行业风险状况进行校准，得到个体初始信用级别 R_1；再次，由评级专家对企业自身难以量化、非常态性的因素进行定性分析和调整，得到个体信用级别 R_2；最后，根据专家对企业外部支持情况的判断，得到主体信用级别 R_3（见图 3.3.1）。

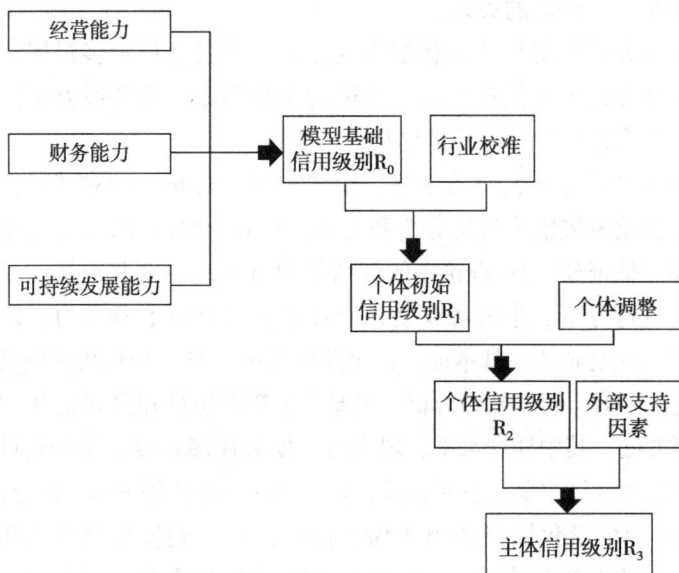

图 3.3.1　联合企业信用评级方法框架

二、评级关键要素分析

联合的企业信用评级方法主要从经营能力、财务能力和可持续发展能力三个维度对受评主体的个体信用状况进行分析，同时考虑外部支持情况。工商（含公用事业）企业和金融企业的评级要素有所不同。

（一）经营能力分析与评估

1. 外部经营环境分析

每个企业都处于一定的外部环境之中，其信用状况在很大程度上也受到外部环境的影响。一个国家或地区整体经济发展快慢及其稳定性对每个行业和企业造成程度不一的影响。外部环境包括宏观环境、区域环境和行业特性。

（1）宏观经济环境分析

宏观经济环境是指特定国别（区域）和特定时期的宏观经济发展形势、政府实施的各项经济调控政策等。通常在宏观经济不同的发展阶段，不同行业会面临不同的发展机会和风险。此外，国家实施的货币政策、财政政策、税收政策、投资政策等与相关行业的资金供给、市场需求、原料价格、盈利水平等密切相关，从而对企业的经营状况产生重大影响。宏观经济环境的分析内容主要包括经济增速、投资增速、价格指数、利率水平等指标，并重点考察各项宏观经济调控政策及其变化趋势、可能性，以判断未来经济增速、固定资产投资水平的变化。

①宏观经济运行状况

主要关注一国的经济增长率、物价指数等能够反映宏观经济形势的指标。在宏观经济环境平稳时期，宏观经济对微观经济的影响比较平稳，信用评级的风险分析就会集中于更具波动性的行业和个体微观企业分析；而在宏观经济环境出现波动时期，宏观环境对整个经济的影响就可能占据主导地位，宏观分析就尤为重要。联合对宏观层面的分析并不仅仅局限于当前的宏观经济情况，更关注经济表象背后的实质推动因素。

此外，由于经济全球化后中国经济与世界经济联系越发紧密，联合同时关注全球经济变化对受评主体所在区域的影响，以及这种影响如何实现逐级传导，其传导路径与传导效果，最终将对评级对象的信用状况产生怎样的冲击或影响。

②宏观经济调控政策的变化趋势

主要分析国家最新出台的宏观政策及其政策变动的方向、可能性及变化原因，包括财政政策、税收政策、货币政策、政府投资政策等在内的宏观经济调控政策变化会影响行业内企业的市场需求、固定资产投资、税负与资金成本等方面，从而分析得出对企业的偿债能力产生的影响。

③汇率、利率和通货膨胀等资金价格的变化趋势

通货膨胀率、利率和汇率的水平和变化，不仅直接影响收入水平和消费能力，也同时影响产品价格和需求，并由此影响相关企业的偿债能力。

（2）地（区）域性

对地（区）域性因素的分析通常从行业的地域性特点以及地区经济环境对行业及行业内企业可能产生的影响两方面来进行。

区域环境通常从市场空间、产业配套、营商环境等方面影响企业乃至行业的发展。比如，地区经济财政状况、城镇化程度、人口结构及分布等关系到企业产品的市场空间和盈利水平；而地区的产业规划、地理区位、基础设施等产业配套关系到企业生产成本；地区的市场化水平、地区税收政策、政府效率等关系到企业经营便利性和效率性。同时，由于资源禀赋、行政垄断、地理位置、交通运输等原因造成有些行业具有明显的地域特征。地域性的存在使得同一行业内企业在不同地域体现出不同的竞争态势，这种不同的竞争态势导致不同地域的企业拥有不一样的信用风险，进而影响到企业的信用质量。区域环境分析的基本内容包括：地区经济水平、相关产业聚合度、人口结构及分布、地理区位、发展规划、市场化程度、地方财税政策、当地资源禀赋、交通运输状况等方面。

（3）行业信用风险分析

行业是由提供相同或相似产品与服务的企业组成的群体，行业内的企业之间处于一种相对紧密的联系状态，在生产经营上存在着相同性或相似性，其产品或服务具有很强的替代性。因此，一旦发生行业系统性的信用风险，就意味着同一行业内的相当一部分企业都会出现信用风险，将给投资者带来较大的损失。

联合认为，行业内的企业在生产经营上存在着相同性或相似性，因此企业面临的风险与其所处的行业密切相关。行业分析的重点是行业的风险与机会，以及影响该行业发展的关键因素。行业分析主要聚焦于行业的周期性、准入壁垒、竞争格局、替代品风险、行业地位、行业环境风险、增长性、盈利能力、杠杆水平、偿债能力等。考虑到经营环境对行业内企业的影响通常是系统性的，根据环境变化对行业内企业信用水平的可能影响，联合主要运用行业风险评级结果对行业内企业的信用评级结果进行整体校正与调整。

联合的行业信用风险评级主要包括以下两个方面。

①行业划分和界定

联合以国家统计局公布的国民经济行业划分标准为行业划分的基本依据，

结合信用评级作业的适用性，设置了一级大类行业以及二、三级细分行业。进一步，联合根据企业主营业务、生产的产品结构和收入来源（如营业收入占比、利润总额占比）等特征，对受评企业所属的行业进行界定，进而适用不同行业的信用评级方法展开评级。行业界定时重点考虑：行业在国民经济中的地位；评级方法对行业的定义；主要上游行业和主要下游行业等。

　　②行业风险评价方法

　　行业风险评级是对行业长期信用风险高低的评估，是对行业趋势性和行业波动性的综合评价。行业周期性、行业竞争性、行业增长性、行业盈利能力、行业杠杆和偿债能力等是决定一个行业信用水平高低的主要因素。具体方法请参见第二章。

2. 企业经营能力分析

　　企业经营能力主要是从企业的市场竞争力和经营效率/风险管理水平①两个维度进行分析和评估。一个企业在这两方面的优势和劣势决定了它在市场上的竞争地位，对其持续稳健发展具有重要影响。

　　（1）市场竞争力

　　市场经济的本质是竞争。企业若想在市场中长期生存发展，应当具备足够的市场竞争力，其中企业核心竞争力是企业作为竞争主体在市场竞争环境中赖以生存和发展的最核心能力。对企业市场竞争力的评估主要包括但不限于：一是企业主要存在哪些竞争优势，即关键竞争优势因素；二是产生竞争优势的来源，即最终决定企业竞争优势的潜在因素为何。市场竞争力强的企业可以依据内外部环境变化，有效地利用和配置资源，构建竞争优势，进行市场扩张并获得利润，实现企业持续经营。

　　衡量一家企业竞争力的要素主要包含企业规模和市场地位、业务多样性和产业链布局、资源获取和保障能力。

　　①企业规模和市场地位

　　市场地位是影响企业竞争的重要因素，联合对企业市场地位的分析主要包括企业规模和市场占有率两个方面。

　　尽管信用评级对于特定信用等级并没有最小规模标准，但是规模与信用级别之间确实存在着紧密的联系。对绝大多数行业来讲，企业规模是一个很重要的因素。因为规模经济在同等条件下不仅能带来利润空间的提升，还有利于提高市场占有率；而且规模越大的企业对供应商和客户的价格控制能力

---

　　①　经营效率适用于工商企业，风险管理水平适用于金融企业。

也越大，也可以说其在行业中的定价能力越高。同时，规模越大的企业的赋税收入、就业机会等方面对所在区域的影响就会越大，与政府之间的谈判力也越强，越能获得政府的外部支持。

市场占有率分析包括整个企业和主要产品的市场份额两部分。市场占有率是企业市场竞争力和竞争地位的直接体现，是多种禀赋和竞争策略共同作用的结果。对市场占有率的分析，主要分析企业目前的市场占有率情况，并且根据行业类别分析企业过去 3~5 年的市场占有率变化情况。在分析现有市场占有率的情况下，进一步预测企业未来市场占有率变化趋势。

工商企业方面，技术装备水平较为先进的企业，大多具有产品质量较为可靠、产品单位成本较低等特点，在市场中有着较为明显的竞争力和市场地位。企业为客户提供的产品和服务是其长期发展的基础，产品和服务竞争力是企业市场竞争力的重要组成，同时企业的产品销售能力是企业产品和服务实现市场竞争优势地位的必要方式，对企业的发展有着重要影响；区域优势也是市场竞争力的重要因素，企业可能因其所处的区域而在自然、经济、技术、管理和社会诸因素中某一项或几项因素具有特殊有利条件，从而使得企业市场地位更加显著。因此，技术装备水平、产品和服务竞争力、产品销售能力、区域优势等均对企业市场地位具有重要影响，也是信用评级考察的要素之一。

作为金融企业，本质上是向客户提供资源的跨期配置服务，可以为客户提供多类型金融产品和金融服务的企业将有力提升客户黏性，提升其市场竞争力。金融企业特别是持牌金融企业，作为特许经营行业，本身持有的牌照或特许经营权给行业打造了很高/较高的准入壁垒。不同的金融企业，可能基于其股东背景（产业链、技术支持、渠道建设）、区位分布等资源禀赋打造不同的竞争策略，建立差异化的业务布局，构造自身核心竞争力。合理利用自身资源，打造协同高效发展模式，拥有良好客户基础，是金融企业打造企业服务竞争力的关键要素。联合也关注金融企业在不同细分市场、细分行业中的差异化竞争力；关注金融企业的分支机构或销售渠道区域布局以及区域覆盖情况；分析企业在产业链条中定价权情况。此外，金融科技在金融领域的应用日趋广泛，金融科技可以很大程度上提升金融企业运营效率和金融服务质量，在金融科技方面取得先发优势可以帮助构建金融企业核心竞争力。联合关注金融企业在金融科技方面的布局和投入，并综合判断其对于金融企业市场占有率的影响。

②业务多样化和产业链布局

业务多样化是指企业纵向一体化和横向一体化，更多的是指横向一体化，即指企业涉足不同的价值链，即跨行业经营，这通常见诸于集团企业。多样化经营可以帮助企业缓解商业周期循环和其他单项业务发展快慢所带来的影响，分散风险。各类业务的关联度越低，其影响因素差异越大，则该企业的业绩波动性会更趋于平缓。需要注意的是，每种业务板块对公司利润的贡献度与行业周期紧密相连，分析行业周期变动需考虑过度供给、过度生产、迅速的放松或解除管制、汇率剧烈变动等因素。为此，联合主要关注多样化所选择的行业受宏观经济波动的影响方向是否存在对冲效应，能在多大程度上起到对冲效应，以此来评估多样化企业的盈利水平与现金流的稳定性与持续性。此外，联合也对于企业经营区域、客户、供应商等的多样化在风险分散方面的效果进行分析与评估。

产业链布局主要是考察企业在上下游产业链间生产经营的完整度。产业链完整的企业，一是产品结构丰富性和合理性使得产品更具有价格弹性，在不同的经济周期和产品周期中具有较强的获利能力。因为在不同的经济周期，下游行业的收入或投入是不同的，在不同收入弹性的细分市场，其需求受到的影响也不同，不同价格弹性的细分市场的价格波动程度也不同。在经济上行期，企业产品结构考察的是其在收入弹性较大且价格弹性较小细分市场中所获得的收入占总收入的比例，同等情况下，该比例越高，企业的盈利水平越高，净现金流也越大，信用风险越小。但在经济下行期，则应当考察其在收入弹性较小且价格弹性较小的细分市场中所获得收入占总收入的比例，同等情况下，该比例越高，企业的盈利水平平抑需求和价格下跌的能力越强，净现金流也越稳定，信用风险越小。二是可以更为便捷地实现上下游之间的成本摊销，有效降低企业经营成本或维持适当的盈利水平。此外，对于金融企业而言，随着经济步入高质量发展，整体产业链布局面临重新调整，客户涉及行业布局是否符合国家产业结构调整方向，对于金融企业未来几年的业务发展至关重要，因此需关注金融企业在多元化布局方面是否结合国家整体战略，适时退出或提前布局相关领域。

③资源获取和保障能力

资源获取和保障能力是决定企业发展至关重要的前提和基础要素，是指企业对资源类型与数量的掌握，无论是原材料资源、客户资源，还是对有利于生产、销售的区域的获取，或者技术资源等，都在很大程度上决定了企业生产经营规模、经营的稳定性和获利空间的大小。一般而言，拥有稀缺、异质资源的企业可凭借其垄断地位获得较高经济效益，从而在市场竞争中获得优势地位，资源配置能力越强，经济效益也就越高。

表3.3.1 工商企业市场竞争力分析要素

一级因素	二级因素	三级因素	具体分析内容指引
经营能力	市场竞争力	企业规模和市场地位	规模和市场占有率：相关行业的主要衡量指标，如产能、产量、收入、资产总额、固定资产总额等；分析受评企业的市场占有率、品牌知名度、影响力和声誉、行业排名等
			区域优势：分析企业因其所处的地理环境而在自然、经济、技术、管理和社会等因素中具有的特殊有利条件
			技术装备和工艺水平：分析企业的设备及工艺情况，包括是否进口设备及进口国家、购买及使用时间、技术先进程度、设备自动化程度、核心技术团队、国外合作方技术实力等；分析受评企业的核心产品技术水平、单位能耗、管理费用率、设备完好率、安全达标等
			产品和服务竞争力：分析受评企业主要产品和服务类型、产品和服务在细分市场的区分度、与其他企业的差异化、产品和服务在成本、性能、技术、质量、价格等方面的情况
			产品销售能力：分析受评企业销售模式、销售渠道、销售市场分布情况，企业对销售渠道的掌控能力，以及下游企业对企业经营盈利稳定性的影响，如主要客户集中度情况、销售市场区域布局覆盖情况、销售结算方式、下游企业周期、产销率及变化、销售数量及变化、销售价格及变动等；企业在销售管理方面的主要措施，如激励措施、定价权限、定价策略与原则、销售渠道的开发等
		业务多样化和产业链布局	业务多样性：经营区域多样化、业务结构多样化（产品结构、收入结构、客户结构）等
			产业链布局：产业链布局和产业链完整度（核心零部件或原材料的配套能力）、产业链各环节协同效应、产业链产能匹配度等
		资源获取和保障能力	分析受评企业的资源禀赋，能源自给自足能力，生产基地的布局，受评企业对上游企业的议价能力、依赖程度，上游原料供应以及原料运输的稳定性、供应商集中度、筛选方式、行业地位等，关联采购（是否明显偏离市场价格），供应稳定性（包括原材料质量、数量、价格等），质量控制等

表 3.3.2　金融企业市场竞争力分析要素

一级因素	二级因素	三级因素	具体分析内容指引
经营能力	市场竞争力	企业规模和市场地位	规模和市场占有率：业务开展规模，如存款规模、贷款规模、租赁资产规模、不良资产规模、担保责任余额等规模性指标；分析受评企业的市场占有率、收入市场份额（如原保费收入市场份额）、业务市场排名等相对指标，并结合品牌知名度、影响力和声誉等
			竞争力优势：分析企业所在行业的特许经营准入壁垒；分析企业核心资源禀赋，如股东背景（产业链、技术支持、渠道建设）、区域分布；分析企业在不同细分市场、细分行业中的差异化竞争力；分析企业的分支机构或销售渠道区域布局以及区域覆盖情况；分析企业在产业链条中定价权情况；关注金融企业在金融科技方面投入对未来经营情况的影响
		业务多元化和业务布局	业务多元化：分析企业业务条线多元化情况及不同业务之间的关联程度、客户行业布局多元化等
			业务布局：分析受评企业业务的区域布局、行业布局和客户布局，并结合国家宏观产业政策、区域经济实力分析判断企业业务发展的可持续性
		资源获取和保障能力	分析受评企业对资金资源、客户资源、渠道资源或者技术资源等资源禀赋的掌握

（2）经营效率/风险管理水平

①经营效率（工商企业）

对工商企业经营效率的分析主要围绕两个方面：一是企业通过提高运营效率，以最低的成本实现收入和利润最大化；二是有合理的成本结构抵御周期性因素带来的波动，能获取比同行更好的超额收益。这里涉及的指标主要包括但不限于资产周转情况、产能利用情况、生产效率等。对企业经营效率的分析一般需要通过与同行业规模相近的企业进行对比来判断（见表3.3.3）。

表3.3.3　工商企业经营效率分析要素

一级因素	二级因素	具体分析内容指引
经营能力	经营效率	相较于同行业企业，主要分析受评企业生产优势如何、是否能够吸收需求下降或成本上升对盈利带来的冲击、在外部条件变化时灵活调整生产和劳动的能力、当原材料上升时是否有能力将压力转嫁给客户等 核心指标：如产能利用率、销售债权周转率、存货周转率、总资产周转率、流动资产周转率、成本利润率、产品销售率、净营业周期等 补充指标：如投资回收期、单位产品原材料及能源消耗量等

②风险管理水平（金融企业）

风险管理水平高低对于金融企业的经营发展至关重要。联合对于金融企业风险管理水平分析主要围绕两个方面：一是风险管理体系建设；二是风险管理能力的直观体现，如来自监管机构的监管评价或实际业务质量体现（如不良率、逾期率等指标）。

联合关注金融企业的风险管理体系与组织架构建设、风险管理目标、风险偏好和容忍度设置及调整、风险管理人员素质、风险管理流程设置、信息化建设等；关注金融企业的上述设置是否满足监管机构或自律组织相关要求（如有）；金融企业风险管理目标和金融企业发展战略是否匹配。

在风险管理架构及制度体系方面，联合将重点关注：是否建立覆盖各项业务的风险管理系统；是否开发、运用风险量化评估方法和模型；是否建立全面风险管理体系，是否针对市场风险、信用风险、流动性风险、操作风险、声誉风险等大类风险采取针对性的风险计量、监测和控制程序；是否针对不断变化的环境和情况及时修改完善风险管理制度、方法和手段，以控制新出现的风险或以前未能控制的风险；风险评估是否考虑风险的可计量和不可计量两方面的特性。联合通过监管评价、监管处罚情况、业务资产组合情况及风险抵御水平来验证对于金融企业风险管理水平的评价。一般而言，监管评价（如有）综合考虑评价年度内金融企业合规和风险管理表现，并结合尚未纳入监管评价的监管处罚情况，评估分析后续对金融企业业务开展造成的影响。同时，联合评估分析金融企业的客户集中度、行业集中度和区域集中度控制及变动情况，评估分析金融企业的业务资产质量表现（如不良率、逾期率、违约率等及其变动情况），通过行业内同业对比来综合判断其风险管理水平（见表3.3.4）。

表3.3.4 金融企业风险管理水平分析要素

一级因素	二级因素	具体分析内容指引
风险管理水平	风险管理体系	主要分析受评企业风险管理体系与组织架构建设、风险管理目标、风险偏好和容忍度设置及调整、风险管理人员素质、风险管理流程设置、信息化建设等;分析受评企业全面风险管理及其针对市场风险、信用风险、流动性风险、操作风险、声誉风险等大类风险采取针对性的风险评估、计量、监测和控制程序
	风险管理评价	主要分析金融企业监管评价(如有)及其变化,分析金融企业的客户集中度、行业集中度和区域集中度等控制及变动情况,分析金融企业的业务资产表现(如不良率、逾期率、违约率、不良资产周转率等指标),结合行业水平综合判断

此外,对工商和金融企业经营能力的评估,还要考虑企业当前重大经营变化带来的影响,包括业务板块重大调整、重要项目投放或技术更新、关键的收购兼并以及重大合同承揽执行情况等,这些重大调整可能尚未体现在企业当前的数据与报表中,但需要提前加以分析和判断。同时,对于金融企业而言,联合也关注其表外业务风险管理及表外风险向表内传导的可能性。

(二)财务能力分析与评估

企业的财务状况是其经营成果的最终反映,也是企业信用状况的直接体现。财务分析关注对债务人偿债能力及其波动性的分析。通常财务分析是以受评对象过去3~5年的财务数据为基础,通过对有关财务指标的定量分析,并结合影响受评对象未来偿付能力各种因素的定性分析,对未来偿债能力做出预测。

需要说明的是,在对企业财务状况进行分析前,联合一般要对企业的财务报告质量做适当的判断。联合的信用评级并不是对财务报告的审计,但是会对编制财务报表所遵循的会计政策进行必要的考察,因为会计政策的变更可能会影响到分析师对收入和盈利持续性的判断,同时在信用评级时也需要考虑会计政策的合理性和一致性。此外,联合还可能根据信用评级的需要对部分财务科目进行必要的调整,包括一般性调整,例如,对股债结合金融工具的分析和判断,对该类金融工具如何划分债务和权益的部分;另外,还包括特殊性调整,如对一次性的大额非经常性损益的调整等。联合的信用评级同样不是对财务信息质量的重新评估,而是出于对财务数据的真实性、可靠性和对信用评级方法的适用性的审慎态度,为更真实准确地评估企业的信用风险，联合非常关注财务分析中的财务信息质量。

对于工商企业，联合财务分析以现金流对债务的保障程度为核心，重点对企业的资产质量和盈利能力、资本结构、偿债能力等方面开展分析和评估。对于金融企业，联合财务分析主要从资产质量和盈利能力、资本与杠杆、流动性、偿债能力等方面开展分析与评估。

1. 财报质量

在对企业财务状况进行分析前，首先要对财报质量做必要的考察，因为财报信息的质量直接影响到财务分析时所用到的会计数据的真实性和可靠性。财报质量分析主要包括审计机构的资质和声誉、审计意见、会计政策的合理性及一致性考察、主要科目间勾稽关系合理性验证等。评级机构对财报质量的考察不是对财报的再次审计，而是后续财务分析所需的一项基础工作。

2. 财务政策

财务政策代表管理层的风险偏好程度，会对财务实力和经营实力形成影响。管理层和股东的风险偏好（体现在杠杆水平的把控等）往往可以通过企业的过往融资活动、并购活动、现金分红政策等评估。一般情况下，如果企业将债务控制在一定水平（相对保守的财务政策），其财务灵活性越强，也往往能够更好地应对突发事件。同时，对到期债务的监测与债务本息偿还安排也被纳入财务政策的考量。

对于财务政策的考察，联合主要考虑以下几个方面。

（1）股东和管理层对于财务风险的容忍程度和资本结构的未来发展方向。

（2）股东和管理层对于兼并收购活动的偏好程度、被收购对象的选择（例如，对同业内核心竞争对手的收购或对同业内新设企业的收购）、资金的获取方式等。

（3）管理层对关键事件的反应，比如信贷市场和非标市场对债券市场的影响、流动性环境的变化、相关法律法规的调整、来自行业内竞争者的挑战和监管压力等。

（4）企业如何平衡股东回报（分红政策）和债务持有人的利益。

（5）不同经济周期下，企业对流动性的管理原则。

3. 资产质量和盈利能力

资产质量分析是判断财务风险的起点。对企业资产质量的考察，一般从结构和质量两个方面着手。资产结构主要是分析各项资产在总资产中的比例，资产质量主要是分析各项资产的流动性、安全性和盈利性，并对资产的真实价值进行分析。资产质量分析要抓住重点，按照重要性、审慎性原则开展调查，对主要或关键资产进行必要的核查验证。联合一般通过考察企业对其重要资产的配置安排，并结合近三年企业资产变动情况，综合判断未来资产质量变动趋势。此外，对于持牌金融机构而言，资产质量的衡量有较为明确的监管指标和具体要求，通过横向和纵向的对比，有助于对金融机构的资产质量作出判断。

企业盈利能力是企业资产质量、经营模式、业务多元化、技术水平、管理水平等多因素的综合体现。盈利能力的考察包括对企业收入和盈利的分析，一方面要关注收入和利润的构成和增长变动情况，另一方面要判断未来盈利趋势。对于工商企业，联合在考察盈利能力时主要关注：收入和利润规模、结构的稳定性及变化趋势，毛利率、营业利润率、期间费用率，总资本收益率、总资产报酬率、净资产收益率、非经常性损益等。对于金融企业，联合在考察盈利能力时主要关注：平均资产收益率、平均净资产收益率、投资收益率、综合成本率、利润总额、营业利润率、拨备前利润、净利差或净息差等。

4. 资本结构（资本与杠杆）

企业资本结构状况对企业财务能力有着重要影响，资本结构管理旨在保障其资金来源的稳定性、资金成本的可控性以及债务期限结构的合理性。

资本结构是指企业资金来源的结构。不同资金来源，其成本、期限不同，对偿付的要求各异，因此不同资本结构决定了不同的杠杆水平，杠杆水平在一定程度上决定了信用风险的高低。杠杆水平高的企业，债务负担重，融资空间受限，其偿还债务的压力会比较大，企业的财务能力也会越差。同时，债务结构不合理的企业也有可能发生阶段性的财务危机或者导致不必要的资金浪费。杠杆分析的重点是分析企业在资产负债率、有息债务负担、债务结构、资产结构与负债结构的配比状况等方面的情况，借此判断企业债务负担的轻重和债务支付结构与收入之间的匹配程度。此外，进行资本结构分析还要关注企业所有者权益的构成以及利润分配政策对其稳定性的影响。

对于金融企业而言，资本是金融企业吸收各类损失的重要缓冲工具，对于资本实力的评估是分析金融企业个体信用能力的关键，所有者权益规模的大小可以反映其风险损失的承受能力，其中内生性资本增长主要来自利润留存的积累，分析要关注所有者权益的构成以及利润分配政策对其稳定性的影响。对于持牌金融机构，监管设定了明确的资本充足性指标，一般来说这是监管体系中最为重要的指标，是金融企业持续经营的基本保障，这些指标保证了金融企业在出现亏损时，可以用充足的自有资金弥补损失，保护债权人的利益，同时也可以限制金融企业的盲目扩张，弱化相关金融风险。金融企业负债结构状况对企业财务能力有着重要影响，负债结构管理旨在保障其资金来源的稳定性、资金成本的可控性以及债务期限结构的合理性。

5. 流动性

金融企业内部流动性来源主要为现金类资产以及可以在市场上随时变现的资产，但该部分规模不大。外部融资是金融企业改善流动性的另一个重要手段，主要体现为银行借款、同业拆借和发行金融债券。普遍来说，金融企业通常拥有高杠杆经营、资产负债期限错配（资产期限长、负债期限短）的特征，流动性管理稍有不慎就可能引发兑付风险，因此流动性管理为金融企业管理的重要方面。联合通过一些特定的流动性指标来衡量金融企业的流动性水平，如流动性比例、流动性覆盖率和流动性缺口等。

6. 偿债能力

对企业偿债能力的考察和判断，侧重于企业偿还到期有息债务的能力。现金流是企业债务偿还的最终来源，盈利能力再强的企业，如果现金流状况较差，也无法对需要偿还的债务形成有效的保障，因此现金流分析也是偿债能力分析的起点。其中，企业从正常经营活动中产生良好的净现金流量是偿还到期债务的根本，因此又是现金流分析中的重点。当企业发生扩产能、业务扩张等对外投资活动时，往往会产生较大的资金需求，因此需要分析公司筹资活动现金流量净额是否能满足企业资金需求。结合企业发展战略、资本支出安排、财务策略、融资方案等信息，对未来一段时间内企业的现金流状况、债务负担变化进行预测，从而作为判断未来现金流对债务的保障的基础。联合在考察现金流时主要关注：经营活动产生的现金流量净额及其稳定性、投资活动产生的现金流量净额、筹资活动前现金流量净额、筹资活动现金流及其与债务规模变化的匹配程度等。

偿债能力是度量企业偿还债务和企业财务风险的综合指标，是判断企业财务风险的关键。偿债能力主要分析企业短期偿债能力和长期偿债能力的强弱。短期偿债能力反映企业偿付日常到期债务的能力，如果短期偿债能力不佳，会影响债权人本息获得的安全性以及加大企业临时紧急筹措资金的成本。短期偿债能力的评估首先需要分析企业资金头寸管理的基本做法，了解是否有控制指标及其标准；其次关注企业流动性的一般来源等。长期偿债能力主要分析企业偿还长期债务本息的能力，主要考察的指标有 EBITDA 利息倍数、全部债务/EBITDA、现金流对债务的覆盖倍数等。

此外，对于集团公司，特别是控股型企业、下属子公司较多或对子公司控制力不强的集团公司，合并范围财务数据无法完整、切实体现受评企业的实际偿债能力时，需单独分析集团本部（母公司）财务报表数据，关注本部的资产质量和盈利状况、资本结构及偿债能力等。从集团的经营管理模式（集权式管理还是分权式管理）、母公司控股比例及少数股东权益占比、母子公司的财务控制关系等方面判断评估母公司对核心子公司的管控能力、资金调度使用能力等。

表 3.3.5　工商企业财务能力分析要素

一级因素	二级因素	具体分析内容指引
财务能力	财报质量	主要分析审计机构的资质和声誉、审计意见、会计政策的合理性及一致性考察、主要科目间勾稽关系合理性验证等
	财务政策	主要分析股东和管理层对于财务风险的容忍程度和资本结构的未来发展方向；股东和管理层对于兼并收购活动的偏好程度、被收购对象的选择（如对同业内核心竞争对手的收购或对同业内新设企业的收购）、资金的获取方式等；管理层对关键事件的反应，比如信贷市场和非标市场对债券市场的影响、流动性环境的变化、相关法律法规的调整、来自行业内竞争者的挑战和监管压力等；企业如何平衡股东回报（分红政策）和债务持有人的利益；不同经济周期下，企业对流动性的管理原则
	资产质量和盈利能力	资产质量：主要分析资产结构及资产的流动性、安全性和盈利性
		盈利水平 核心指标：如毛利率、调整后营业利润率、总资产报酬率、净资产收益率等 补充指标：如总资本收益率、EBIT 利润率、EBITDA 利润率等
		利润的持续性和稳定性：近年主营业务收入构成、主营业务收入变化及原因、与成本变动趋势一致性、毛利率变动及原因、费用控制能力
		其他评价因素：如行业周期性对盈利的影响、大额非经营性损益来源及稳定性、收入构成多元化程度、营业外收入持续性和稳定性对利润稳定性的影响、商誉减值等
	资本结构	资本结构和债务水平 核心指标：如资产负债率、全部债务资本化比率、净负债率等 补充指标：如担保比率、短期债务/长期债务、长期债务资本化比率等
		其他评价因素：如受评企业债务结构与资产结构的匹配程度、债务偿还时间的集中程度、权益的结构及稳定性等

一级因素	二级因素	具体分析内容指引
财务能力	偿债能力	现金流：主要分析企业经营、投资、筹资性现金流情况等
		短期偿债能力 核心指标：如经营现金流动负债比、现金类资产/短期债务、筹资活动前现金流净额/短期债务等 补充指标：如流动比率、速动比率等
		长期偿债能力 核心指标：如 EBITDA/全部债务、EBITDA 利息倍数等 补充指标：如 FFO 利息保障倍数、（EBITDA－资本支出）利息保障倍数等

表 3.3.6　金融企业财务能力分析评估要素

一级因素	二级因素	具体分析内容指引
财务能力	财报质量	主要分析审计机构的资质和声誉、审计意见、会计政策的合理性及一致性考察、主要科目间勾稽关系合理性验证等
	财务政策	主要分析股东和管理层对于财务风险的容忍程度和资本结构的未来发展方向；股东和管理层对于兼并收购活动的偏好程度、被收购对象的选择（如对同业内核心竞争对手的收购或对同业内新设企业的收购）、资金的获取方式等；管理层对关键事件的反应，比如信贷市场和非标市场对债券市场的影响、流动性环境的变化、相关法律法规的调整、来自行业内竞争者的挑战和监管压力等；企业如何平衡股东回报（分红政策）和债务持有人的利益；不同经济周期下，企业对流动性的管理原则
	资产质量	风险资产情况 核心指标：不良贷款率、不良资产率、违约资产或关注类资产占比、风险资产等 补充指标：逾期贷款率、关注类贷款占比等
		减值计提充分水平 核心指标：拨备覆盖率、拨备覆盖不良融资租赁资产率、减值计提比率等 补充指标：贷款拨备率
		其他评价因素：如非信贷资产质量及减值计提情况、风险资产迁徙情况、不良资产和逾期资产的处置难易程度等

一级因素	二级因素	具体分析内容指引
财务能力	盈利能力	盈利水平 核心指标：平均净资产收益率、投资收益率、综合成本率、利润总额、营业利润率、拨备前利润等 补充指标：平均资产收益率、投资收益分布、净利差、净息差、净利润等
		其他评价因素：利润的持续性和稳定性、主营业务收入及其他收入的占比、营业收入变化及原因、费用控制能力等
	资本与杠杆	资本充足性水平 核心指标：所有者权益规模、净资本规模、资本充足率、偿付能力充足率、资产负债率、全部债务资本化比率、风险资产/净资产、资本杠杆率等 补充指标：资本净额、认可资产负债率、长期债务资本化比率等
		其他评价因素：权益的结构及稳定性、债务的结构、资产负债匹配程度、债务到期期限分布、对外担保比率，重大未决诉讼等
	流动性	流动性水平 核心指标：流动性比例、流动性覆盖率、优质流动资产/总资产、净稳定资金率等 补充指标：杠杆率等
		其他评价因素：资产可快速变现能力、流动性缺口等
	偿债能力	短期偿债能力 核心指标：如期末现金及现金等价物余额/短期债务、筹资活动前现金流入量/短期债务等 补充指标：如流动比率等
		长期偿债能力 核心指标：如 EBITDA、EBITDA/全部债务、EBITDA 利息倍数、拨备前利润/全部债务等

（三）可持续发展能力分析与评估

企业的可持续发展能力是指企业不断巩固、保持和提升核心竞争力以推动自身持续发展的能力。影响企业可持续发展能力的因素主要包括发展韧性、财务弹性和 ESG。其中，发展韧性和财务弹性反映了企业应对经营风险和财务危机的能力，是企业可持续发展的保障；环境和社会责任是企业经营发展的重要因素，能够对企业未来的持续经营产生影响；公司治理决定企业的制度框架、企业文化、管理模式等，对企业可持续发展具有重要影响。

1. 发展韧性

发展韧性是指企业有效应对内外部干扰，抵御内外部冲击，在遭受冲击后能迅速调整和恢复，从而实现可持续发展的能力。对发展韧性的评估包括商业模式、创新能力和数字化水平等核心竞争力可持续性要素，以及发展趋势和战略规划等方面。

核心竞争力的可持续性有助于降低风险和变故对企业的影响，是保证企业持续发展的坚实基础。对企业核心竞争力可持续性的分析主要考察企业核心竞争力的巩固、保持和提升能力。企业能否保持和拓展核心竞争力，主要考察企业商业模式、创新能力、数字化水平、核心资源的储备、开发和维护情况、企业对风险的管理能力，以及在上下游供应链中的韧性等。

商业模式决定企业与用户交换价值的方式，主要考察企业目标用户群体、价值主张、分销渠道、用户关系、核心能力、合作伙伴网络和盈利模式等。企业的商业模式越能持续和有效地满足用户需求，形成和壮大足够规模的稳定用户群体，则其商业模式的可持续性越强。

创新能力对企业持续满足用户不断变化的需求和代际成长能力具有重要影响，主要考察企业的研发投入规模及研发投入占比、科技创新团队、科技创新成果、研发成果商业转化能力等。企业的创新能力越强，越能适应时代和用户需求的变化，其发展韧性越强。

数字化水平对企业提升用户响应敏捷性，提高运营效率具有重要影响，主要考察企业的数字化规划、数字化基础设施、数字化应用系统、数字化人才培养等。企业数字化水平越高，越能在以人工智能为代表的第四次科技革命中获得相对优势，其发展韧性越强。

对于企业核心资源的储备、开发和维护情况，主要分析企业所具有的核心资源（有形资产或无形资产）储备是否充足，开发和维护是否稳定，是否具有可持续性。

对于企业风险管理和应对能力主要从受评企业风险识别和评估能力、风险管理制度是否完备、相关制度是否得到有效执行、风险敞口、风险应对能力和措施等方面分析，以评估企业未来有效管理风险的能力。

对于企业供应链韧性的考察主要从企业供应链稳定性、供应链管理水平、可能面临的供应链风险、供应链体系是否能够承受风险事件的冲击、风险事件冲击对企业供应链的影响等方面进行分析。

发展趋势主要考察企业所在的核心市场或区域的未来发展趋势，以及企业在该核心市场或区域的市场占有率变化情况，以此来衡量企业的发展韧性。

对企业战略规划的分析应从短期阶段性规划和长期整体规划两个方面考察。一方面需注意短期阶段性规划的落实是否匹配长期整体规划的实现，同时需持续关注每个阶段性规划推进进度、调整和再推进的情况；另一方面需关注企业发展战略是否符合当前或未来行业发展趋势，考察企业发展战略的合理性和可行性，如企业核心业务拓展方向是否符合当前市场需求，进入分块市场存在的专业技术或经验难题及相应解决办法，价值链整合方式、相邻业务拓展是否能形成协同效应等。

2. 财务弹性

财务弹性反映了企业适应财务环境变化的能力，对于企业应对财务危机具有重要影响。保持适度财务弹性的企业具有有效的资金链管理和保护机制，在面对无法预见的紧急情况时，企业可以通过自身现金储备、资产变现和外部再融资来及时筹措和调度资金，保持企业内外部流动性合理充裕，避免出现资金周转不畅、调度不灵引发危机的情形。评级时，联合主要关注企业的现金储备、现金流平衡、资产的抵质押率，企业的融资成本和融资渠道，企业已使用的授信额度占总授信额度的比例；金融企业正在推进的资本补充计划及其进展等。此外，当母公司持有的优质子公司（上市公司）股权被质押、冻结时，评级也会对此进行特别关注。如果出现受限资产比例很高、股权质押比例高等情况，一般代表企业融资弹性严重降低，融资能力将近极限，需要特别关注。

3. ESG

企业活动中所承担的环境和社会责任有助于规范和约束企业行为，促使它们改善自身治理，构建和谐的公共关系，为自身绿色发展和吸引绿色投资提供了背书，从而有助于降低企业面临的外部风险。而且，随着排污费、碳排放权交易、碳税以及全球供应链管理中对生态、人权、公平等因素的重视，环境和社会责任的外部性表现越来越呈现出内化的趋势。同时，完善的公司治理结构和管理机制，有助于企业构建公正高效透明的内部运转体系，降低企业的内部运营风险，提高运营效率。从长期来看，环境和社会责任表现较好且公司治理完善的企业可持续发展能力较强。

对企业环境责任的评价主要包括企业的环保管理、环保行动和绿色运营三方面。其中，环保管理要素主要是评价企业是否从顶层设计上考虑了环保这一因素，是否有设置专门的机构管理环保事宜，并制定了相关的战略、制度和目标。环保行动是指企业为了践行环境保护理念、落实管理制度而采取的实际行动和表现。绿色运营是联合的特色指标，主要分析企业在绿色金融和绿色经营方面的表现。

对社会责任的评价以利益相关者理论为基础，企业在创造利润、对股东负责的同时，还应该对社会环境和利益相关方承担责任，这有利于企业实现长远目标与可持续发展，同时也体现了"共同富裕""和谐社会"的思想。在此基础上，联合形成"4+1"的社会责任评价体系。"4"代表四个基本维度，即公共效益、员工责任、用户责任和供应商责任。公共效益包括纳税和解决就业；员工责任包括员工发展、薪酬、安全、公平雇佣；用户责任包括产品和服务、科技创新；供应商责任包括供应商准入与考核、履约。"1"是专项责任，即企业对政府政策的响应情况和慈善捐赠。

公司治理是企业信用质量的内在决定因素。一个企业是否具有产生足够现金以偿还债务的能力最终取决于管理层及其管理体系能否最大限度地利用现存资源和市场机遇，同时，企业管理制度及其执行情况也会对企业的整体运营状况和未来发展前景产生较大影响。一般来说，企业的公司治理水平越高，其经营管理的效率就高，未来稳定经营和发展壮大的可能性越大，信用状况相应地会好于公司治理水平一般和公司治理效率低下的企业。对企业公司治理方面分析要点主要包括 ESG 管治、治理体系和治理绩效三方面。ESG管治主要考核企业是否成立了 ESG 管理相关部门，并制定 ESG 战略、制度、目标，开展相关措施，并进行 ESG 相关信息披露。公司治理体系狭义地讲是指有关公司董事会的功能、结构、股东的权力等方面的制度安排，广义地讲是有关公司控制权和剩余索取权分配的一整套法律、文化和制度性安排，这些安排决定公司的目标，谁在什么状态下实施控制、如何控制及风险和收益如何在不同企业成员之间分配等问题。治理体系主要考核企业的股东治理、董监高治理、管理层多样性和专业性、各相关方履职情况等，并重点考核企业合规与风险管理。治理绩效是联合公司治理方面的特色指标，主要包括公司的层次效率、流程效率、产出效率。其中层次效率评价企业是否因为层级过多而造成信息丢失和执行力下降；流程效率是指公司从接到订单到交付标准化产品和服务的平均时间，以此来衡量企业治理效率；产出效率是公司投入单位资金和人员获得的利润，是投入产出比和全要素生产率的概念。此外，公司取得的环境和社会方面的奖励也可以视为是公司 ESG 治理的绩效。

表 3.3.7　可持续发展能力分析要素

一级因素	二级因素	具体分析内容指引
可持续发展能力	发展韧性	商业模式：分析企业目标用户群体、价值主张、分销渠道、用户关系、核心能力、合作伙伴网络和盈利模式等
		创新能力：分析企业的研发投入规模及研发投入占比、科技创新团队、科技创新成果、研发成果商业转化能力等
		数字化水平：分析企业数字化规划、数字化基础设施、数字化应用系统、数字化人才培养等
		核心资源的储备、开发和维护情况：分析企业所具有的核心资源（有形资产或无形资产）储备是否充足，开发和维护是否稳定，是否具有可持续性
		风险管理和应对能力：分析企业风险识别和评估能力、风险管理制度是否完备、相关制度是否得到有效执行、风险敞口、风险应对能力和措施等方面分析，以评估企业未来有效管理风险的能力
		供应链韧性：分析企业供应链稳定性、供应链管理水平、可能面临的供应链风险、供应链体系是否能够承受风险事件的冲击、风险事件冲击对企业供应链的影响
		发展趋势：分析企业所在的核心市场或区域的未来发展趋势，以及企业在该核心市场或区域的市场占有率的变化情况
		战略规划：分析判断企业短期阶段性规划的落实是否匹配长期整体规划的实现，同时需持续关注每个阶段性规划推进进度、调整和再推进的情况；企业发展战略是否符合当前或未来行业发展趋势，考察企业发展战略的合理性和可行性，关注企业战略发展的推进，相关投资、资金安排和债务偿还情况等
	财务弹性	自身持续造血能力：分析企业内部未来产生现金流的能力
		资产变现能力：分析企业在极端情况下，核心资产能否快速变现以及变现多少的能力
		再融资能力：主要考察企业的融资环境是否恶化、外部融资渠道（包括但不限于银行信贷、债券市场、股票质押等）通畅性、再融资空间大小（如银行剩余授信空间）、融资成本高低、债务结构（债务集中度、期限匹配程度）合理性等

续表

一级因素	二级因素	具体分析内容指引
可持续 发展能力	ESG	**环境责任：** 　　环保管理：评估企业在环保制度建设、环保管理职能、环保目标等方面的表现和企业在应对气候变化、环境风险管控机制、气候变化脆弱性等方面的表现。 　　环保行动：评价企业在碳排放、污废管理、资源管理、生态环境保护和环保公益及宣传等方面的表现 　　（1）碳排放：评价企业在碳排放管理、控排减排等方面的具体政策、目标，采取的措施和表现，以及企业温室气体排放总量和强度在行业内的相对位置。 　　（2）污废管理：评价企业在水污染物、大气污染物、一般固体废弃物和危险固体废弃物排放方面的具体政策、目标，采取的措施和表现，以及排放总量和强度在行业内的相对位置 　　（3）资源管理：评价企业综合能耗和水资源的具体政策、目标，采取的措施和表现，以及综合能耗和水资源使用总量和强度在行业内的相对位置 　　（4）生态环境保护：评估企业主体在森林、水环境、土地、生物多样性、草地、历史文化遗产方面的保护行为 　　（5）环保公益和宣传：评估企业在环保公益和宣传方面的表现。 　　绿色运营：评估企业在绿色金融方面的表现，比如绿色收入、绿色债券、绿色信贷、绿色基金等方面的表现，以及企业在绿色经营方面的表现，比如绿色业务、绿色产品、绿色办公、绿色技术、数字化转型等方面的表现
		社会责任： 　　公共效益：评估企业的公共效益情况，包括纳税情况、解决就业等方面 　　员工责任：评估企业对员工各种权益的保障情况，包括薪酬福利、员工发展、员工安全及公平雇佣等方面 　　用户责任：评估企业对用户和产品的管理情况，包括用户服务满意度、产品质量、科技创新等方面 　　供应商责任：评估供应链合规性及供应商履约情况，包括供应商准入制度、供应商考核及履约等方面 　　专项责任：评估企业对政府政策响应程度和慈善捐赠
		公司治理： 　　ESG 管治：根据企业的 ESG 管理和 ESG 信息披露衡量企业 ESG 管治情况 　　治理体系：评估企业的公司治理方面的整体安排，包括治理架构，合规与风险管理 　　治理绩效：评估企业的治理绩效表现，包括层次效率、流程效率、产出效率和取得的环境、社会方面的奖励

（四）外部支持分析与评估

外部支持方面，通常情况下，企业获得一定程度的政府支持或者股东支持，将有助于企业获得竞争优势，抵御风险。

对于受评企业获得政府支持的考量重点是考察支持政府的实力和政府支持的可能性。政府实力方面，主要考察支持政府的区域经济环境、财政实力、地方政府债务负担状况等。政府支持的可能性方面，主要考察受评企业在当地政府决策和当地经济发展中的地位和重要性，历史获得支持的实际情况和具体的支持方式等，具体可从下列角度进行考察：第一，享有政府在资本金注入、财政补贴或税收优惠等多方面的持续支持，且支持力度较大；第二，有政府明确支持政策且有政府救助历史；第三，经济或政治地位重要，为政府重点扶植企业；第四，承担一定的公共职能，如提供必要的基础设施或公共服务；第五，对当地政府的经济、社会、政治或政策目标起到重要作用，其违约或信贷压力导致企业经营活动中断时，可能对经济部门产生重大影响；第六，其他因素。

对于受评企业获得股东支持的考量重点是考察股东的实力和股东支持的可能性。股东实力方面，主要考察股东的企业性质、股东的行业地位、竞争能力、财务状况和可持续发展能力等。股东支持的可能性方面，应重点考察受评主体在股东整个集团组织架构和发展战略中的地位和重要性，具体可从下列角度进行考察：第一，股东背景雄厚且公司在股东的发展战略上比较重要；第二，获得股东注资、资产划拨和补贴等支持力度大，并有历史支持记录；第三，股东为公司所有债务提供担保，或者股东有明确的法律义务并书面承诺支持公司；第四，存在将控股股东与子公司债务联系在一起的交叉违约条款；第五，其他因素。

三、评级方法局限性

联合对受评主体的未来经营状况的判断是以其历史经营状况、现状、目前政策导向和可持续发展能力为基础，但是受评主体的发展、政策的变化及影响其偿债能力的内外部因素是动态变化的，这些影响因素的未来状况可能与过去、现在和预测有着较大的不同，因此本评级方法对受评主体信用风险的评估不能保证完全准确地预测其未来实际的违约风险。同时，评级方法中考察的重点，尤其是指标的选择是随着行业不断演进而有所调整和修正的，联合将定期或不定期审查本评级方法，适时修订。

第四章 评级模型构建

一、模型形式选择

目前国内外评级机构的评级模型主要采用线性加权和矩阵两种形式。

矩阵形式体现的是对二维空间的正交分解，而线性打分是对空间的线性分解。正交分解将二维空间划分为均等的方格空间，形如棋盘。而线性分解则是一条条 ax+by=c 的直线（具有一定的斜率），将二维空间斜切成不同的区域，如图 3.4.1 所示。由于矩阵和线性打分划分空间的方式不同，样本在二维空间中的点也就呈现出不同的分布特性。

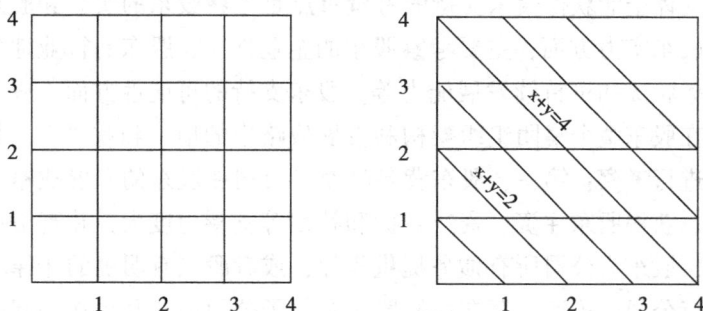

图 3.4.1 矩阵和线性加权比较

（一）矩阵较打分卡更灵活，体现了可变权重的思想

从空间划分看，矩阵可以把空间划分成一个一个的方形小格。如果将两个维度分别设置为 N 个档，则可以将二维空间分为 N×N 个子空间（上图中是 4×4=16），而线性加权要达到这样的效果，需要把加权得分分为 16 个档。

在线性加权模式下，指标的权重是固定的。表现为数学形式：ax+by=c，a、b 是固定值。从数学上，矩阵也可以表示为 ax+by=c 的线性公式，但是 a、b 可以随着 x、y 的变化而变化，即权重是可变的。可变权重更加符合现实信用评级模型的特点，因为当模型中某项因素特别好或者特别差时，这项因素很可能成为决定信用级别的主导性因素，也就是一种变化的权重。

（二）矩阵设置需要满足多种条件，设置过程复杂

理论上，矩阵的每一个方格都可以单独设置权重，但是这种可变权重的公式较为复杂，不易确定参数。在实际应用过程中，为保持和业务认知相一致，矩阵变权受到一定的限制。整体看矩阵必须满足至少三个条件。

1. 单调性

在矩阵一个维度不变的情况下，随着另一维度数值的增加，相应子空间的排位也应当增加（单调递增）或减少（单调递减），不能出现反复。

2. 梯度加速性

在单调性的基础上，不妨设为单调递增，随着矩阵某个维度的增加，对应排位梯度的增加不应该是匀速的，而是越增越快，加速增加。这就是前文所说的变权思想，当某个维度的因素特别好或者特别差时，该项权重会变大。

3. 偏离一致性

如果认为两个维度的重要性相同，则矩阵可以为一个对称阵，即 [x, y] = [y, x]，但实际业务中，两个维度的重要性往往有所区分。为了体现这种区分，矩阵不能为对称阵，而且每个对称位置上均保持一致的偏离度。

当上述三个属性叠加的时候，矩阵的设置就变得非常复杂了。而且，矩阵本身是一种二维关系，如果信用评估的维度较多，就需要采用多个矩阵，也增加了矩阵的复杂性。

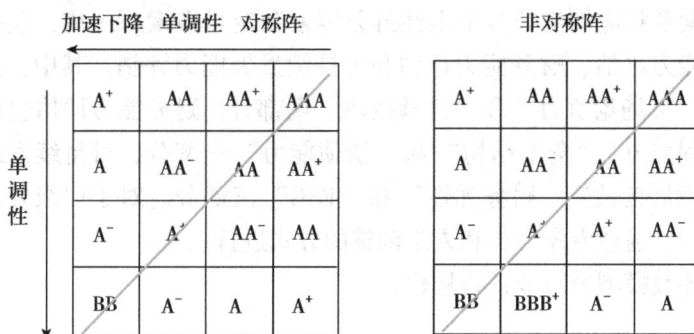

图 3.4.2　矩阵的三个属性

（三）矩阵评价结果更可能低估（或高估），产生较大的跳档现象

举例来说，如果一个样本经营、财务两个维度得分均为 4.01 分和 4.01

分，另一个样本两项得分均为 3.99 分和 3.99 分，在线性加权的情况下，两者加权结果差异不大，很可能被划到同一档内。即便恰巧分处划档线两侧，两者也只会相差一个档。在矩阵模式下，由于矩阵为正交空间划分，两个样本分别对应［3，3］空间和［4，4］空间，级别相差不止一档。这样的差异，如果分别体现为两个企业，则表现为某个企业级别被低估的现象。如果是同一企业不同年份的数据，则表现为同一主体级别跳档现象。

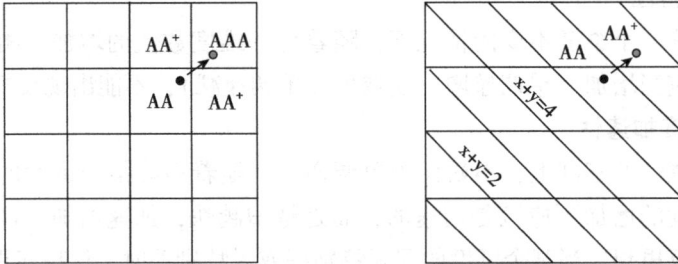

图 3.4.3　矩阵的低估以及跳档问题

结合上述矩阵形式的优缺点，在综合考虑科学性、技术可行性等因素后，联合最终选择矩阵作为模型形式。

二、评级模型逻辑

联合的信用评级模型采用定性定量结合的方式。对于可以通过定性打分或定量量化的因素，通过"矩阵+打分"的形式进行评估。评级模型主要由多个评级要素及相应细化的多个定性打分因素和定量因素所组成，包括对于企业的经营能力评估、财务能力评估和可持续发展能力评估。其中，经营能力评估包括"市场竞争力"和"经营效率"两部分，财务能力评估包括"资产质量和盈利能力""资本结构"和"偿债能力"三部分，可持续发展能力评估包括"发展韧性""财务弹性"和"ESG"三部分。对于评级要素中难以量化评估的，通过专家分析和人工调整的方式进行。

信用评级模型分行业进行构建。

（一）模型运行过程

第一步，基于联合的信用评级主要分析要素，结合行业特点，并根据重要性、可操作性等原则，经同业分析、单变量分析、专家经验论证等综合分析后确定出影响企业经营能力、财务能力和可持续发展能力的具体评价要素和模型指标。

第二步，根据行业特性，确定样本分布曲线参数，包括中枢级别和峰度；根据样本分布曲线，设置风险档次占比；根据风险档次占比及专家经验，确定各指标阈值划分标准及对应得分。

第三步，结合行业特征及重要性，通过主客观结合方法获得最优权重，将各评级要素得分进行加权，得到加权后的各综合要素分数。

第四步，定量分析与定性分析相结合，设定档次映射表；各综合要素得分通过档次映射表得到相应档次。

第五步，通过变权法得到评级矩阵，各评级要素档次通过评级矩阵得到企业的模型基础信用级别 R_0。

第六步，通过行业风险进行级别校准，得到个体初始信用级别 R_1。

第七步，通过定性调整得到个体信用级别 R_2，再根据外部支持项调整得到企业最终的主体信用级别 R_3。

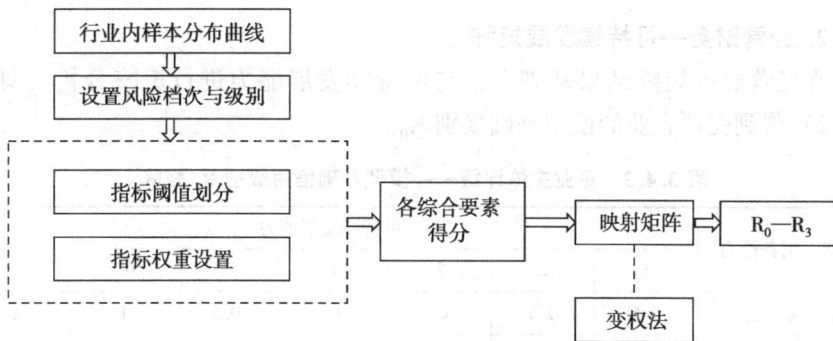

图3.4.4　联合评级模型流程

（二）基础信用级别评定

联合通过3C评估环节和行业校准环节得到企业的基础信用级别。首先，对企业经营能力、财务能力和可持续发展能力下的各个评级要素进行定量因素分析和定性因素分析并打分，根据各评级要素的权重（不同行业的权重不同），加权求和分别得到各二级因素得分、一级因素得分；其次，根据各一级因素得分通过档次映射表得到各一级因素相应的档次；最后，通过经营—财务矩阵、经营财务—可持续发展矩阵来得到基础信用级别。

1. 经营—财务矩阵

根据经营能力和财务能力档次通过分析矩阵（见表3.4.1）得到经营财务能力映射结果。考虑到矩阵形式容易出现高估（低估）和跳档问题，在得出经营财务矩阵结果的基础上，如果样本企业在经营、财务两个维度上所处的位置在临界点左右，可通过评估后建议调整其档位，由信评委做最终决议。

表 3.4.1　企业主体评级——经营财务矩阵

经营能力	财务能力						
	1	2	3	4	5	6	7
1	aaa	aaa/aa$^+$	aa$^+$/aa	aa$^-$	a$^+$/a	a$^-$	bbb
2	aa$^+$	aa	aa$^-$/a$^+$	a$^+$/a	a$^-$/bbb$^+$	bbb/bbb$^-$	bbb$^-$/bb$^+$
3	aa/aa$^-$	aa$^-$/a$^+$	a	a$^-$/bbb$^+$	bbb/bbb$^-$	bbb$^-$/bb$^+$	bb
4	a$^+$	a/a$^-$	bbb$^+$	bbb	bbb$^-$/bb$^+$	bb/bb$^-$	b$^+$
5	a$^-$/bbb$^+$	bbb$^+$/bbb	bbb/bbb$^-$	bb$^+$	bb	bb$^-$/b$^+$	b$^+$/b
6	bbb$^-$	bb$^+$	bb$^+$/bb	bb/bb$^-$	b$^+$	b	b/b$^-$
7	bb	bb/bb$^-$	bb$^-$	b$^+$	b	b$^-$	ccc 及以下

2. 经营财务—可持续发展矩阵

在经营财务矩阵结果基础上，与可持续发展能力进行矩阵分析（见表 3.4.2）得到受评企业的模型基础级别 R_0。

表 3.4.2　企业主体评级——模型基础信用级别 R_0 矩阵

经营—财务能力	可持续发展能力						
	1	2	3	4	5	6	7
aaa～aaa/aa$^+$	0.5	0.5	0.5	0	−0.5	−1	−2
aa$^+$～aa$^-$/a$^+$	2	1	0	0	−0.5	−1	−2
a$^+$～a$^-$/bbb$^+$	1	0.5	0	0	−0.5	−1	−2
bbb$^+$～bbb$^-$/bb$^+$	1	0.5	0	0	−1	−2	−3
bb$^+$～bb$^-$/b$^+$	0	0	0	0	−1	−2	−3
b$^+$～b$^-$	0	0	0	0	−1	−2	−3
ccc 及以下	0	0	0	0	0	0	0

注：1. 0.5 代表 0.5 个子级，例如，aaa/aa$^+$ 调至 aaa，即为调整了 0.5 个子级；2. 级别最多上调至 aaa 级。

（三）行业风险校准

模型基础信用级别 R_0 仅为行业内的基础信用排序，要实现不同行业间的可比，还需要根据行业风险对企业最终级别进行校准。具体来看，根据行业风险评估结果对行业内企业的基础信用级别 R_0 进行调整，行业风险越低，行业内企业整体级别中枢和级别上限就更高，最终得到个体初始信用级别 R_1（见表 3.4.3）。

表 3.4.3 企业主体评级——行业风险矩阵

模型基础信用级别	行业风险					
	1	2	3	4	5	6
aaa ~ aaa/aa$^+$	0.5	0.5	0	−0.5	−1	−2
aa$^+$ ~ aa$^-$/a$^+$	1	0.5	0	−0.5	−1	−1.5
a$^+$ ~ a$^-$/bbb$^+$	1	0.5	0	−0.5	−0.5	−1.5
bbb$^+$ ~ bbb$^-$/bb$^+$	1	0.5	0	0	−0.5	−1
bb$^+$ ~ bb$^-$/b$^+$	0.5	0	0	0	0	−0.5
b$^+$ ~ b$^-$	0.5	0	0	0	0	0
ccc 及以下	0	0	0	0	0	0

注：1. 0.5 代表 0.5 个子级，例如，aaa/aa$^+$ 调至 aaa，即为调整了 0.5 个子级；2. 级别最多上调至 aaa 级。

值得注意的是，若矩阵模型（含经营财务矩阵、模型基础信用级别 R_0 矩阵和行业风险矩阵）所得结果为"ccc 及以下"级别，则由信评委最终决定受评企业级别。

（四）个体调整

对于无法通过基础信用级别评定过程进行量化评估的因素，需要依据专家经验进行定性调整（见表 3.4.4）。

表 3.4.4 企业主体评级——个体调整主要因素

一级因子	二级因子
信用环境	宏观、区域以及行业环境的变化
信息披露质量	企业信息披露情况
财务政策	财务政策
流动性风险	集中到期风险
	获现及融资风险
母公司风险	母公司风险
或有风险	担保及表外风险
	诉讼风险

续表

一级因子	二级因子
重大事件	未来发展
	关联交易
	重要业务风险
	不良记录或失信表现
ESG 相关	环境责任
	社会责任
	实控人/股东/高管/核心团队变动
监管评价 （金融行业）	监管措施
	监管评级
其他因素	有利因素
	不利因素

（五）外部支持调整

企业获得一定程度的政府支持或者股东支持的情况下，可进行外部支持调整，见表3.4.5。

表3.4.5 企业主体评级——外部支持调整主要因素

一级因子	二级因子
政府支持	政府实力： 　　主要考察支持政府的区域经济环境、财政实力、地方政府债务负担状况等 政府支持的可能性 　　主要考察受评企业在当地政府决策和当地经济发展中的地位和重要性，历史获得支持的实际情况和具体的支持方式等，具体从以下几个方面考量：（1）享有政府在资本金注入、财政补贴或税收优惠等多方面的持续支持，且支持力度较大；（2）有政府明确支持政策且有政府救助历史；（3）经济或政治地位重要，为政府重点扶植企业；（4）承担一定的公共职能，如提供必要的基础设施或公共服务；（5）对当地政府的经济、社会、政治或政策目标起到重要作用，其违约/信贷压力导致企业经营活动中断时，可能对经济部门产生重大影响；（6）其他因素

续表

一级因子	二级因子
股东支持	股东实力： 　　主要考察股东的企业性质、股东的行业地位、竞争能力、财务状况和可持续发展能力等 股东支持的可能性 　　主要考察受评主体在股东整个集团架构和发展战略中的地位和重要性，具体从以下几个方面考量：（1）母公司背景雄厚且发行人在股东的发展战略上比较重要；（2）获得股东注资、资产划拨和补贴等支持力度大，并有历史支持记录；（3）股东为发行人所有债务提供担保，或者股东有明确的法律义务并书面承诺支持发行人；（4）存在将控股股东与子公司债务联系在一起的交叉违约条款；（5）其他因素

（六）模型数据应用原则

联合采用数据平滑原则。评级模型一般分别采用企业合并报表及母公司报表数据（对于集团企业，可辅助公司本部报表）进行分析，且所用的数据为近 3 年的加权平均值，各期限数据由远及近权重分别为 20%、30% 和 50%，以平抑企业的经营和财务数据的波动。若企业仅存在近 2 年合并报表及母公司报表数据，则所用的数据为近 2 年的加权平均值，各期限数据由远及近权重分别为 30% 和 70%。若企业仅存在 1 年合并报表及母公司报表数据，则所用的数据为该年合并报表及母公司报表数据。

在实际运用过程中，可能结合实际情况对数据加权比例进行调整。

三、模型构建关键技术

模型构建的关键步骤包括指标选取、数据处理、权重设定、矩阵设计等。

（一）指标选取

联合首先结合同业经验分析、业务逻辑和专家经验，确定出各行业的指标分析范围；其次，进行因变量确定和单变量分析，选取与因变量相关性较高的指标作为参考的备选指标；最后，结合业务分析和量化分析结果，并充分综合专家经验及意见，确定最终模型指标。

1. 因变量确定

（1）概述

数理统计模型分为有指导模型和无指导模型，对于信用评级模型而言，其输出可以是信用级别，也可以是一组代表违约率或其他含义的数值，前者对应为分类模型，后者对应为数值模型，但均为预测性模型。预测模型是一种有指导的模型，即需要告诉模型不同的数据输入对应什么样的输出，模型通过已有的数据进行学习，形成判断机制，可以对未知样本进行预测，这个输出即为所谓的指导。比如常见的线性回归、贝叶斯分类等，学习样本的分类或者回归的因变量是已知的。对于有指导模型而言，因变量是不可或缺的。根据信用评级相关理论，信用评级主要反映受评对象债务违约风险，对应到违约率的高低和回收率的大小。国际三大评级机构均具有百年历史，通过长期的业务实践积累了具有统计意义的债券违约和回收数据，相应地可以采用统计违约率和回收率作为信用评级建模的指导。而国内评级机构由于业务时间较短，且国内债券市场长期处于刚兑状态，缺少违约率、回收率的数据积累，既无法获得信用评级模型的最佳因变量，也无法检验评级结果是否"准确"。需要结合实际选择适合国内评级机构建模和对评级结果进行检验的"锚"。

（2）国内评级模型"锚"之现状

长期以来，国内评级行业一直在不断探索信用评级模型的构建方法。从理论和实践看，用于信用评级模型的因变量包括违约率、回收率、市场级别、利差等。下面对其进行逐一介绍。

①违约率和回收率

理论上，违约率和回收率是信用评级建模和检验的最佳指标。但是由于国内债券市场 2014 年才开始出现违约情况，数据严重不足。根据 Wind 违约统计，截至 2019 年年末，共有 556 只债券发生违约，涉及 148 家发行主体[①]。在相当长的一段时间内，违约率和回收率指标不适合作为国内债券信用评级的锚。

表 3.4.6　2014—2019 年中国公募债券市场债券发行人主体违约率统计　单位：%

	2014 年	2015 年	2016 年	2017 年	2018 年	2019 年
AAA	0.00	0.00	0.00	0.00	0.14	0.25
AA+	0.00	0.18	0.30	0.00	0.11	0.93
AA	0.00	0.00	0.30	0.15	1.02	0.22
AA-	0.00	0.63	0.75	0.00	0.78	1.69

① 以 Wind 首次违约报表为准。

续表

	2014 年	2015 年	2016 年	2017 年	2018 年	2019 年
A⁺	0.00	2.06	2.38	0.00	1.33	5.71
A	0.00	0.00	17.65	0.00	11.76	13.64
A⁻	4.65	0.00	0.00	0.00	0.00	0.00
BBB⁺	0.00	0.00	0.00	10.00	0.00	25.00
BBB	1.24	8.89	5.71	0.00	0.00	33.33
BBB⁻	2.08	7.41	18.18	16.67	50.00	100.00
BB⁺	0.00	0.00	9.52	0.00	0.00	0.00
BB	0.00	10.53	20.00	28.57	0.00	100.00
BB⁻	—	0.00	28.57	0.00	0.00	0.00
B⁺	0.00	0.00	0.00	0.00	0.00	0.00
B	0.00	0.00	28.57	0.00	50.00	0.00
B⁻	—	66.67	100.00	0.00	50.00	0.00
CCC	66.67	0.00	0.00	0.00	0.00	0.00
CC	—	50.00	0.00	0.00	0.00	0.00
C	—	0.00	100.00	0.00	0.00	0.00

②市场级别

采用现有的市场级别作为模型的因变量或者用于检验模型的准确性。由于操作最为简单，这种方法在实践中应该最多。其基本的假设是现有级别准确反映了信用风险大小。然而，考虑到国内级别集中度较高，主要分布在 AAA 级至 AA 级，现有级别虽然能区分级别间主体信用风险差异，但是级别内主体间信用风险区分度不足，仅以信用等级为标准进行建模，并不能够提升发行主体间信用风险的区分度。

③利差

采用发行利率（或某种交易利率）和无风险利率之间的差值，即利差。这种选择建立在债券定价理论和市场有效性的理论基础上。通常认为，在市场有效的基础上，债券价格包含了对信用风险的补偿、流动性补偿、期限的补偿等，将债券的价格（发行利率或交易利率）减去同期限的国债利率（或其他无风险利率），即主要体现了信用风险的价格补偿。

国内外的理论和实践研究已经表明，利差受到信用风险、税收以及其他一些系统性因素的影响，而信用利差仅占较小的一部分。由于上述原因，利差较少直接用于信用评级建模，主要用于对信用评级质量的检验，即通过统计检验分析信用级别是否对利差水平具有显著性影响。

从上面分析可以看出，这些因变量的选择具有一定的理论基础和实践可行性，同时缺陷也较为明显。

（3）构建更为合理的信用评级之"锚"

①"锚"之特征

在缺乏理想的建模因变量的基础上，还需要结合实际进一步寻找更加合理的因变量。在市场有效性的基本假设基础上，最大限度地剥离利差中存在的非信用风险的因素，在此基础上打造信用评级建模之"锚"。其核心是能够表征信用风险水平的高低，在此基础上，因变量还应具备两个特性。一是稳定性。由于信用评级要求具有一定的稳定性要求，对应的因变量也应该保持稳定。简单地说，同一个体，在信用水平未发生明显变化的情况下，因变量值不应因外部因素等发生明显的波动。二是主体性。由于评级模型大多数都是主体评级模型，因此因变量主要衡量的是主体信用风险而非债项信用风险。

②"锚"之构建

一般的理论认为，债券的利差主要源于信用风险补偿。然而国内外大量的实证研究表明，债券利差远远大于违约损失。美国学者 Elton（2001）等将信用利差分为预期违约损失、税收和风险溢价三部分，并通过实证研究得到三者的解释力度分别为 17.8%、36.1% 和 46.1%。国内学者把信用利差影响因素分为了来自违约风险因素、税收因素、流动性因素、经济周期因素和其他系统性因素五个方面。刘鹏飞则将利差分为宏观因素、微观因素和个券因素。这些理论和实践研究表明，利差不能直接作为信用评级建模的因变量，需要剥离其中的非违约风险因素。

根据上述结论，传统的以"债券利率-无风险收益率（通常是国债）"形式得到利差中，信用利差仅占较小部分，不宜用于直接作为信用风险大小的代表。

1）利差分解

在各方研究结果的基础上，把利差逐步的分解。

个体信用利差，对于一只债券而言，其个体信用利差分为主体信用利差和债项信用利差，主体信用评级包括对个体所在宏观环境、所处行业、个体实力以及外部支持等综合评价，因此主体信用利差也应包含行业和宏观因素导致形成的信用风险补偿。债项信用利差则包括与债券的期限、增信情况、含权情况、流动性等因素相关的利差。

非个体信用利差，与个体信用无关利差补偿归为非个体信用利差。非个体信用利差通常是由系统性因素、市场环境因素导致的，根据前述国内外的研究，此类利差包括不同交易市场和券种、税收、市场资金面等因素。比如，由于融资环境的因素，导致某一时段利差偏高；由于不同政策导致的不同交易所不同券种间不同的利差。

2) 信用利差构建

信用利差计算的关键是要尽可能去除非个体因素以及非主体因素，仅保留主体利差。通过将同券种、同市场、同时期发行债券的价格相减，可以最大限度地抵消债券定价中的非个体因素，使之主要反映个体信用风险的大小。

当前，构建信用利差的主流方法主要有以下几种。一是以国债收益率为基准利率，通常采用发行当日相同剩余期限的国债收益率曲线值。但是由于国债免收利息收入的所得税和持有至到期账户的增值税，因此，国债收益率为基准的利差不能剔除税收因素的影响。二是以国开债收益率为基准利率，通常采用发行当日相同剩余期限的国开债收益率曲线值。相较于国债，国开债需要征收相关税费，可以剔除税收因素对利差的影响，且流动性溢价更易受到市场波动影响，与信用债更为接近。但是，以发行当日相同剩余期限的国债或国开债收益率为基准利率并不能剔除不同交易市场和券种等因素的影响。三是以中债 AAA 级信用债收益率为基准利率，通常采用当日相同剩余期限 AAA 级的中债中短期票据收益率曲线值或中债企业债收益率曲线值。上述两种收益率曲线仅涉及银行间市场样本，且中债中短期票据收益率曲线综合了短融和中票两类券种。因此，以上述收益率曲线为基准利率并不能够完全剔除不同交易市场和券种等因素的影响。

为了进一步消除非个体因素的影响，构建了新的"锚"，采用同期限、同一发行时段（15 天内）、同债券类型、AAA 级主体新发行的债券为基准样本，以发行利率计算基准利率。

为了最大限度减少对主体信用的干扰因素，构建时将有增信、延期条款的债券排除在样本之外。进一步地，将含权债券样本与不含权债券样本进行区分，其中，不含权债券样本为不含回售、调整利率和提前偿还条款的债券。对于含权债券样本，以第一个行权日期作为发行期限。

为了消除个别样本异常值的影响，将基准样本时段区间扩展至所评债券发行起息日 15 天内，并且取其发行利率的平均值作为基准利率。例如，在资金面收紧时期，不同行业、不同企业性质主体之间的所承受压力也是不同的，个别优质 AAA 级央企会得到更多的市场认可，导致其发行利率相对"异常"，但是如果区间内样本数量增加，则其平均值会趋向"正常"，减少异常样本的影响。

由此，构建的新"锚"，基本上消除了不同交易市场和券种、税收以及部分市场资金面、市场环境因素（短期波动）导致的非个体信用利差。但是，与中债 AAA 级信用债收益率为基准利率类似，由于处于不同地区和行业的主体在经济环境中所承受的压力是不同的，尽管信用评级机构均表示要尽可能保持不同国家地区和行业间所评主体信用级别的一致性，但实际中，金融债与工商企业所发债券的违约率在各个信用等级之间存在一定差异，工商企业各个行业之间的违约率在各个信用等级之间也存在一定差异。因此，主体信用利差不能完全准确地反映地区和行业因素导致形成的信用风险补偿，以 AAA 级主体作为基准样本时，基准样本与所计算债券的主体样本之间的"行业利差"等并未能完全消除。并且，对于不同时期经济环境、资金面导致的整体信用走阔及分化影响，构建的新"锚"也无法消除。例如，相较于在经济繁荣、资金面宽松时期，经济下降及资金面收紧时期发行利率整体上升，市场偏好更为保守导致级别间信用走阔，因此，低级别发行人和高级别发行人之间的发行利差相较于经济繁荣、资金面宽松时期有所增加（见表 3.4.7）。

表 3.4.7　各类型利差比较

基准利率 / 影响因素	国债收益率	国开债收益率	AAA 级收益率	新"锚"
宏观经济	无法消除	无法消除	无法消除	无法消除
所处区域	无法消除	无法消除	无法消除	无法消除
所处行业	无法消除	无法消除	无法消除	部分消除
市场资金面	无法消除	无法消除	无法消除	部分消除
交易市场和券种	无法消除	无法消除	部分消除	消除
税收	无法消除	消除	消除	消除
期限	消除	消除	消除	消除
额外权利条款	无法消除	无法消除	消除	消除

③ "锚"之比较

为了评价新"锚"的效果，选择了包含新"锚"为基准利率的三种利差进行比较。其中，利差 1 以中债国债收益率曲线值为基准利率，利差 2 以中债中短期票据收益率曲线值为基准利率，利差 3 以新"锚"为基准利率。在计算得到基准利率的基础上，将主体所发行债券的发行利率减去对应的基准利率，即可得到信用利差。其中，对于同一主体发行多只债券的，采用信用利差平均值（见表 3.4.8）。

表 3.4.8 各类型利差计算方法

利差	计算方法
利差 1	发行利率—同期限、同发行日中债国债收益率曲线值
利差 2	发行利率—同期限、同发行日中债中短期票据 AAA 级收益率曲线值
利差 3	发行利率—同期限、同一发行时段、同债券类型、AAA 级主体新发债券发行利率均值

为了进一步对比各类型利差，评价新"锚"的效果，通过检验利差与发行级别之间的关系，进行各类型利差在反映债务风险以及主体相对位置的准确性比较。尽管信用级别存在组内发行主体区分度不足的缺陷，但是其组间差异是明显的。因此，将以信用级别作为基准，比较：不同级别间的各类型利差是否具有显著差异；随着信用级别的降低，各类型利差是否显著增加；择优选取与信用等级相关系数更高的利差。

下面采用 K-W 检验、J-T 检验和 Spearman 相关性检验方法，检验利差与发行级别之间的关系。

1) K-W 检验

K-W 检验是检验两个以上样本是否来自同一个概率分布的一种非参数方法，不要求总体呈现正态分布。它的原假设是各样本服从的概率分布具有相同的中位数。因此，本书 K-W 检验原假设为：

H_0：各个信用等级的利差中位数无显著差异；

H_1：各个信用等级的利差中位数存在显著差异。

通过检验结果可以看出，各类型利差 P 值均小于 0.001，即各个信用等级的利差中位数存在显著差异。并且，各类型利差总体显著程度差距不大，各类型利差在不同信用等级间均存在显著性差异（见表 3.4.9）。

表 3.4.9 各类型利差 K-W 检验结果

利差类型	统计量	P 值	结论
利差 1	1322. 78	0. 000	拒绝 H_0
利差 2	1484. 47	0. 000	拒绝 H_0
利差 3	1406. 19	0. 000	拒绝 H_0

2）J-T 检验

J-T 检验用于检验总体之间的位置关系。如果一组样本中观测值小于另一组样本中的观测值的个数较多或较少，则可以考虑两总体的位置之间有大小关系。

H_0：各个信用等级的利差中位数无显著差异；

H_1：利差按照信用等级的升高而依次降低。

通过检验结果可以看出，各类型利差 P 值均小于 0.001，即利差按照信用等级的升高而依次降低。并且，各类型利差总体显著程度差距不大，各类型利差均按照信用等级的升高而依次降低（见表 3.4.10）。

表 3.4.10　各类型利差 J-T 检验结果

利差类型	统计量 J	统计量 Z	P 值	结论
利差 1	371319.50	1208418.50	0.000	拒绝 H_0
利差 2	394210.50	1393403.50	0.000	拒绝 H_0
利差 3	367608.00	1258796.50	0.000	拒绝 H_0

3）Spearman 相关性检验

经过上述检验，各类型利差在不同信用等级间均存在显著性差异，且均按照信用等级的升高而依次降低。进一步，通过 Spearman 相关性检验得到各类型利差与信用等级之间的相关系数，从而选择与信用等级相关性最高的利差作为当前最优"锚"选择。

通过 Spearman 相关性检验，各类型利差与信用级别的相关系数分别为 -0.694、-0.706 和 -0.707，各类型利差均与相对应样本的级别有较强相关性，相关程度由高到低分别为利差 3、利差 2 和利差 1（见表 3.4.11）。

表 3.4.11　各类型利差 Spearman 相关性检验

利差类型	相关系数	P 值
利差 1	-0.694	0.000
利差 2	-0.706	0.000
利差 3	-0.707	0.000

根据上述检验结果，得出结论如下：各类型利差在不同信用等级间均存在显著性差异；各类型利差均按照信用等级的升高而依次降低；各类型利差与信用等级相关程度由高到低分别为利差 3、利差 2 和利差 1。

（4）结论

通过采用同期限、同一发行时段（15 天内）、同债券类型、AAA 级主体新发行的债券为基准样本，以发行利率计算基准利率，构建了国内评级模型新的"锚"。经过与传统方法相比较，新"锚"不仅较大限度地抵消债券定价中的非个体因素，使之主要反映个体信用风险的大小，并且与信用级别相关性最高，能够较为准确地反映债务风险以及主体的相对位置。因此，在各行业信用评级建模时，综合考虑合理性、可行性，最终选用了新"锚"作为因变量，以衡量个体信用风险水平的高低。

2. 相关性分析

相关性分析中，会根据所选取的同行业样本的定性和定量指标，以信用利差和信用等级作为因变量，分别进行相关性检验。其中，对于连续型变量（利差）采用 Pearson 相关系数检验，对于有序型变量（信用等级）采用 Spearman 相关系数检验。检验结果中，＊＊表示在 0.01 显著性水平下，指标变量与级别相关性显著；＊表示在 0.05 显著性水平下，指标变量与级别相关性显著。从相关性角度分析，指标与因变量相关系数越高，越能反映企业的信用风险，在企业建模时可重点考虑将此类指标纳入模型。同时，指标间相关性较大的几组指标还需根据情况酌情筛选。

3. 频率分布分析

频率分布分析是指根据指标与利差的频率分布走势，从图形上判断指标与利差的关系。若指标与利差的走势符合经济意义，且较为单调、陡峭，则认为该指标的效果较好。

联合使用的主要图形工具是累计频数图，其中利差数据在 y 轴上，而每个指标均匀地分布在 x 轴上。例如，图 3.4.5 为某行业利润总额与利差频率分布。将利润总额的样本从小到大排序，按其分布平均划分为 10 个区间，将每个区间内的样本利差数据求均值，得到 10 个利差值，分别对应到图中的 10 个分布分位点，将各个分位点之间用平滑曲线相连即得到频率分布图。可以看出，该指标频率分布图大致呈单调下降趋势，且因变量下降趋势明显，图形陡峭。

理论上，利润总额越高，企业的竞争力越强，企业利差应相应较低，即利润总额与利差呈负相关。通过样本数据验证，伴随着利润总额（X 轴）越来越大，利差（Y 轴）越来越低，则认为利润总额指标的效果较好。因此，从频率分布角度分析，利润总额指标可以很好地反映因变量利差的变化趋势，在企业建模时可重点考虑将此指标纳入模型。

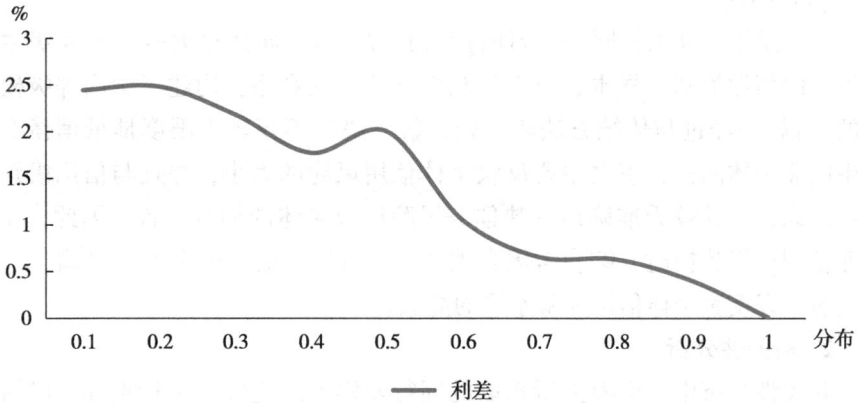

图 3.4.5　利润总额与利差频率分布

（二）样本及数据处理

联合假设信用评级的样本（其风险量化得分）总体服从于正态分布（Normal Distribution）。正态分布是一种在自然中最为常见的分布形态，其曲线呈钟型，大部分数据集中在平均值，小部分在两端，中间高，两头低，左右对称（见图 3.4.6）。从理论上看，根据中心极限定理，如果一个事物受到多种因素加总的影响，不管每个因素自身分布如何，加总后的结果近似服从正态分布，即 x 服从正态分布。而如果一个事物受到多种因素乘积的影响，则最终结果服从对数正态分布，即对数形态 Ln（x）服从正态分布。由于正态分布具有可加性，即正态分布相加仍为正态分布。基于上述假设和针对性的处理，最终使得样本的信用评级理论分布基本服从正态分布。

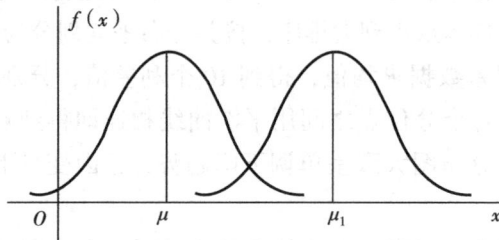

图 3.4.6　不同级别中枢（均值）下的正态分布概率密度图形

1. 分布中心的确定

正态分布中枢应该是对信用风险排序的中心，不同的中枢决定了信用等级的高低，也在一定程度上决定了信用等级区分度的大小。由于主流的信用等级是从 AAA 到 C 的闭区间，级别中枢越靠近两端，区分度越低。

从评级实践看，国际三大评级机构所评发行人主体的信用等级分布整体呈正态分布。国际三大评级机构中穆迪和惠誉分别以 Baa/BBB 级为中心呈正态分布，标普以 BBB 级和 B 级为中心呈双中心分布。日本 JCR 以 A 级为中心呈正态分布（见图 3.4.7）。

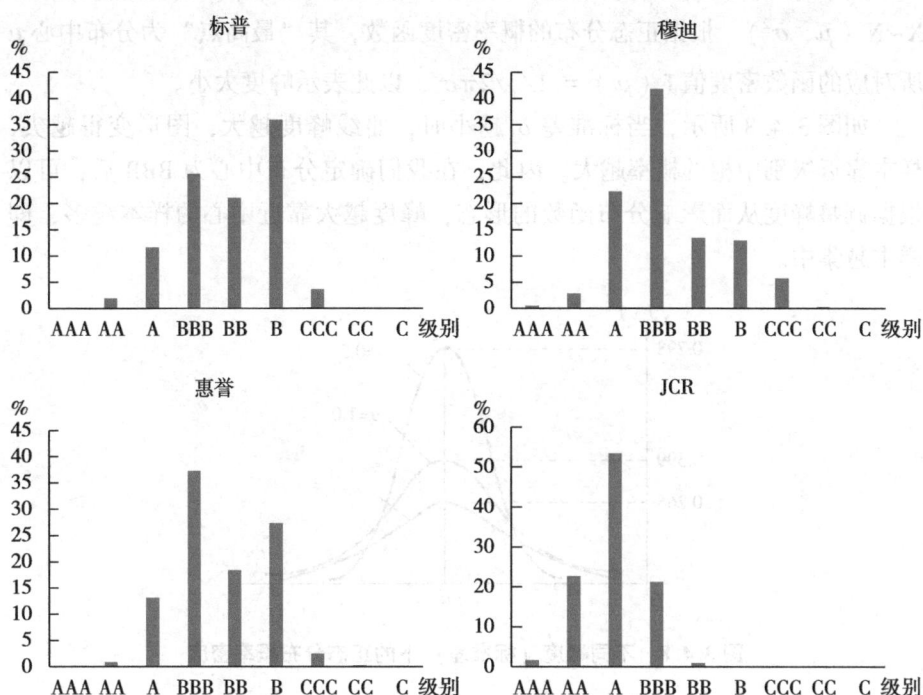

图 3.4.7 国内外评级机构级别分布情况

（资料来源：标普、穆迪、惠誉 NRSROs 注册信息披露见附表 1，ESMA 数据库）

综合理论与实践经验，在建立样本的理论分布时，联合将分布中心定位为 BBB 级。需要说明的是，此时的行业分布曲线仅代表了行业内企业的风险排序和分布，并不具备行业间的可比性。行业间的可比性将通过行业风险影响整个行业的级别中枢和上限来实现，即在得到行业内企业风险排序后，根据各个行业的实际行业风险中枢进行移动，从而实现不同行业最终级别中枢的不同。

2. 峰度的选择

根据上述理论，本书定义各个行业样本的理论分布形态为正态分布，其初始分布中心为 BBB 级（均值）。进一步地，我们需要定义各个行业正态分布函数的标准差，从而决定其分布的峰度，确定曲线的形态。我们已知正态分布的概率密度函数为：

$$f(x) = \frac{1}{\sqrt{2\pi}\sigma} e^{-\frac{(x-\mu)^2}{2\sigma^2}} \quad -\infty < x < +\infty$$

其中，μ 为均值，σ 为标准差。我们称 X 服从参数为 μ，σ 的正态分布，即 $X \sim N(\mu, \sigma^2)$。根据正态分布的概率密度函数，其"最高点"为分布中心 μ 所对应的函数密度值 $f(\mu) = 1/\sqrt{2\pi}\sigma$，以此表示峰度大小。

如图 3.4.8 所示，当标准差 σ 越小时，曲线峰度越大，图形变得越尖，样本靠近级别中枢的概率越大。因此，在我们确定分布中心为 BBB 后，可以根据调整峰度从而影响分布函数的形态，峰度越大靠近中心的样本越多，即样本越集中。

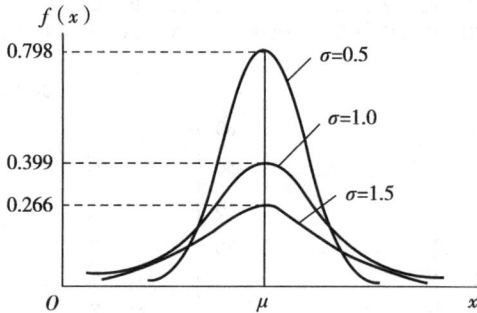

图 3.4.8　不同峰度（标准差）下的正态分布概率密度

不同行业样本分布情况受到行业内的竞争结构、区域垄断等因素影响，体现在峰度的不同上。需要说明的是，行业分布的峰度与行业风险有所不同。后者是通过影响行业企业分布的中枢从而实现行业间企业的可比性，即全部企业风险排序的一致性，而前者则体现了各行业中个体集中与分散的程度。

通常情况下，越接近完全竞争的行业，其产品同质性较大，行业内企业信用水平差异有限，信用级别更为集中，其峰值会越高；越接近垄断的行业，其行业内企业以垄断企业为主，垄断企业间信用水平差异有限、信用级别更为集中，而其他非垄断企业之间水平接近、与垄断企业信用水平差异较大，故此行业峰值较高。因此，上述两种类型行业的峰度相对较高。

根据 3σ 原理，即 99.73% 的样本会落入均值±3 倍标准差的区间内，在级别中枢设置到 BBB 级的基础上，峰度设置不能过高或过低，才能保证曲线尾部分布在合理区间内。

综合各个行业分布的实际峰度和峰度的合理性，并经过大量的实际数据模拟，联合选取了 15%、20% 和 25% 三种峰度，各个行业根据实际行业特征在上述三种峰度中进行选择（见图 3.4.9）。

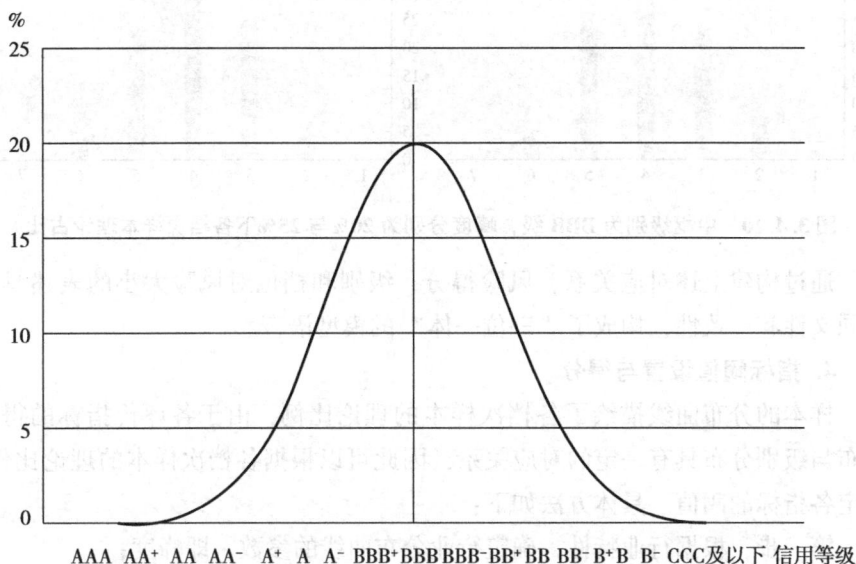

图 3.4.9　中枢级别为 BBB、峰度 20% 下的行业内企业分布

3. 风险得分、档次设置与级别对应

便于理解，本书假设受评主体的风险得分为 0~100 分，以体现风险排序，得分越高，风险越低。按照 AAA、AA⁺、AA、AA⁻、A⁺、A、A⁻、BBB⁺、BBB、BBB⁻、BB⁺、BB、BB⁻、B⁺、B、B⁻ 和 CCC 及以下共 17 个级别进行划分，得到各个级别对应区间的分值。为了便于指标阈值分档，我们进一步将风险档次分为 7 档，从 1 档至 7 档分别依次对应 AAA 级、AA 级、A 级、BBB 级、BB 级、B 级和 CCC 及以下级别，从而得到各档次对应的得分区间。

各档次区间所对应正态分布概率密度曲线的面积，即样本落在该区间内的概率，为该档次内企业样本的占比。由于第 4 档对应我们设置的级别中枢 BBB 级，因此该档次内样本占比数量最多。并且，不同的级别中枢（均值）和峰度（由标准差决定）对应得到不同参数的正态分布曲线，峰度设置越大，样本越向 BBB 级集中，其他档次样本数量与中心档次差距越大。例如，在中枢级别为 BBB 级、峰度为 20% 的情况下，第 4 档企业样本占比为 34.80%，将峰度上调至 25% 后，第 4 档企业样本占比上升至 42.70%（见图 3.4.10）。

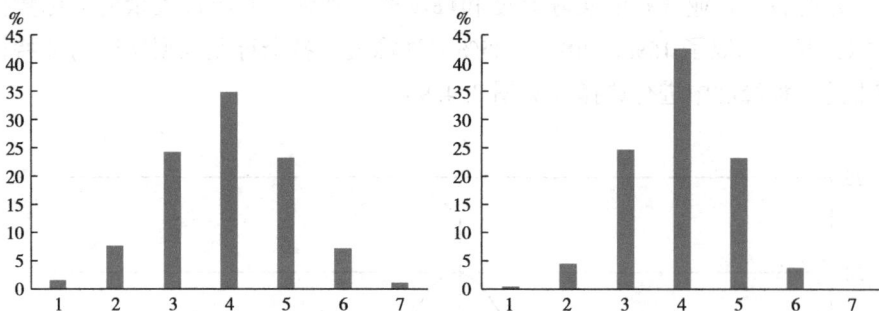

图 3. 4. 10　中枢级别为 BBB 级，峰度分别为 20％与 25％下各档次样本理论占比

通过构建上述对应关系，风险得分、级别和档位对风险大小的表述具备了同义性和一致性，构成了"三位一体"的模型语言。

4. 指标阈值设置与得分

样本的分布曲线描绘了各档次样本的理论比例，由于各评价指标的得分分布与级别分布具有一定的对应关系，因此可以根据各档次样本的理论比例，确定各指标的阈值。具体方法如下：

第一步，根据行业特性，确定行业分布曲线的参数，即峰度；

第二步，根据确定后的正态分布曲线得到各档次样本的理论比例，即评价指标各档次样本所占比例（即确定了分位点）；

第三步，剔除样本中评价指标的异常值后对各个指标进行排序；

第四步，根据评价指标各档次样本所占比例，基于排序后的指标计算得到每个指标的初步阈值；

第五步，在根据样本分布曲线得到每个指标的初步阈值后，结合专家经验进行适当调整，最终确定指标的阈值；

第六步，在得到各个指标的阈值划分标准后，对各个指标进行评价赋分。

对于定量指标的赋分，使用分段打分法"一刀切"会导致"峭壁效应"，即放大了分界点附近的受评对象之间的差异，而采用"连续得分"的划分思路则可以解决此问题。因此，本书采用"连续得分"对各个定量指标进行评价赋分。具体见表3.4.12。

表 3. 4. 12　定性指标和定量指标阈值得分情况

档次	定量指标档次得分	定性指标档次得分
1	[95，100]	97.5
2	[80，95)	87.5

档次	定量指标档次得分	定性指标档次得分
3	$[60, 80)$	70
4	$[40, 60)$	50
5	$[25, 40)$	32.5
6	$[5, 25)$	15
7	$[0, 5)$	2.5

经过上述指标阈值划分及赋分处理后，理论上我们得到的各个定量指标得分仍将基本符合中枢为 BBB 级的正态分布。在实际处理中，在参照理论分布的基础上，指标的阈值划分还需要考虑指标的经济含义以及分档的可解释性，进行专家调整。

（三）权重设定

在权重确定的过程中，采用主观和客观方法相结合的方法确定权重，其中客观的方法是熵权法，主观方法是层次分析法（AHP）。在此基础上，进行网格搜索获得局部最优权重，最后再结合专家经验确定最终权重。

1. 熵权法

在信息论中，熵是对不确定性的一种度量。不确定性越大，熵就越大，包含的信息量越大；不确定性越小，熵就越小，包含的信息量就越小。熵权法的基本思路是根据指标变异性的大小来确定客观权重。

根据熵的特性，可以通过计算熵值来判断一个事件的随机性及无序程度。一般来说，若某个指标的信息熵 E_j 越小，表明指标值的变异程度越大，提供的信息量越多，在综合评价中所能起到的作用也越大，其权重也就越大。相反，某个指标的信息熵 E_j 越大，表明指标值的变异程度越小，提供的信息量也越少，在综合评价中所起到的作用也越小，其权重也就越小。

（1）数据标准化

将各个指标的数据进行标准化处理。

假设给定了 k 个指标 X_1，X_2，…，X_k，其中 $X_i = \{x_1, x_2, \cdots, x_n\}$。假设对各指标数据标准化后的值为 Y_1，Y_2，…，Y_k，那么

$$Y_{ij} = \frac{X_{ij} - \min(X_i)}{\max(X_i) - \min(X_i)}。$$

（2）求各指标的信息熵

根据信息论中信息熵的定义，一组数据的信息熵 $E_j = -\ln(n)^{-1}\sum_{i=1}^{n}p_{ij}\ln p_{ij}$。

其中 $p_{ij} = Y_{ij}/\sum_{j=1}^{n}Y_{ij}$，如果 $p_{ij} = 0$，则定义 $\lim_{p_{ij}\to 0}p_{ij}\ln p_{ij} = 0$。

（3）确定各指标权重

根据信息熵的计算公式，计算出各个指标的信息熵为 E_1，E_2，$\cdots E_k$。通过信息熵计算各指标的权重 $W_i = \dfrac{1-E_i}{k-\sum E_i}(i = 1, 2, \cdots, k)$。

熵权法是一种客观赋权法，因为它仅依赖于数据本身的离散性。

2. AHP 层次分析法

仅依靠数据本身的性质分配权重在模型的设置中是明显不合理的，所以在权重分配的过程中联合更看重的是业务经验与实际评级过程中指标的重要性，可采用 AHP 层次分析法确定初步权重。

层次分析法是一种定性和定量相结合的、系统的、层次化的分析方法。这种方法的特点就是在对复杂决策问题的本质、影响因素及其内在关系等进行深入研究的基础上，利用较少的定量信息使决策的思维过程数学化，从而为多目标、多准则或无结构特性的复杂决策问题提供简便的决策方法，是对难以完全定量的复杂系统做出决策的模型和方法。

层次分析法根据问题的性质和要达到的总目标，将问题分解为不同的组成因素，并按照因素间的相互关联影响以及隶属关系将因素按不同的层次聚集组合，形成一个多层次的分析结构模型，从而最终使问题归结为最低层（供决策的方案、措施等）相对于最高层（总目标）的相对重要权值的确定或相对优劣次序的排定。

3. 网格搜索

采用熵权法和层次分析法确定初步权重之后，以初始权值为基准，运用网格搜索方法进行权值优化。其中网格搜索优化目的是：指标加权得分与级别的 Spearman 相关系数最大或与利差的 Pearson 相关系数最大（或与其他可行因变量相关性最大）。最后根据权重优化结果及专家经验调整，确定最终指标权重。

（四）矩阵设定

评级模型一共包含 3 个矩阵。考虑到经营—财务矩阵是整个评级模型的核心，本书在矩阵设计的过程中制定了一套较为科学的方法，利用变权公式根据不同参数自动生成变权系数不同的矩阵，大大减少手动设置的随意性，提升矩阵设计的科学性和操作效率。

1. 经营—财务矩阵设计

（1）变权原则

经营财务矩阵的设计利用了变权思路。变权基于如下假设：整体而言，经营维度的影响要大于财务维度的影响。当企业经营状况较好时，模型会更侧重于体现经营的优势，经营能力权重更大。随着主体经营状况的降低，会逐渐加大对财务能力的考察力度，逐渐减少经营能力的权重。当经营能力由一般水平逐步降至较差水平时，经营能力所反映出的短板特征会较为明显，因此将逐渐提升经营能力的权重，体现经营能力较差情况的短板影响。因此，随着经营能力水平的降低，经营权重呈现先递减后递增的 U 形权重，财务权重则呈现单调递减的形态。

为设置经营、财务映射可变权重矩阵，做出以下参数假设。

以固定权重作为经营 1 档、财务 1 档的初始权重，在此基础上根据观测值和位置参数 X，将变权矩阵表示为如下方程组形式：

$$W = X_0 - k_B X_B - k_F X_F$$

其中，W 为经营与财务的映射矩阵中经营能力的权重，X_0 为可变权矩阵的初始权重，X_B 为经营得分向量，X_F 为财务得分向量，k_B 为经营变权系数向量，k_F 为财务变权系数向量，根据上述规则可将矩阵转化为如下标准二元矩阵形式：

$$W = AX_B + BX_F + D$$

根据以上规则，通过计算可以分别得出 7 档经营、财务得分所对应的权重值。需要特别说明的是，初始权重 X_0、经营系数 k_B、财务系数 k_F 均是经过多次数据对比与测算，结合指标实际的经济含义并参照矩阵设置规则中经营更重要的特点来选定确认的。

（2）矩阵确定

对于各档次所对应得分，联合根据每个映射单元格中的权重值分别计算出该映射区间的最大可能得分和最小可能得分，通过这个得分区间将各级别（包括模糊级别）对应到相应映射位置。再根据经营能力比财务能力重要等调整规则进行基于经验的专家调整，从而根据不同的得分标准得到匹配映射区间的 BBB 级中枢的映射矩阵。

因为初始矩阵是通过变权公式计算得出，每个点位的对应级别，是根据理论得分区间和级别计算得分区间两者对应而来，所以实际中可能存在缺少部分级别的情况，可以结合专家经验进行适当调整。调整的原则是矩阵覆盖所有级别，同时不改变级别与对应分值的排序，并体现经营能力比财务能力更重要的原则。经过专家调整后，矩阵形式即为最终的经营财务矩阵。

经过上述的变权公式及区间方案的矩阵设计方案，矩阵整体上满足了单调性、梯度加速性和偏离一致性的要求。

此外，为解决矩阵形式容易出现的低估（高估）和跳档问题，如果样本企业在经营、财务两个维度上所处的位置在临界点左右，可通过评估后调整其档位，由信评委做最终决议。

2. 经营财务—可持续发展矩阵

在经营和财务矩阵结果基础上，再和企业的可持续发展能力做综合评估得到 R_0。这一步的评估依然采取矩阵形式，根据可持续能力的高低，对经营财务能力的矩阵结果进行调整，反映出可持续发展能力越高（低），企业在现有经营财务所反映出的能力的基础上抵抗信用风险的能力越高（低），企业信用实力越强（弱）。

可持续发展能力调整规则为：当企业的可持续发展能力较强（如在 1~3 档）时，评级结果将会在企业经营财务能力结果的基础上有所调升，但由于企业本身经营财务能力结果的不同，调升力度也有所差异——经营财务综合能力处于中上游时，发展潜力大，因此调整的级数更高。自身经营财务情况较差的，不作任何改变；当企业的可持续发展能力居中（如在 4 档）时，不做调整；当企业的可持续发展能力较弱（如在 5~7 档）时，在企业经营财务能力结果上有所调降，且经营财务综合能力越差，调降幅度越大。

3. 行业校准矩阵

模型基础信用级别 R_0 仅为行业内的信用排序，要实现不同行业间的可比较，还需要根据行业风险对企业最终级别进行校准，最终得到个体初始信用级别 R_1。

行业校准规则为：当行业风险最低（1 档）时，行业内所有企业级别（除 CCC 级及以下）均会进行调升，级别中枢上移，但调升幅度根据模型基础信用级别 R_0 的不同有所不同，R_0 越高，调升幅度越大，反映出当行业风险最低时，自身综合实力较强的企业更容易实现发展，信用水平提升幅度大；当行业风险很低（2 档）时，行业内 3C 矩阵所得的 BBB^-/BB^+ 级以上企业级别才会进行调升，反映出当行业风险较低时，只有自身综合实力达到一定的等级以上的企业才能更好地实现发展，增强其信用水平；当行业风险中等（3

档）时，行业内所有企业级别均不调整；当行业风险较高（4~6 档）时，下调行业内企业级别，特别是高级别企业下调幅度较大，目的为控制级别上限，且使得级别中枢下移，反映出当行业风险较高时，行业内整体企业抵抗风险的能力均会下降，即使企业自身实力较强，当其所在行业风险高，其信用水平较行业风险低的相似排名企业也会有很大差异。

四、评级模型局限性

为了避免因评级模型完全贴近实际的评级作业而过于复杂，评级模型所列示的评级因素可能并未完全包括本评级方法所有重要考虑因素。实际评级作业中还会综合考虑其他因素。

预测未来存在不确定性，评级模型无法精准预测受评主体在未来某段时间的违约概率。

评级模型所使用的数据来源于受评主体和监管认定的专业机构所提供的信息，因此其真实性、完整性和可靠性将影响评级模型结果。

评级模型中评级因子的权重仅为建议权重，实际评级作业中可能存在因子权重与评级模型建议的权重显著不同的情况，存在评级模型未列示因子被赋权的情况。例如，评级模型中包含定性因素，尽管分析人员在评级过程中会通过合理且严谨的机制并结合专家的长期经验进行定性因素的评估，但始终存在主观判断成分，因此在实际评级作业中可能会出现因子权重与评级模型建议的权重显著不同的情况。评级模型中所列示的评级因子权重代表了相对重要性，但在某些情境下，例如受评主体违约时，评级要素的重要性可能与评级模型中所列示的权重存在显著差异。

在某些情况下，建模样本和全市场样本可能存在一定偏差。联合将定期或不定期对行业样本进行回溯检查，必要时将对模型进行调整或优化。

联合重视评级模型在级别确定中的参考作用，但不会完全依赖评级模型结果确定受评对象的信用等级。在参考评级模型结果的基础上，联合还将考虑影响受评对象信用风险的其他因素，并依据信用评级委员会投票结果最终确定受评对象的信用等级。

第一章　一般工商行业信用评级模型

一、行业定义

联合根据国家统计局国民经济行业分类标准（GB/T4754—2017），结合国际行业分类标准（GICS）和实际信用评级中的需要，确定行业信用评级分类。本评级模型所指企业是根据联合行业分类，从事电子信息、消费品生产、机械制造和综合类业务的一般工商企业。

二、同业分析

联合对各家评级机构所使用的指标进行了归纳汇总，高频指标见表 4.1.1。

表 4.1.1　国内外评级机构高频指标对比——一般工商行业

非财务指标	财务指标	
市场规模	资产总额	利润总额
产业链完整度及研发实力	营业收入	营业利润率
市场地位	销售债权周转次数	现金收入比
经营效率	总资产报酬率	全部债务资本化比率
企业管理与治理	毛利率	现金类资产/短期债务
产品竞争力	应收账款周转率	EBITDA 利息倍数
	存货周转率	全部债务/EBITDA
—	资产负债率	所有者权益
	流动比率	经营活动现金流净额
	速动比率	—

注：高频指标指至少三家评级机构使用。

资料来源：各家评级机构官网，联合整理。

三、单变量分析

(一) 相关性分析

联合对 7 个非财务指标，46 个财务指标共 53 个指标与利差、信用等级之间进行相关性分析。结果显示，与利差或信用等级相关性显著的指标有 33个，见表 4.1.2。

表 4.1.2　与利差或信用等级显著相关指标

非财务指标	财务指标	
细分市场	资产总额	现金类资产短期债务比
业态多样化及产业链完整度	所有者权益	Cash/全部债务
法人治理	营业总收入	固定资产
管理水平	毛利率	CFO
	营业利润率	应收款项融资
	全部债务资本化比率	应收账款
	利润总额	应收票据
	EBIT	EBIT 利息倍数
	EBITDA	EBITDA 利息倍数
—	短期债务占比	调整后 EBITDA 利息倍数
	净债务/EBITDA	总资产周转率
	应收账款周转率	有形资产收益率
	流动资产周转率	期间费用率
	现金比率	EBITDA 全部债务比
	销售债权周转次数	—

(二) 频率分布分析

联合对 53 个指标均做了频率分布分析。指标频率分布图单调性明显，图形陡峭，指标与利差对应关系较为明显的见表 4.1.3。

表 4.1.3　频率分布分析对应关系较为明显的指标

非财务指标	财务指标
资产总额	利润总额
业态多样化及产业链完整度	毛利率
法人治理结构	全部债务资本化比率
管理水平	所有者权益
细分市场地位	现金类资产短期债务比
—	全部债务/EBITDA

四、一般工商行业模型指标清单

一般工商企业主体评级打分表见表 4.1.4、表 4.1.5、表 4.1.6。

表 4.1.4　一般工商企业主体评级打分表——经营能力评价

一级因子	二级因子	三级因子
经营能力	市场竞争力	营业总收入
		细分市场地位
		产业链完整度
	经营效率	销售债权周转次数

表 4.1.5　一般工商企业主体评级打分表——财务能力评价

一级因子	二级因子	三级因子
财务能力	资产质量和盈利能力	EBITDA
		调整后营业利润率
		总资产报酬率
	资本结构	所有者权益
		全部债务资本化比率
	偿债能力	现金类资产/短期债务
		经营现金流动负债比
		EBITDA 利息倍数
		EBITDA/全部债务

表 4.1.6　一般工商企业主体评级打分表——可持续发展能力评价

一级因子	二级因子	三级因子
可持续发展能力	发展韧性	技术装备、工艺技术水平
		供应链稳定性和可扩展性
		研发投入占比
	财务弹性	再融资能力
	ESG	环境责任
		社会责任
		公司治理

（一）经营能力

一般工商企业经营能力主要从市场竞争力和经营效率两方面评价。

1. 市场竞争力

一般工商企业的市场竞争力主要从经营规模、细分市场地位和产业链完整度三个方面评价。

经营规模为定量指标，主要通过营业总收入这一指标衡量一般工商企业的经营规模。一般而言，经营规模大的企业在成本控制、优质资源获取、议价能力、品牌知名度及资本实力等方面具备明显的竞争优势。营业总收入是企业的主要经营成果，是企业取得利润的重要保障。营业总收入越大，企业的规模效应越明显，抗风险能力越强。

细分市场地位为定性指标，细分市场地位突出的企业一般是行业的领军企业，不但对行业发展有着至关重要的作用，对产品价格也有较强的话语权。对一般工商企业细分市场地位的考察主要关注：企业的营业总收入、品牌知名度、销售区域、主要产品的产能、市场占有率、权威机构行业排名等。

产业链完整度是定性指标，主要考察产业链上下游延伸情况、生产要素自给状况、横向产业链地位等。产业链更完整的企业成本转嫁能力更强，拥有更好的抗风险能力。

2. 经营效率

一般工商企业的经营效率为定量指标，主要通过销售债权周转次数考察一般工商企业经营效率。

（二）财务能力

财务能力主要考量资产质量和盈利能力、资本结构和偿债能力三个方面。

1. 资产质量和盈利能力

资产质量和盈利能力因素主要从 EBITDA、调整后营业利润率和总资产报酬率三个方面评价。

EBITDA 是定量指标，是企业未计利息、税项、折旧及摊销前的利润，是衡量企业经营业绩的一项十分重要的经济指标。EBITDA 越大，企业的经营业绩越好。

调整后营业利润率是定量指标，反映企业管理者通过经营获取利润的能力。一般来说，该指标越高越好。

总资产报酬率是定量指标，反映企业运用全部资产的总体获利能力。

2. 资本结构

资本结构主要用所有者权益和全部债务资本化比率指标衡量。

所有者权益是定量指标，所有者权益反映所有者投入资本的保值增值情况，是企业债务的重要保障基础，所有者权益越高，对债务的保障程度越高。

全部债务资本化比率是定量指标，衡量企业的刚性债务水平，在一定范围内，全部债务资本化比越高，企业的有息债务负担越重。

3. 偿债能力

偿债能力主要用现金类资产/短期债务、经营现金流动负债比、EBITDA 利息倍数、EBITDA/全部债务指标衡量，均为定量指标。其中，现金类资产/短期债务、经营现金流动负债比主要用来衡量企业短期偿债能力；EBITDA 利息倍数、EBITDA/全部债务主要用来衡量企业长期偿债能力。

现金类资产/短期债务，主要衡量企业现金类资产对短期债务的保障程度。现金类资产/短期债务比值越高，企业的短期偿债能力越强。

经营现金流动负债比是从现金流量角度来反映企业当期偿付短期负债的能力。经营现金流动负债比越高，企业的短期偿债能力越强。

EBITDA 利息倍数反映企业以息税、折旧及摊销前利润对利息的保障程度。EBITDA 利息倍数越高，企业的长期偿债能力越强。

EBITDA/全部债务反映企业以息税、折旧及摊销前利润对有息债务的偿还能力。

（三）可持续发展能力

一般工商企业可持续发展能力主要考量发展韧性、财务弹性和 ESG 三个方面。

1. 发展韧性

发展韧性主要从技术装备、工艺技术水平，供应链稳定性和可扩展性，以及研发投入占比三个方面评价。

技术装备、工艺技术水平是定性指标。一般工商行业总体属于技术密集型行业，企业装备、工艺技术水平和研发实力的强弱直接关系到其产品创新、技术创新、工艺创新和管理创新等能力，在很大程度上可以综合反映出企业的市场适应能力、产品竞争能力、成本控制能力等，并最终会作用于企业的经营成果，影响企业自身的信用状况。技术水平越高，研发能力越强，企业未来的发展潜力越大，产品的市场竞争优势也越明显。

供应链稳定性和可扩展性是定性指标。一般工商企业的供应链韧性对其持续经营有着至关重要的作用，有韧性的供应链能够帮助企业迅速地对于外部冲击作出反应，避免企业连续经营的中断或大大缩短企业恢复连续经营的时间，尽可能地减少企业所受损失。在现有供应链受各类事件影响无法保障供应的情形下，企业能更快找到合格的替代供应商将提高企业抗风险能力。

研发投入占比是定量指标。不同企业由于经营策略的不同，研发投入各不相同，通常研发投入高的企业更有可能开发出附加值更高的产品，从而在未来为企业带来更丰厚的利润。

2. 财务弹性

财务弹性影响着企业应对财务危机的能力，反映企业适应经济环境变化的能力。保持适度财务弹性的企业具有有效的资金链管理和保护机制，在面对无法预见的紧急情况时，企业可以通过自身造血和外部再融资空间及时筹措和调度资金，保持企业内外部流动性，避免出现现金周转不畅、调度不灵的情形。一般主要通过企业的直接和间接融资能力和融资空间等指标来考察企业的财务弹性。

3. ESG

ESG 指标的评价包括环境责任、社会责任和公司治理三个方面。具体分析见总论。

第二章　煤炭行业信用评级模型

一、行业定义

根据国家统计局行业分类标准，煤炭开采和洗选业属于采矿业，指对各种煤炭的开采、洗选、分级等生产活动；不包括煤制品的生产和煤炭勘探活动。联合的煤炭行业指煤炭开采和洗选业，本信用评级方法适用于：煤炭业务收入占比不低于营业总收入60%；煤炭业务收益贡献及经营活动现金流入量不低于上述各项总额50%的受评主体。

二、同业分析

联合对各家评级机构所使用的指标进行了归纳汇总，得到高频指标具体见表4.2.1。

表 4.2.1　国内外评级机构高频指标对比——煤炭行业

非财务指标	财务指标
产量	EBITDA 利息倍数
可采储量	经营净现金流/流动负债
煤种煤质	资产负债率
多元化	流动比率
吨煤成本	全部债务资本化比率
管理水平	现金收入比
安全生产	营业利润率
可采年限	总资产报酬率
矿井数量	—

资料来源：各家评级机构官网，联合整理。

三、单变量分析

（一）相关性分析

联合对 5 个相关非财务指标，28 个相关财务指标共 33 个指标与利差之间进行相关性分析。结果显示，与利差相关性显著的指标有 13 个，见表 4.2.2。

表 4.2.2　与利差显著相关指标

非财务指标	财务指标
可采储量	营业利润率复合增长
煤炭产量	营业收入
	利润总额
	流动资产占比
	总资产周转次数
	资产总额
—	经营活动现金流入量
	经营活动现金流净额
	筹资活动前现金流净额
	所有者权益
	经营现金流动负债比

（二）频率分布分析

联合对 33 个指标均做了频率分布分析。指标频率分布图单调性明显，图形陡峭，指标与利差对应关系较为明显的见表 4.2.3。

表 4.2.3　频率分布分析对应关系较为明显的指标

非财务指标	财务指标
可采储量	营业收入
煤炭产量	利润总额

非财务指标	财务指标
	流动资产占比
	资产总额
	经营活动现金流入量
—	经营活动现金流净额
	所有者权益
	经营现金流动负债比

四、煤炭行业模型指标清单

煤炭企业主体评级打分表见表4.2.4、表4.2.5、表4.2.6。

表4.2.4 煤炭企业主体评级打分表——经营能力评价

一级因子	二级因子	三级因子
经营能力	市场竞争力	可采储量
		煤炭产量
		煤种煤质
		业务多元化
	经营效率	全员工效

表4.2.5 煤炭企业主体评级打分表——财务能力评价

一级因子	二级因子	三级因子
财务能力	资产质量和盈利能力	利润总额
		调整后营业利润率
		总资产报酬率
	资本结构	所有者权益
		全部债务资本化比率
	偿债能力	现金类资产/短期债务
		经营现金流动负债比
		EBITDA利息倍数
		EBITDA/全部债务

表 4.2.6　煤炭企业主体评级打分表——可持续发展能力评价

一级因子	二级因子	三级因子
可持续发展能力	发展韧性	未来获取资源的能力
		现有资源利用率
		非经营性负担水平
	财务弹性	再融资能力
	ESG	环境责任
		社会责任
		公司治理

（一）经营能力

煤炭企业经营能力主要从市场竞争力和经营效率两方面评价。

1. 市场竞争力

市场竞争力主要从可采储量、煤炭产量、煤种煤质和业务多元化方面评价。

可采储量为定量指标。煤炭行业作为资源型行业，可采储量多寡决定煤炭企业的核心竞争力。

煤炭产量为定量指标，反映企业的经营规模优势。煤炭企业的生产模式及产品同质性强，相较于其他行业，煤炭产量能够较好地反映煤炭企业的核心竞争力。第一，取得规模优势能降低生产成本并增强风险抵御能力，在宏观经济下行和行业周期性波动时，规模较大的煤炭企业具有能利用自身在资金储备、经营机制、获得政府支持的能力等方面的优势更好地抵御外部系统性风险的能力；第二，目前大型煤炭企业在国民经济及所处行业中占有突出地位，也是吸收就业的主要力量，有较强的社会影响力，受政府关注和支持的程度很高。

煤种煤质为定性指标，影响煤炭企业的产品溢价能力和销路好坏，是衡量企业所拥有资源禀赋优劣的重要指标之一。稀缺煤种主要指无烟煤和焦煤。煤质的优劣主要是基于不同煤种的灰分和硫分等指标来判定。拥有相对稀缺煤种和煤质较优的企业在激烈的竞争中相对优势，更能承受经济和行业周期低谷的压力。

业务多元化为定性指标，判断标准主要是企业非煤业务与煤炭主业的协同程度及盈利情况。联合认为，煤炭企业开展电力、煤化工、运输等多元化经营在一定程度上可缓和煤炭价格波动对企业收入的冲击，抵御煤炭单一行业的风险，同时利用协同效应能够更好地增加产品附加值，提高企业自身盈利能力。此外，对向煤化工产业进行延伸的煤炭企业，应关注煤化工业务与企业煤炭储量和煤种的匹配程度、采用的煤化工工艺路线的成熟程度等。煤化工所需原料煤自给程度高、匹配程度高和工艺路线成熟度高的企业，其产业链延伸的协同性更好，经营稳定性更高。

2. 经营效率

煤炭行业的经营效率指标，为定性指标，主要依据企业煤炭生产的全员工效（全员工效＝矿井产量/工作天数/原煤生产人数）指标进行评价。全员工效高的企业，煤炭产能利用率和生产效率高，进而企业的整体经营效率高。对于非煤业务占比较高的煤炭企业，还应结合非煤板块的经营效率来综合确定公司的经营效率水平。

（二）财务能力

财务能力主要考虑资产质量和盈利能力、资本结构和偿债能力三个方面。

1. 资产质量和盈利能力

资产质量和盈利能力在评级模型中主要采用利润总额、调整后营业利润率和总资产报酬率指标衡量。

利润总额是企业在一定时期内通过生产经营活动所实现的最终财务成果，是衡量企业经营业绩的一项十分重要的经济指标。利润总额越大，企业的经营业绩越好。

调整后营业利润率［调整后营业利润率＝（营业收入-营业成本-税金及附加-期间费用）/营业收入×100%］是衡量企业盈利能力和营业效率的指标。调整后营业利润率越高，企业的盈利能力越强，营业效率越高。煤炭企业受资源赋存、煤种煤质及洗选加工程度等因素影响，该指标差异较大。同时，需要重点关注煤炭企业在建工程转固时间、固定资产折旧政策变化和无形资产评估增值对该指标带来的波动。

总资产报酬率［总资产报酬率＝（利润总额+费用化利息支出）/总资产×100%］衡量企业总资产的收益水平。总资产报酬率越高，企业的资产盈利能力越强，盈利水平越高。

2. 资本结构

资本结构主要用所有者权益和全部债务资本化比率指标衡量。

所有者权益反映所有者投入资本的保值增值情况，是企业债务的重要保障。所有者权益越高，对债务的保障程度越高。

全部债务资本化比率［全部债务资本化比率＝全部债务/（全部债务+所有者权益）×100％］衡量企业的刚性债务水平。在一定范围内，全部债务资本化比率越高，企业的有息债务负担越重。

3. 偿债能力

偿债能力主要用现金类资产/短期债务、经营现金流动负债比、EBITDA利息倍数、EBITDA/全部债务指标来衡量。其中，现金类资产/短期债务、经营现金流动负债比主要用来衡量企业短期偿债能力；EBITDA 利息倍数、EBITDA/全部债务主要用来衡量企业长期偿债能力。

现金类资产/短期债务主要衡量企业现金类资产对短期债务的保障程度。现金类资产/短期债务比值越高，企业的短期偿债能力越强。

经营现金流动负债比（经营现金流动负债比＝经营活动现金流量净额/流动负债×100％）是从现金流量角度来反映企业当期偿付短期负债的能力。经营现金流动负债比越高，企业的短期偿债能力越强。

EBITDA 利息倍数（EBITDA 利息倍数＝EBITDA/利息支出）反映企业以息税、折旧及摊销前利润对利息的保障程度。EBITDA 利息倍数越高，企业的长期偿债能力越强。

EBITDA/全部债务反映企业以息税、折旧及摊销前利润对有息债务的偿还能力。EBITDA/全部债务越高，企业长期偿债能力越强。

（三）可持续发展能力

可持续发展能力主要考虑发展韧性、财务弹性和 ESG 三个方面。

1. 发展韧性

联合认为，煤炭企业发展韧性指标主要关注企业未来的资源获取能力、现有资源利用率以及非经营性负担水平。

未来的资源获取能力为定性指标，指企业未来获取煤炭资源的能力以及企业未来产能规模提升的条件，主要考虑企业未来通过并购以及资产划拨可能获取的新的煤矿资源的规模及可能性、未来 2~3 年可实现投产的在建项目情况等。未来资源获取能力强的企业，煤炭生产的资源接续越有保障，生产规模提升空间越大，发展韧性越强。

现有资源利用率为定性指标，主要从煤炭资源的回采率、煤炭开采的机械化及智能化水平等方面来评定。现有资源利用率水平高的企业在同样的煤炭资源赋存条件下，吨煤开采成本更低，能够获得更高的经济效益，同时矿并生命周期相对较长，企业的可持续发展能力更强。

非经营性负担水平为定性指标，主要考虑煤炭企业的人员负担情况，低效资产占比情况等。煤炭企业由于历史原因，往往社会性负担较重，虽近年来，煤炭企业一直致力于剥离其社会职能，但仍有较大一部分煤炭企业存在人员冗余、低效资产对利润形成侵蚀等问题。煤炭行业供给侧结构性改革之后，煤炭价格回归合理水平，煤炭生产业务盈利水平普遍较高，但部分企业盈利较差的原因往往包括人员负担较重、存在较多盈利水平差的低效资产等。冗余人员越少，低效资产占比越低，企业的成本控制能力越强，有利于提升企业抵御周期性波动的能力，发展韧性越强。

2. 财务弹性

财务弹性指标通过企业的再融资能力来反映，企业的再融资能力主要关注公司的股东背景、债务负担、煤炭资源储备以及资产受限情况、授信额度使用情况、融资渠道是否畅通、融资渠道的多元化情况、融资成本与同行业相比处于何种水平。

3. ESG

ESG 指标的评价包括环境责任、社会责任和公司治理三个方面。具体分析见总论。

第三章　医药制造行业信用评级模型

一、行业定义

根据国家统计局行业分类标准，医药制造行业包含化学药品原料制造，化学药品制剂制造，中药饮片加工，中成药制造，兽用药品制造，生物、生化制品制造以及卫生材料及医药用品制造。联合按照国家统计局行业分类标准，结合实际信用评级作业需要，确定行业信用评级分类，本模型适用于医药制造企业，但对于一些特殊的医药制造企业，需要依据受评对象的特性采取有针对性的分析，本模型所提及的评级要素可能并非完全适用。

二、同业分析

联合对各家评级机构所使用的指标进行了汇总和归纳，高频指标见表 4.3.1。

表 4.3.1　国内外评级机构高频指标对比——医药制造行业

非财务指标	财务指标
市场地位	营业收入
产品多元化	现金收入比
产品竞争力	总资产报酬率
研发实力	全部债务资本化比率
营销能力	资产负债率
—	经营现金净流量/流动负债
	现金类资产/短期债务
	EBITDA 利息倍数
	全部债务/EBITDA

资料来源：各家评级机构官网，联合整理。

三、单变量分析

（一）相关性分析

联合对 31 个财务指标与利差进行相关性检验，结果显示，与利差具有显著相关性的指标有 9 个，见表 4.3.2。

表 4.3.2　与利差显著相关指标

指标名称
所有者权益
利润总额
总资产报酬率
应收账款周转率
总资产周转率
全部债务资本化比率
现金类资产/短期债务
EBITDA 利息倍数
EBITDA/全部债务

（二）频率分布分析

联合对 31 个财务指标开展频率分布分析，频率分布图单调性好，与利差具有显著关系的指标见表 4.3.3。

表 4.3.3　频率分布分析对应关系较为明显的指标

指标名称
所有者权益
利润总额
调整营业利润率
总资产报酬率
全部债务资本化比率
现金类资产/短期债务
EBITDA 利息倍数
经营现金流净额/全部债务
留存现金流（RCF）/全部债务
EBITDA/全部债务

四、医药制造行业模型指标清单

医药制造行业评级打分表见表 4.3.4、表 4.3.5、表 4.3.6。

表 4.3.4　医药制造企业主体评级打分表——经营能力评价

一级因子	二级因子	三级因子
经营能力	市场竞争力	营业收入
		产品多元化
		核心产品竞争力
	经营效率	应收账款周转率

表 4.3.5　医药制造企业主体评级打分表——财务能力评价

一级因子	二级因子	三级因子
财务能力	资产质量和盈利能力	利润总额
		调整后营业利润率
		总资产报酬率
	资本结构	所有者权益
		全部债务资本化比率
	偿债能力	现金类资产/短期债务
		经营现金流净额（CFO）/全部债务
		EBITDA 利息倍数
		EBITDA/全部债务

表 4.3.6　医药制造企业主体评级打分表——可持续发展能力评价

一级因子	二级因子	三级因子
可持续发展能力	发展韧性	研发支出/医药制造业务收入
		管线产品质量
	财务弹性	再融资能力
	ESG	环境责任
		社会责任
		公司治理

（一）经营能力

医药制造企业经营能力主要从市场竞争力和经营效率两个方面评价。

1. 市场竞争力

市场竞争力主要从经营规模、产品结构和核心产品竞争力三方面评价。

经营规模为定量指标，能够在很大程度上反映医药制造企业的产品销量、市场份额和知名度，主要通过营业收入这一指标衡量医药制造企业的经营规模。

产品结构为定性指标，多样化的产品种类以及良好的产品梯次结构是保证医药制造企业持续经营和稳定盈利的基础，主要通过单一产品占医药制造业务收入的比重来衡量医药制造企业的产品结构。

核心产品竞争力为定性指标，医药制造行业涉及的细分行业和细分领域众多，受市场规模、市场竞争程度、行业壁垒等因素的影响，细分子行业和细分领域的竞争能力差别较为明显。对核心产品竞争力的考察，主要关注核心产品在细分市场领域的市场占有率水平，市场占有率水平越高，其产品竞争力越强。

2. 经营效率

医药制造行业的经营效率指标为定量指标。医药制造企业对下游终端尤其是医院相对弱势，销售货款普遍存在一定的回款账期，应收账款会对医药制造企业的运营资金形成一定占用，进而影响企业整体经营效率。因此，主要通过应收账款周转率考察医药制造企业经营效率。

（二）财务能力

财务能力主要考察资产质量和盈利能力、资本结构和偿债能力三个方面。

1. 资产质量和盈利能力

资产质量和盈利能力在评级模型中主要采用利润总额、调整后营业利润率和总资产报酬率指标衡量。

利润总额是企业在一定时期内通过生产经营活动所实现的最终财务成果，是衡量企业经营业绩的一项十分重要的指标。利润总额越大，企业的经营业绩越好。

调整后营业利润率是衡量企业盈利能力和营业效率的指标。调整后营业利润率越高，企业的盈利能力越强，营业效率越高。

总资产报酬率衡量企业总资产的收益水平。总资产报酬率越高，企业的资产盈利能力越强，盈利水平越高。

2. 资本结构

资本结构主要用所有者权益和全部债务资本化比率指标衡量。

所有者权益反映所有者投入资本的保值增值情况，是企业债务的重要保障基础。所有者权益越高，对债务的保障程度越高。

全部债务资本化比率衡量企业的刚性债务水平。在一定范围内，全部债务资本化比率越高，企业的有息债务负担越重。

3. 偿债能力

偿债能力主要用现金类资产/短期债务、经营现金流净额（CFO）/全部债务、EBITDA 利息倍数和 EBITDA/全部债务指标来衡量。其中，现金类资产/短期债务主要用来衡量企业短期偿债能力；经营现金流净额（CFO）/全部债务、EBITDA 利息倍数、EBITDA/全部债务主要用来衡量企业长期偿债能力。

现金类资产/短期债务主要衡量企业现金类资产对短期债务的保障程度。现金类资产/短期债务比值越高，企业的短期偿债能力越强。

经营现金流净额（CFO）/全部债务是从现金流量角度来反映企业偿付债务的能力。经营现金流净额（CFO）/全部债务越高，企业的偿债能力越强。

EBITDA 利息倍数反映企业以息税、折旧及摊销前利润对利息的保障程度。EBITDA 利息倍数越高，企业的长期偿债能力越强。

EBITDA/全部债务反映企业以息税、折旧及摊销前利润对有息债务的偿还能力。EBITDA/全部债务越高，企业长期偿债能力越强。

（三）可持续发展能力

可持续发展能力主要考虑发展韧性、财务弹性和 ESG 三个方面。

1. 发展韧性

联合认为，医药制造企业发展韧性主要关注研发能力和管线产品质量。

研发能力为定性指标，医药制造行业属于技术密集型行业，企业技术水平和研发实力的强弱直接关系到其产品创新、技术创新、工艺创新和管理创新等能力，在很大程度上可以综合反映出企业的市场适应能力、产品竞争能力和成本控制能力等，并最终作用于企业的经营成果，影响企业自身的信用状况。技术水平越高，研发能力越强，企业未来的发展潜力越大，产品的市场竞争优势也越明显。联合通过"研发支出/医药制造业务收入"这一指标考察医药制造企业的研发能力。

管线产品质量为定性指标，医药制造企业需要有充足且梯次合理的后续产品支持，以保证在核心产品进入生命周期的衰退期时，或因政策影响销售面临较大滑坡后，拥有其他重点产品补充。联合通过对医药制造企业研发方向、在研项目储备、同类药品申报审批数量以及项目研发进展情况、新药研发进度与现有药品生命周期匹配程度、专利数量及质量等指标考察企业的管线产品质量。

2. 财务弹性

财务弹性影响着企业应对财务危机的能力，反映企业适应经济环境变化的能力。保持适度财务弹性的企业具有有效的资金链管理和保护机制，在面对无法预见的紧急情况时，企业可以通过自身造血和外部再融资空间及时筹措和调度资金，保持企业内外部流动性，避免出现现金周转不畅、调度不灵的情形。联合主要通过企业的直接融资和间接融资能力，以及融资空间等指标来考察企业的财务弹性。

3. ESG

ESG 指标的评价包括环境责任、社会责任和公司治理三个方面。具体分析见总论。

第四章　汽车制造行业信用评级模型

一、行业定义

根据国家统计局国民经济行业分类标准，汽车制造行业包含汽柴油车整车制造和新能源车整车制造两个小类。联合汽车制造企业评级方法和模型适用于以制造、销售汽柴油车和新能源车为主营业务的企业，界定标准为营业收入或利润总额 50% 以上来自汽车制造业务的企业。对于一些特殊的汽车制造企业，需要依据受评对象的特性采取有针对性的分析，本方法和模型所提及的评级要素可能并非完全适用。

二、同业分析

联合对各家评级机构所使用的指标进行了汇总和归纳，高频指标见表 4.4.1。

表 4.4.1　国内外评级机构高频指标对比——汽车制造行业

非财务指标	财务指标
市场地位	总资产报酬率
总销量	全部债务资本化比率
产品组合及竞争力	资产负债率
研发实力	经营现金净流量/流动负债
	现金类资产/短期债务
—	EBITDA 利息倍数
	全部债务/EBITDA

资料来源：各家评级机构官网，联合整理。

三、单变量分析

(一) 相关性分析

联合对 20 个指标与利差进行相关性检验，结果显示，与利差具有显著相关性的指标有 8 个，见表 4.4.2。

表 4.4.2　与利差显著相关指标

非财务指标	财务指标
年度权益总销量	资产总额
	总资产周转次数
	利润总额
	所有者权益
—	全部债务资本化比率
	资产负债率
	全部债务/EBITDA

(二) 频率分布分析

联合对 20 个指标开展频率分布分析，频率分布图单调性好，指标与利差对应关系较为明显的指标见表 4.4.3。

表 4.4.3　频率分布分析对应关系较为明显的指标

非财务指标	财务指标
年度权益总销量	研发费用/营业收入
	资产总额
	利润总额
	所有者权益
	全部债务资本化比率
	资产负债率
—	(经营现金流净额+投资收益收现) /短期债务
	现金类资产/短期债务
	EBITDA 利息倍数
	营运现金流/利息支出
	全部债务/EBITDA

四、汽车制造行业模型指标清单

汽车制造行业评级打分表见表 4.4.4、表 4.4.5、表 4.4.6。

表 4.4.4　汽车制造企业主体评级打分表——经营能力评价

一级因子	二级因子	三级因子
经营能力	市场竞争力	细分市场占有率
		产品线布局
		供应链保障能力
		核心车型/业务竞争力
	经营效率	总资产周转次数

表 4.4.5　汽车制造企业主体评级打分表——财务能力评价

一级因子	二级因子	三级因子
财务能力	资产质量和盈利能力	利润总额
		调整后营业利润率
		总资产报酬率
	资本结构	所有者权益
		全部债务资本化比率
	偿债能力	现金类资产/短期债务
		（经营现金流量净额+投资收益收现）/短期债务
		EBITDA 利息倍数
		EBITDA/全部债务

表 4.4.6　汽车制造企业主体评级打分表——可持续发展能力评价

一级因子	二级因子	三级因子
可持续发展能力	发展韧性	研发支出/营业收入
		产品迭代能力
	财务弹性	再融资能力
	ESG	环境责任
		社会责任
		公司治理

（一）经营能力

汽车制造企业经营能力主要从市场竞争力和经营效率两个方面评价。

1. 市场竞争力

市场竞争力主要从细分市场占有率、产品线布局、供应链保障能力、核心车型/业务竞争力四个方面进行评价。

企业产品的市场占有率是评价企业经营规模和市场地位的核心要素之一，市场占有率高、销量排名靠前的头部企业具备更优的规模效益、品牌议价能力和市场认可度，能够更好地抵御行业景气度的波动。考虑到细分领域的市场规模差异大以及乘用车市场存在不纳入合并范围的合资品牌和参股品牌（股比较低或仅财务投资暂不纳入考量），选取权益销量在细分市场的占有率作为衡量指标，细分市场主要从乘用车、非客车商用车、客车三个维度进行评价。近年来，随着乘用车市场增速下降乃至转负，除头部企业集团（业务覆盖乘/商用车双领域）地位较稳健外，市场中其他规模以上企业销量呈现出一定差异化走势，企业销量增长显著超越/落后于行业平均水平（即市场占有率的增减）代表了考察期内的市场竞争力跃迁/下滑。相比乘用车市场，商用车市场的区域竞争格局相对稳定、区域壁垒相对高，其中：卡车（尤其重卡）市场需求受地产、基建的投资拉动而具有周期性，市场格局方面呈现出全国性品牌和区域性品牌共存的态势，竞争格局相对稳定；客车市场受制于公交淘汰速度、高铁及飞机分流客源、个体商户对价格敏感等因素而存在波动，但由于存在一定规模的公交采购以及部分消费群体对价格敏感，除新能源客车市场存在新进入者，传统领域的竞争格局相对稳定。

产品线布局是评价汽车制造企业产品丰富程度、经营风险分散程度的重点衡量指标，主要考察企业产品对各级细分市场的渗透程度。商用车行业对地产、基建等投资因素较为敏感，乘用车行业对消费环境、信贷政策及区域消费偏好较为敏感，两大类影响因素并不完全重合，若企业产品线布局覆盖乘/商用车，则既能享受投资红利，又能享受消费红利，抗周期波动的能力更强。下沉到细分行业，若企业产品线布局覆盖燃油汽车和新能源汽车、轿车和SUV，则既能享受基数庞大的燃油汽车消费需求，又能享受财政补贴、双积分政策带来的政策红利；若企业产品线布局覆盖各型卡车/客车，则更能平缓单一产品所在细分行业出现回调带来的业绩波动，更能有效分散经营风险。

汽车制造产业链条较长，上游主要为大宗原材料（钢铁、铝型材、铜等）、核心动力系统（发动机、电池、电机等）以及变速箱、底盘、车身、内饰等非动力零部件。企业重点零部件的产业链条越纵向延伸，生产体系对外部供应依赖度越低；对动力系统、汽车电子系统及其他零部件的集成能力越强，对产业链标准的话语权越强。对于大宗物料，企业集采力度越大，越可能在供应商处获得供应保障和议价权。

汽车制造企业核心产品的市场表现是衡量企业搭建竞争壁垒高度的重要衡量指标。当企业通过一类或多类明星产品确立自身地位，获取较高利润，同时通过其他业务辅助主业或补缺主业未覆盖到的市场需求，则其产品序列层次更分明，搭建的竞争壁垒更持久，获得的消费认可度更高。由于细分行业特征存在差异，对乘用车和商用车企业的重点衡量指标有所不同。此外，若企业为多元化企业，非整车业务的收入规模庞大且处于上升势头，且该业务贡献相当比例的净利润，可基于对核心产品（或产业）的评级结果进行适当幅度的上浮。

2. 经营效率

汽车制造企业凭借资金、规模优势以及产业链复杂度而在上下游具有话语权，但不同企业间尚存在明显差异，且会根据行业景气度变化调整账期、结算方式、合作模式等，以维护合作伙伴的良性运转。联合主要通过总资产周转次数来综合考量汽车制造企业经营效率。

（二）财务能力

财务能力主要考察资产质量和盈利能力、资本结构和偿债能力三个方面。

1. 资产质量和盈利能力

资产质量和盈利能力在评级模型中主要采用利润总额、调整后营业利润率和总资产报酬率指标衡量。

利润总额是企业在一定时期内通过生产经营活动所实现的最终财务成果，是衡量企业经营业绩的一项十分重要的指标。利润总额越大，企业的经营业绩越好。

调整后营业利润率是衡量企业盈利能力和营业效率的指标。调整后营业利润率越高，企业的盈利能力越强，营业效率越高。

总资产报酬率衡量企业总资产的收益水平。总资产报酬率越高，企业的资产盈利能力越强，盈利水平越高。

2. 资本结构

资本结构主要用所有者权益和全部债务资本化比率指标衡量。

所有者权益反映所有者投入资本的保值增值情况，是企业债务的重要保障。所有者权益越高，对债务的保障程度越高。

全部债务资本化比率衡量企业的刚性债务水平。在一定范围内，全部债务资本化比率越高，企业的有息债务负担越重。

3. 偿债能力

偿债能力主要用现金类资产/短期债务、（经营现金流量净额+投资收益收现）/短期债务、EBITDA 利息倍数和 EBITDA/全部债务指标来衡量。其中，现金类资产/短期债务和（经营现金流量净额+投资收益收现）/短期债务主要用来衡量企业短期偿债能力；EBITDA 利息倍数和 EBITDA/全部债务主要用来衡量企业长期偿债能力。

现金类资产/短期债务主要衡量企业现金类资产对短期债务的保障程度。现金类资产/短期债务比值越高，企业的短期偿债能力越强。

（经营现金流量净额+投资收益收现）/短期债务是从现金流量角度来反映企业偿付短期债务的能力。（经营现金流量净额+投资收益收现）/短期债务越高，企业的短期偿债能力越强。

EBITDA 利息倍数反映企业以息税、折旧及摊销前利润对利息的保障程度。EBITDA 利息倍数越高，企业的长期偿债能力越强。

EBITDA/全部债务反映企业以息税、折旧及摊销前利润对有息债务的偿还能力。EBITDA/全部债务越高，企业长期偿债能力越强。

（三）可持续发展能力

可持续发展能力主要考虑发展韧性、财务弹性和 ESG 三个方面。

1. 发展韧性

联合认为，对汽车制造企业发展韧性的评估主要包括研发能力和产品迭代能力两方面。

汽车制造行业属于技术密集型行业，企业研发能力可以综合反映自身市场适应力、产品竞争力和成本控制力等，并最终作用于企业的经营成果及发展潜力。在当前市场增速波动、各厂商产品推陈出新、新能源市场迅速培育、环保监管趋严等多重压力凸显的大环境下，研发能力是受评企业保持产品竞争力的核心驱动因素。企业研发投入力度越大，自主研发能力越强，专利及车型储备越充足，则研发能力越强。联合通过"研发支出/营业收入"这一指标考察汽车制造企业的研发能力。

企业产品迭代能力是对企业研发资源获取能力、科研成果转化效率、产业链纵向整合能力、精准市场推广、产品更新节奏把控等诸多能力的综合考验，主要考察如下方面：获取资源能力，内部资源主要包括研究院或者专设研究部门及团队，外部资源包括院校合作、企业合作、行业会议、直接购买专利等；研发成果转化及量产能力，需要企业能够调动上下游资源共同参与研发和测试，也对上游汽配合作伙伴的协同研发、量产能力提出了考验；研发导入周期和产品生命周期是否匹配。近年来，在市场竞争转向存量竞争、新能源汽车市场不断培育、消费需求不断升级的情况下，对于乘用车企业，新车型的精准投放、传统车型的稳步更新、更低的能耗配合更优秀的驾驶体验均有助于带来稳步提升的市场需求和品牌黏性；对于商用车企业，更低的能耗和维护成本、更稳定的性能和续航、更经济的价格有助于带来可持续的商业订单和品牌黏性。

2. 财务弹性

财务弹性影响着企业应对财务危机的能力，反映企业适应经济环境变化的能力。保持适度财务弹性的企业具有有效的资金链管理和保护机制，在面对无法预见的紧急情况时，企业可以通过自身造血和外部再融资空间及时筹措和调度资金，保持企业内外部流动性，避免出现现金周转不畅、调度不灵的情形。联合主要通过企业的直接融资和间接融资能力，以及融资空间等指标来考察企业的财务弹性。

3. ESG

ESG 指标的评价包括环境责任、社会责任和公司治理三个方面。具体分析见总论。

第五章 多元控股行业信用评级模型

一、行业定义

联合的多元控股企业属于典型的投资控股型企业，主要是指经营业务呈现明显多元化、行业归属不明显、经营风险不依赖于单一板块的一般工商企业。本信用评级方法适用于：单一业务板块营业收入或营业利润的比重不超过30%；行业归属不明显的受评主体。联合按照职能界定以及市场化程度的不同，将多元控股企业进一步分为地方政府产业投资平台企业和一般多元化企业。

二、单变量分析

(一) 相关性分析

联合对8个备选的非财务指标，68个备选的财务指标共76个指标与利差之间进行相关性分析。结果显示，与利差相关性显著的指标有18个，见表4.5.1。

表 4.5.1　与利差显著相关指标

非财务指标	财务指标
区域实力	资产总额
控股产业细分市场地位	固定资产
区域重要性	所有者权益
—	营业收入
	利润总额
	EBITDA
	EBIT
	经营活动产生的现金流量净额

续表

非财务指标	财务指标
	现金及现金等价物净增加额
	母公司资产负债率
	短期债务占比
—	筹资活动前净现金流/全部债务
	经营现金流动负债比率
	现金收入比
	本部收益可持续性

（二）频率分布分析

联合对各指标做了频率分布分析。其中，频率分布图单调性明显，图形陡峭，指标与利差单调关系较为明显的见表 4.5.2。

表 4.5.2　频率分布分析对应关系较为明显的指标

非财务指标	财务指标
区域实力	资产总额
控股产业细分市场地位	所有者权益
区域重要性	利润总额
	EBITDA
	EBIT
—	现金及现金等价物净增加额
	母公司资产负债率
	现金收入比
	本部收益可持续性

三、多元控股行业模型指标清单

多元控股企业主体评级打分表见表 4.5.3、表 4.5.4、表 4.5.5。

表 4.5.3　多元控股企业主体评级打分表——经营能力评价

一级因子	二级因子	三级因子
经营能力	区域环境	区域实力
	市场竞争力	区域重要性
		控股产业细分市场地位
		资产总额
	经营效率	总资产周转次数

表 4.5.4　多元控股企业主体评级打分表——财务能力评价

一级因子	二级因子	三级因子
财务能力	资产质量和盈利能力	利润总额
		净资产收益率
		总资产报酬率
	资本结构	所有者权益
		全部债务资本化比率
	偿债能力	现金类资产/短期债务
		现金及现金等价物净增加额
		EBITDA 利息倍数
		EBITDA/全部债务

表 4.5.5　多元控股企业主体评级打分表——可持续发展能力评价

一级因子	二级因子	三级因子
可持续发展能力	发展韧性	控股产业多样性及协同效应
		本部收益可持续性
	财务弹性	再融资能力
	ESG	环境责任
		社会责任
		公司治理

（一）经营能力

多元控股企业经营能力主要从区域环境、市场竞争力和经营效率三个方面评价。一个企业在这三个方面的优势和劣势决定了它在市场上的核心竞争优势、内部资源统筹能力与管理效率、竞争能力以及该企业收入和利润的可持续性或脆弱性。

1. 区域环境

区域环境主要通过区域实力来分析。区域实力为定性指标，是衡量企业外部运营环境的重要指标，主要从区域经济实力、地方财政实力、地方政府债务三个方面考察。第一，多元控股企业中的地方政府产业投资平台企业通常建立在当地政府划拨的经营性资产之上，承担引导当地重点产业投资发展、政府指定项目投融资、国企混改以及国有资产保值增值等职能，因此区域实力是地方政府产业投资平台企业发展的资源基础，所处区域实力越强的地方政府产业投资平台企业，其面临的营商环境、产业配套、市场空间及后续可能获得的资源质量越好。第二，对于非地方政府产业投资平台的一般多元化企业，地（区）域的区位特征、核心资源与主导产业以及地（区）域经济、社会环境对企业的影响也较为明显。地处经济发达、产业结构多元的城市群能获得更高的消费潜力、产业容纳度、协同发展空间和充沛的外部资源和人才储备，有助于企业抗风险能力的提升或在经历产业低谷后快速恢复。区域经济实力和财政实力越强，企业越能够获得资金、政策、市场以及其他自身发展所需的资源要素，区域内人群的消费实力也更强；政府债务负担越轻，地区风险越低，企业与企业间的营商环境和融资环境越稳定有序，相关鼓励政策的可持续性越强。

2. 市场竞争力

市场竞争力主要从区域重要性、控股产业细分市场地位和资产总额方面评价。

区域重要性为定性指标，衡量企业在所属区域的重要性，反映企业与所属地方政府联系的紧密程度以及可能获得的资金与资源倾斜，对于地方政府产业投资平台企业尤为重要。区域重要性越高的企业，作为政府施行产业引导政策的主体可行性越大，相应获得的资源倾斜越多，包括股权、土地、政策、资金、补贴等支持，企业抗风险能力更强。

控股产业细分市场地位为定性指标，衡量企业的市场地位、所属行业在经济中的地位以及行业竞争性，是企业竞争实力的重要表现。多元控股企业在所控股的产业的细分市场地位越高，企业在议价能力、产业资源导入、抵御行业周期波动方面的优势越显著，甚至能够在行业低谷时期实现反向扩张，有力支撑企业信用水平。同时，企业所属行业在经济中的地位、行业竞争特性也会对企业经营和信用产生影响。企业所属行业若为政策鼓励发展的产业或对地方经济影响显著的产业，企业的该项业务有望获得更多的外部支持和资源导入；若企业的业务或投资涉足高准入门槛领域或公益性、半公益性领域（多见于地方产业投资平台），可视为业务稳定性强、现金流可持续的征兆，或者可能附加政府补贴或其他优惠条件，均为企业的竞争优势，能对企业的信用水平形成支撑。

资产总额为定量指标，衡量企业规模和抗风险能力。虽然企业规模并不等同于企业的信用质量，但企业的规模在一定程度上反映了企业的风险抵御能力，取得规模优势的企业在生产效率、上下游议价能力、优质资源获取、市场认可度及品牌价值、资金实力等方面具备明显竞争优势，在穿越周期、抵御外部不利因素方面的能力更强。

3. 经营效率

多元控股型企业的经营效率指标为总资产周转次数，为定量指标。多元控股企业的经营效率分析主要包括两个方面：一是企业通过提高运营效率，以最低的成本实现收入和利润最大化；二是企业通过成本结构抵御周期性因素带来的波动，获取比同行更好的超额收益。

（二）财务能力

财务能力主要考虑资产质量和盈利能力、资本结构和偿债能力三个方面。

1. 资产质量和盈利能力

资产质量和盈利能力在评级模型中主要采用利润总额、净资产收益率和总资产报酬率共3个指标来衡量。

利润总额是企业在一定时期内通过生产经营活动所实现的最终财务成果，是衡量企业经营业绩的一项十分重要的指标。利润总额越大，企业的经营业绩越好。

净资产收益率（净资产收益率＝净利润/所有者权益×100%）是衡量企业盈利能力和营业效率的指标。受控股行业不同等因素影响，该指标在多元控股企业间差异可能较大。

总资产报酬率［总资产报酬率＝（利润总额＋费用化利息支出）/总资产×100%］衡量企业总资产的收益水平。总资产报酬率越高代表企业的资产盈利能力越强，盈利水平越高。

2. 资本结构

资本结构主要用所有者权益和全部债务资本化比率两个指标来衡量。

所有者权益反映所有者投入资本的保值增值情况，是企业债务的重要保障基础。所有者权益越高，对债务的保障程度越高。

全部债务资本化比率衡量企业的刚性债务水平。在一定范围内，全部债务资本化比率越高，企业的有息债务负担越重。

3. 偿债能力

偿债能力主要用现金类资产/短期债务、现金及现金等价物净增加额、EBITDA 利息倍数和 EBITDA/全部债务共四个指标来衡量。其中，现金类资产/短期债务和现金及现金等价物净增加额主要用来衡量企业短期偿债能力；EBITDA 利息倍数和 EBITDA/全部债务主要用来衡量企业长期偿债能力。

现金类资产/短期债务主要衡量企业现金类资产对短期债务的保障程度。现金类资产/短期债务比值越高，企业的短期偿债能力越强。

现金及现金等价物净增加额是从现金流量角度来反映企业当期偿付短期负债的能力，考察企业在一定周期内维持资金平衡的能力。现金及现金等价物净增加额越高，企业的短期偿债能力越强。该指标可以识别由于经营、投资和筹资中任何一项活动的过大缺口导致对企业资金形成消耗的情况；在周期顶部，避免出现筹资活动无法支持经营和投资的拓展，在周期底部，避免出现信用收缩情况下，经营和投资无法补齐偿债所需资金。

EBITDA 利息倍数反映企业以息税、折旧及摊销前利润对利息的保障程度。EBITDA 利息倍数越高，企业的长期偿债能力越强。

EBITDA/全部债务反映企业以息税、折旧及摊销前利润对有息债务的偿还能力。EBITDA/全部债务越高，企业长期偿债能力越强。

（三）可持续发展能力

可持续发展能力主要考虑发展韧性、财务弹性和 ESG 三个方面。

1. 发展韧性

发展韧性是指企业面对各种风险和变故的自我应对和适应能力，是企业可持续发展的保障。多元控股企业属于投资控股型企业，本部一般无具体业务或业务规模小，主要经营实体为下属子公司。多元控股企业发展韧性指标主要关注控股产业的多样性及协同效应和本部收益的可持续性。

控股产业的多样性及协同效应为定性指标，衡量企业抵抗单一产业波动的能力。业务多元化有助于平抑单一产业的波动性风险对企业经营造成的影响，协同效应体现为公司内部各业务板块的资源共享的能力，包括资金和资源两方面的协同，企业不同板块间的资源共享有利于降低成本、效率和经营成果的提升。多元控股企业可能凭借多元化经营及有效的资源配置，达到平滑周期、分散风险、协同互补的目标，实现多元化溢价，企业所涉及产业链条越多，企业抗周期性能力越强，发展韧性越强；然而，业务板块的分散也意味着资源的分散，企业也可能因为资源错配而导致多元化折价，需要关注产业链条过多对企业的内耗。

本部收益可持续性为定性指标，综合衡量多元控股企业本部获得的投资收益的规模和稳定性。地方政府产业投资平台企业的成立背景主要是基于国企改革改制、重组合并、国企混改及区域产业投资等原因，其资产主要由无偿划拨而来，本部对下属子公司主要行使国有资产管理职能，经营管理、资金调配等方面干预程度低。本部获得的投资收益为多元控股企业本部实际可调配的重要偿债来源之一。本部获得的投资收益的规模越大、稳定性越高，本部的抵御风险的能力越强，发展韧性越强。

2. 财务弹性

财务弹性通过企业的再融资能力来反映。多元控股企业的再融资能力主要关注企业的融资环境是否恶化、外部融资渠道是否通畅（包括但不限于银行信贷、债券市场、股票质押等）、再融资空间（如银行剩余授信额度）、融资成本高低、债务结构合理性（包括债务集中度和期限匹配程度）。

3. ESG

ESG 指标的评价包括环境责任、社会责任和公司治理三个方面。具体分析见总论。

第六章　贸易行业信用评级模型

一、行业定义

根据国民经济行业分类（GB/T4754—2017），贸易行业属于批发和零售业中批发业的子行业，可分为国内贸易及国际贸易（又称对外贸易或进出口贸易，又可分为进口贸易、出口贸易和转口贸易）。联合贸易企业主体信用评级打分表适用于通过作为贸易中间商，依托业务资源、销售渠道赚取购销差价，同时在贸易活动中进行资源整合，提供信息服务、资金融通、供应链整合等服务的企业。

二、同业分析

联合对各家评级机构所使用的指标进行了归纳汇总，高频指标具体见表 4.6.1。

表 4.6.1　国内外评级机构高频指标对比——贸易行业

非财务指标	财务指标
市场地位	营业收入
产品多样性	资产总额
风险管理	资产负债率
—	EBITDA 利息倍数
	全部债务资本化比率

资料来源：各家评级机构官网，联合整理。

三、单变量分析

（一）相关性分析

联合对 9 个相关经营状况指标，63 个相关财务指标共 72 个指标与利差之间进行相关性分析。结果显示，与利差相关性显著的指标有 16 个，见表 4.6.2。

表 4.6.2　与利差显著相关指标

非财务指标	财务指标
业务结构	风险敞口
产品多样性	营业收入
上下游资源整合能力	资产总额
区域辐射能力	所有者权益
公司治理和管理水平	利润总额
—	EBIT-反推法
	EBITDA
	短期债务占比
	现金收入比
	现金类资产短期债务比
	剩余授信额度/授信总额度

（二）频率分布分析

联合对 72 个指标均做了频率分布分析。指标频率分布图单调性明显，图形陡峭，指标与利差对应关系较为明显的指标有 12 个，见表 4.6.3。

表 4.6.3　频率分布分析对应关系较为明显的指标

非财务指标	财务指标
营业收入	RCF/资本支出
资产减值损失/营业收入	EBITDA 利息倍数
风险敞口	固定资产
—	应收账款周转率
	流动资产周转率
	EBITDA 全部债务比
	剩余授信额度/授信总额度
	所有者权益
	现金类资产短期债务比

四、贸易行业模型指标清单

贸易企业主体评级打分表见表 4.6.4、表 4.6.5、表 4.6.6。

表 4.6.4　贸易企业主体评级打分表——经营能力评价

一级因子	二级因子	三级因子
经营能力	市场竞争力	区域辐射能力
		营业收入
		业务结构
		产品多样性
		风险敞口
		资产减值损失率
	经营效率	净营业周期

表 4.6.5　贸易企业主体评级打分表——财务能力评价

一级因子	二级因子	三级因子
财务能力	资产质量和盈利能力	EBITDA
		调整后营业利润率
	资本结构	所有者权益
		全部债务资本化比率
	偿债能力	现金短期债务比
		经营现金流动负债比
		EBITDA 利息倍数
		EBITDA/全部债务

表 4.6.6　贸易企业主体评级打分表——可持续发展能力评价

一级因子	二级因子	三级因子
可持续发展能力	发展韧性	上下游资源整合能力
		产业的完整性和风控能力的匹配
	财务弹性	再融资能力
	ESG	环境责任
		社会责任
		公司治理

（一）经营能力

贸易企业经营能力主要从市场竞争力和经营效率两个方面评价。

1. 市场竞争力

市场竞争力主要从区域辐射能力、营业收入、产品多样性、业务结构、风险敞口和资产减值损失率六方面评价。

区域辐射能力为定性指标，公司经营区域辐射广的企业，可有效抵抗单一区域政治、经济风险所带来的业务规模下滑风险。整体区域辐射能力强，业务稳定性强，抗风险能力强。

营业收入为定量指标，一般而言，贸易企业规模效应明显，经营规模大、市场地位高的贸易企业在成本控制、优质资源获取、议价能力、品牌知名度及资本实力等方面具备明显的竞争优势，抗风险能力相对较强。

产品多样性为定性指标，对于经营产品分散化程度高，不同经营产品间供需关系、景气度等方面相关程度低的贸易企业，可有效抵抗单一产品价格波动、景气度波动所带来的业务规模及盈利能力下滑。同时部分企业拥有一定渠道优势及供应能力，在部分产品景气度下降的情况下可通过选择替代产品保持经营规模和盈利情况的稳定性。同等规模下，收入对单一产品依赖度越低的贸易企业抗风险能力越强。

业务结构为定性指标。贸易企业普遍毛利率水平很低，依赖规模效益。随着大宗商品价格透明化，越来越多的企业利润主要来自为上下游客户提供报关、报检、物流、仓储、供应链金融等增值服务，通过收取服务费的形式进一步拓宽利润渠道。除此之外，部分企业通过布局若干个非贸易相关的产业领域，在增强盈利能力的同时能够有效分散贸易业务带来的风险。

风险敞口［风险敞口＝（应收账款+应收票据+存货+预付款项+其他应收款）/收入×100%］为定量指标。贸易企业的潜在资产减值损失通常来自应收类款项、预付类款项、存货等科目，因此风险敞口数值越大，表示公司面临的风险越大。

资产减值损失率（资产减值损失率＝资产减值损失/营业收入×100%）为定量指标。资产减值损失率越低，公司风险控制能力越强。

2. 经营效率

贸易行业的经营效率为定量指标，主要依据企业的净营业周期（净营业周期＝应收账款周转天数+存货周转天数-应付账款周转天数）指标进行评价。净营业周期天数越小，企业资金周转速度越快，完成一个业务循环时间越短，公司经营效率越好。

（二）财务能力

财务能力主要考虑资产质量和盈利能力、资本结构和偿债能力三个方面。

1. 资产质量和盈利能力

资产质量和盈利能力在评级模型中主要采用 EBITDA 和调整后营业利润率指标衡量。

EBITDA 是企业在一定时期内通过生产经营活动所实现的最终财务成果，是衡量企业经营业绩的一项十分重要的经济指标。EBITDA 越大，企业的经营业绩越好。

调整后营业利润率反映企业管理者通过经营获取利润的能力。一般来说，该指标越高越好。

2. 资本结构

资本结构主要用所有者权益和全部债务资本化比率指标衡量。

所有者权益是反映所有者投入资本的保值增值情况，是企业债务的重要保障基础，所有者权益越高，对债务的保障程度越高。

全部债务资本化比率是衡量企业刚性债务水平的指标，在一定范围内，全部债务资本化比率越高，企业的有息债务负担越重。

3. 偿债能力

偿债能力主要用现金短期债务比、经营现金流动负债比、EBITDA 利息倍数、EBITDA/全部债务比指标来衡量。其中，现金短期债务比、经营现金流动负债比主要用来衡量企业短期偿债能力；EBITDA 利息倍数、EBITDA/全部债务主要用来衡量企业长期偿债能力。

现金短期债务比主要衡量企业现金类资产对短期债务的保障程度。现金短期债务比比值越高，企业的短期偿债能力越强。

经营现金流动负债比是从现金流量角度来反映企业当期偿付短期负债的能力。经营现金流动负债比越高，企业的短期偿债能力越强。

EBITDA 利息倍数反映企业以息税、折旧及摊销前利润对利息的保障程度。EBITDA 利息倍数越高，企业的长期偿债能力越强。

EBITDA/全部债务反映企业以息税、折旧及摊销前利润对有息债务的偿还能力。EBITDA/全部债务越高，企业长期偿债能力越强。

（三）可持续发展能力

可持续发展能力主要考虑发展韧性、财务弹性和 ESG 三个方面。

1. 发展韧性

发展韧性主要从上下游资源整合能力、产业的完整性和风控能力的匹配两个方面评价。

上下游资源整合能力为定性指标。联合认为上游采购供应的稳定性和价格的合理性，下游客户质量与数量、销售渠道网络、销售集中度、与大客户长期合作情况，以及公司物流、仓储等配套设施建设情况，在很大程度上可以综合反映出企业的市场适应能力、综合服务能力、议价能力和成本控制能力等，并最终作用于企业的经营成果，影响企业自身的信用状况。上下游资源整合能力越高，企业未来的发展潜力越大，竞争优势也越明显。

产业的完整性和风控能力的匹配为定性指标。不同的贸易业务经营模式所带来的风险程度有所差异，总体可分为自营贸易和代理贸易两种模式。自营模式下，贸易商所承担的价格风险敞口最大，因此为控制价格风险、存货跌价风险、对手方信用风险，贸易商通常在采购、销售及仓储环节分别或同时采取相关操作转嫁/降低相关风险，并加快库存周转速度，提升经营效率。而代理贸易企业一般不承担销售风险，主要赚取服务费，但存在代理贸易企业对上下游资源不可控的情况，为有效控制货权风险和资金回收风险，部分企业采取保证金制度等。

2. 财务弹性

财务弹性影响着企业应对财务危机的能力，反映企业适应经济环境变化的能力。保持适度财务弹性的企业具有有效的资金链管理和保护机制，在面对无法预见的紧急情况时，企业可以通过自身造血和外部再融资空间及时筹措和调度资金，保持企业内外部流动性，避免出现现金周转不畅、调度不灵的情形。联合一般主要通过企业的直接融资和间接融资能力和融资空间等指标来考察企业的财务弹性。

3. ESG

ESG 指标的评价包括环境责任、社会责任和公司治理三个方面。具体分析见总论。

第七章　房地产开发经营行业信用评级模型

一、行业定义

　　房地产开发经营企业主要指进行房屋、基础设施建设等开发，以及转让房地产开发项目或者销售房屋等活动的企业。本信用评级方法和模型适用于房地产开发经营主业的营业收入占比不低于 50%（同时自持物业租赁业务收入在房地产开发经营主业中的占比不超过 50%），收益贡献及现金流流入规模不低于总额的 50%（同时自持物业租赁业务收益贡献及现金流流入规模在房地产开发经营主业中的占比不超过 50%）的房地产开发经营企业。以上述业务为主要收益来源的投资管理型企业及后续收益预计主要依赖上述业务的企业，一般也可参照本方法和模型进行信用质量评估。

二、同业分析

　　联合对各家评级机构所使用的指标进行了归纳汇总，高频指标见表 4.7.1。

表 4.7.1　国内外评级机构高频指标对比——房地产开发经营行业

非财务指标	财务指标
行业地位	营业收入
区域分布	总资产
土地储备	EBITDA 利息倍数
签约销售回款	净资产收益率
合同销售金额	全部债务资本化比率
—	存货周转率
	毛利率

资料来源：各家评级机构官网，联合整理。

三、单变量分析

（一）相关性分析

联合对 7 个相关经营状况指标，30 个相关财务指标共 37 个指标与利差和信用等级之间进行相关性分析。结果显示，与利差相关性显著的指标有 18 个，见表 4.7.2。

表 4.7.2　与利差显著相关指标

非财务指标	财务指标
行业地位	营业收入
区域分布	利润总额
土地获利能力	流动资产占比
法人治理结构	资产总额
管理水平	所有者权益
签约销售回款	全部债务资本化比率
—	资产负债率
	销售商品提供劳务收到的现金
	毛利率
	净负债率
	筹资前净现金流
	融资成本

结果显示，与信用等级相关性显著的指标有 18 个，见表 4.7.3。

表 4.7.3　与信用等级显著相关指标

非财务指标	财务指标
行业地位	营业收入
区域分布	利润总额
土地获利能力	净资产收益率
土地储备面积	资产总额
法人治理结构	所有者权益
管理水平	流动比率
签约销售回款	销售商品提供劳务收到的现金

非财务指标	财务指标
—	总资产报酬率
	筹资前净现金流
	营业利润率复合增长
	融资成本

(二) 频率分布分析

联合对 37 个指标均做了频率分布分析。指标频率分布图单调性明显，图形陡峭，指标与利差对应关系较为明显的指标有 7 个，见表 4.7.4。

表 4.7.4　频率分布分析对应关系较为明显的指标

非财务指标	财务指标
区域分布	利润总额
土地获利能力	所有者权益
法人治理结构	现金收入比
管理水平	—

四、房地产开发经营行业模型指标清单

房地产开发经营企业主体评级打分表见表 4.7.5、表 4.7.6、表 4.7.7。

表 4.7.5　房地产开发经营企业主体评级打分表——经营能力评价

一级因子	二级因子	三级因子
经营能力	市场竞争力	行业地位
		签约销售回款
		区域分布
		土地储备及获利能力
		商业地产
	经营效率	存货周转率

表 4.7.6　房地产开发经营企业主体评级打分表——财务能力评价

一级因子	二级因子	三级因子
财务能力	资产质量和盈利能力	销售毛利率
		总资产报酬率
	资本结构	所有者权益
		全部债务资本化比率
	偿债能力	现金短期债务比
		EBITDA 利息倍数
		EBITDA/全部债务

表 4.7.7　房地产开发经营企业主体评级打分表——可持续发展能力评价

一级因子	二级因子	三级因子
可持续发展能力	发展韧性	土地储备充足率
		持续获利能力
	财务弹性	核心可变现资产全部债务比
		持续融资能力
	ESG	环境责任
		社会责任
		公司治理

(一) 经营能力

房地产开发经营企业经营能力主要从市场竞争力和经营效率两个方面评价。

1. 市场竞争力

市场竞争力主要从行业地位、签约销售回款、区域分布、土地储备及获利能力和商业地产方面评价。

行业地位为定性指标，主要分析房地产开发经营企业的行业排名、所获荣誉、区域竞争实力等，是房地产开发经营企业综合实力的重要体现。行业地位较高的房地产开发经营企业具有较强的规模优势，在抵御市场波动、降低融资成本、获取土地资源等方面具有一定的竞争优势；行业地位较高的房地产开发经营企业具有显著的品牌优势，易于取得品牌的溢价，同等业态和定位下的去化能力及利润空间强于行业地位较低的房地产开发经营企业；同时，从区域市场来看，区域龙头企业及城市领先的企业在取得区域市场份额及地区内优质资源方面具有显著优势。

签约销售回款为定量指标，主要分析房地产开发经营企业的销售规模和回款速度，用于衡量企业销售实现且可用于资金周转的规模，反映了企业当期现金回流情况。

区域分布为定性指标，项目布局的区域未来需求增长的空间将影响企业未来的盈利能力及去化速度，对判断企业未来价值和经营风险有重要作用。具体来看，一线、二线城市具有较强的经济实力和购房需求，同时土地资源相对稀缺，房地产市场的支撑力度相对较强；与此相比较，非核心都市圈三线、四线城市房地产市场的支撑力度相对较弱。

土地储备及获利能力为定性指标，是企业发展的关键资源，主要分析企业土地储备的规模、区域分布多元化程度、潜在盈利能力等。土地储备反映企业未来的发展潜力和增长空间，分布区域多元化程度反映房企抵御单一地区房地产市场下滑风险的能力，获取价格反映了企业土地成本的合理性和土地潜在的获利能力，也是影响公司盈利能力的重要因素。

商业地产为定性指标，反映企业多元化经营的成果以及稳定的现金流来源。具体来看，自持物业租金收入是物业位置、业态品质、运营能力等因素的综合反映以及物业运营成果的直接体现；此外，由于商业地产由下游第三产业发展的需求为主导，以区域消费水平为依托，因此房企所持商业物业所处的区域也会影响未来需求的支撑力度、物业租金水平及出租率。

2. 经营效率

房地产开发经营行业的经营效率指标为定量指标，主要依据存货周转率进行评价。房地产行业重投资的属性使得行业整体对资产的持续周转滚动要求很高，存货变现质量和持续融资能力对房地产企业不断拿地、开发等起到决定性作用。一般而言，房地产企业周转能力越强，意味着其项目运营及销售能力越强，资金回笼速度越快，从而其债务偿还一般也具有更为可靠的保障。对于非开发业务占比较高的企业，还应结合非开发板块的经营效率来综合确定企业的经营效率水平。

（二）财务能力

财务能力主要考虑资产质量和盈利能力、资本结构和偿债能力三个方面。

1. 资产质量和盈利能力

资产质量和盈利能力在评级模型中主要采用销售毛利率和总资产报酬率指标衡量。

销售毛利率［销售毛利率=（营业收入-营业成本）/营业收入×100%］是衡量企业盈利能力强弱水平的指标。销售毛利率越高，企业的盈利能力越强。

总资产报酬率从房地产开发经营企业整体可动用资源的角度评价其整体获利能力，衡量的是企业总资产的收益水平。总资产报酬率越高，企业的资产盈利能力越强，盈利水平越高。

2. 资本结构

资本结构主要用所有者权益和全部债务资本化比率指标衡量，并使用剔除预收后的资产负债率和净负债率做调整。

所有者权益是反映所有者投入资本的保值增值情况，是企业债务的重要保障基础，所有者权益越高，对债务的保障程度越高。

全部债务资本化比率是衡量企业的刚性债务水平，在一定范围内，全部债务资本化比率越高，企业的有息债务负担越重。此外，由于房地产开发经营行业的特殊性，联合还使用剔除预收后的资产负债率［剔除预收后的资产负债率=（（负债总额-预收款项)/(资产总额-预收款项)×100%)］和净负债率［净负债率=(全部债务-货币资金)/所有者权益×100%］做调整。

3. 偿债能力

偿债能力主要用现金短期债务比、EBITDA 利息倍数、EBITDA/全部债务指标衡量。其中，现金短期债务比主要用来衡量企业短期偿债能力；EBITDA 利息倍数和 EBITDA/全部债务主要用来衡量企业长期偿债能力。

现金短期债务比主要衡量企业现金类资产对短期债务的保障程度。现金短期债务比比值越高，企业的短期偿债能力越强。

EBITDA 利息倍数反映企业以息税、折旧及摊销前利润对利息的保障程度。EBITDA 利息倍数越高，企业的长期偿债能力越强。

EBITDA/全部债务反映企业以息税、折旧及摊销前利润对有息债务的偿还能力。EBITDA/全部债务越高，企业长期偿债能力越强。

（三）可持续发展能力

可持续发展能力主要考虑发展韧性、财务弹性和 ESG 三个方面。

1. 发展韧性

发展韧性主要用土地储备充足率和持续获利能力指标衡量。

土地储备充足率为定性指标，主要考量目前企业土地储备可供开发销售的年限，是分析企业未来成长性的关键指标。该指标值越高，则表示目前企业土地储备充足，可满足未来项目开发销售的需求；反之，则表示目前企业土地储备不足，面临较大的补库存压力甚至无法持续经营风险。

持续获利能力为定性指标，是企业未来可持续发展的基础和经营成果的体现，反映了企业主营业务的稳固程度和发展潜力。该指标越高，则表示企业持续获取超过行业平均利润水平的能力越强，经营越稳固；反之，则表示企业获利能力持续低于行业平均水平，面临较大的末位淘汰风险。

2. 财务弹性

财务弹性主要用核心可变现资产全部债务比和持续融资能力指标衡量。

核心可变现资产全部债务比为定量指标，其中核心可变现资产=现金类资产+预估的存货货值①−预收账款−合同负债+投资性房地产×0.6，主要考量目前企业核心可变现资产对全部债务的覆盖程度，若其倍数越高，则表示企业核心可变现资产未来再融资的空间越大；反之，则表示企业核心可变现资产枯竭、再融资空间较小。

持续融资能力为定性指标，反映了企业持续获取长期优质资本的能力，是未来企业发展的关键因素。该指标越强，则表示企业持续获取长期优质资本的能力越强，是未来企业发展的关键因素；反之，则表示企业未来获取长期优质资本的能力越弱，作为资金密集型行业，未来易遇到发展瓶颈。

3. ESG

ESG指标的评价包括环境责任、社会责任和公司治理三个方面。具体分析见总论。

---

① 预估的存货货值可通过存货/（1−过去三年的平均毛利率）进行估算。

第八章　房地产租赁经营行业信用评级模型

一、行业定义

联合房地产租赁经营行业指持有物业获取租赁收入的活动，持有型物业类型主要包括写字楼、购物中心、商铺、物流园区、专业市场等。本信用评级方法和模型适用于：持有型物业租赁收入占比不低于营业总收入 60%；持有型物业租赁收益贡献及经营活动现金流入量不低于上述各项总额 50% 的企业。

二、同业分析

同业机构仅有 2 家对房地产租赁经营行业单独构建了评级模型。国内某评级机构对过去三年平均 50% 以上营业总收入或 EBITDA 来源于持有型物业租赁的企业，采用持有型物业行业评级方法及模型，指标包括总资产、租金收入、项目区位及品牌、项目拓展风险、经调整的 EBITDA 利润率、项目运营能力、总资本化比率、经调整的 EBITDA 利息倍数、总债务/经调整的 EBITDA 和受限资产比例。国际某评级机构对于收入或运营现金流来自商业目的（办公室、仓库）或公共目的（学校、医院、政府办公楼）从事建筑或房屋翻新业务的公司，采用《建筑业评级方法》，指标包括总收入、EBITDA、多样性、预期收入和利润稳定性、EBITDA/利息支出、债务/EBITDA、FFO/债务和财务政策（见表 4.8.1）。

表 4.8.1　国内外评级机构指标对比——房地产租赁经营行业

国内某评级机构	国外某评级机构
总资产	总收入
租金收入	EBITDA
项目区位及品牌	多样性

国内某评级机构	国外某评级机构
项目拓展风险	预期收入和利润稳定性
经调整的 EBITDA 利润率	EBITDA/利息支出
项目运营能力	债务/EBITDA
总资本化比率	FFO/债务和财务政策
经调整的 EBITDA 利息倍数	—
总债务/经调整的 EBITDA	
受限资产比例	

资料来源：各家评级机构官网，联合整理。

三、房地产租赁经营行业模型指标清单

房地产租赁经营企业主体评级打分表见表 4.8.2、表 4.8.3、表 4.8.4。

表 4.8.2　房地产租赁经营企业主体评级打分表——经营能力评价

一级因子	二级因子	三级因子
经营能力	市场竞争力	区域位置
		租金收入
		出租率
	经营效率	调整后总资产周转率

表 4.8.3　房地产租赁经营企业主体评级打分表——财务能力评价

一级因子	二级因子	三级因子
财务能力	资产质量和盈利能力	调整后 EBITDA
		调整后营业利润率
		总资产报酬率
	资本结构	调整后所有者权益
		调整后全部债务资本化比率
	偿债能力	经营现金流动负债比
		调整后 EBITDA 利息倍数
		调整后 EBITDA/全部债务

表 4.8.4　房地产租赁经营企业主体评级打分表——可持续发展能力评价

一级因子	二级因子	三级因子
可持续发展能力	发展韧性	物业增值空间
		项目拓展风险
	财务弹性	未来资本支出
		受限资产比例
	ESG	环境责任
		社会责任
		公司治理

(一) 经营能力

房地产租赁经营企业经营能力主要从市场竞争力和经营效率两个方面评价。

1. 市场竞争力

市场竞争力主要可从区域位置、租金收入、出租率方面评价。

区域位置为定性指标，是衡量企业持有型物业核心竞争力的重要指标之一。考察区域位置时，一方面需考察持有型物业主要分布的城市，对位于经济发达、人口聚集的一线、二线城市的持有型物业的评价优于位于欠发达地区三线、四线城市的物业；另一方面需考察物业在城市中所处的地段，例如，商业物业虽位于三线、四线城市但位于城市核心地段，对其区域位置的评价可上调；产业园物业虽位于一线、二线城市但地段偏远，对其区域位置的评价可下调。

租金收入为定量指标，反映企业的经营规模优势。联合认为，租金收入是房地产租赁经营企业物业规模和运营状况的综合体现，能直接反映企业在行业中的排序情况，是支撑其信用水平的重要因素。运营成熟的持有型物业能为房地产租赁经营企业贡献长期稳定的收益和现金流，是房地产租赁经营企业偿债的重要保障。根据租金收入波动性情况和企业发展态势，可结合租金收入波动性对指标进行修正。

出租率为定量指标。联合认为，出租率是房地产租赁经营企业运营能力的重要体现。部分房地产租赁经营企业通过多年的经营，积累了较丰富的招商资源和运营经验，形成了较高的品牌认可度，有助于将持有型物业维持在较高的出租率水平。根据出租率波动性情况和企业发展态势，可结合出租率波动性对指标进行修正。

2. 经营效率

经营效率主要通过调整后总资产周转率进行反映，该指标为定量指标。由于投资性房地产计量方式的不同会对房地产租赁经营企业的总资产规模产生较大影响，联合在计算总资产周转率时，对总资产进行了调整，调整方法如下：假设投资性房地产可产生 30 年稳定租金收益，资本化率采用无风险利率（按 4% 估算），根据自持物业产生的租金收入估算公司投资性房地产价值，根据该估算的投资性房地产价值与实际账面价值的差额对总资产进行调整。

（二）财务能力

财务能力主要考虑资产质量和盈利能力、资本结构和偿债能力三个方面。

1. 资产质量和盈利能力

资产质量和盈利能力主要用调整后 EBITDA、调整后营业利润率和总资产报酬率指标衡量。

调整后 EBITDA（调整后 EBITDA = EBITDA - 公允价值变动损益）是衡量企业盈利能力和现金流的一项重要经济指标。调整后的 EBITDA 越大，企业的盈利能力越强、经营性现金流状况越好。

调整后营业利润率是衡量企业盈利能力和营业效率的指标。调整后营业利润率越高，企业的盈利能力越强，营业效率越高。

总资产报酬率是衡量企业总资产的收益水平。总资产报酬率越高，企业的资产盈利能力越强，盈利水平越高。不同投资性房地产计量方式对利润总额和总资产均会造成一定影响，但对总资产报酬率的影响整体不大，联合未对该指标进行调整。

2. 资本结构

资本结构主要用调整后所有者权益和调整后全部债务资本化比率指标衡量。

所有者权益是反映所有者投入资本的保值增值情况，是企业债务的重要保障基础，所有者权益越高，对债务的保障程度越高。对于投资性房地产以公允价值模式计量的房企，在项目竣工结转时涉及成本法至公允价值法的计量转换，由于土地的增值，该会计处理将产生较大规模的其他综合收益。因此，联合在评估所有者权益规模时，对该指标进行了调整，调整方法如下：假设投资性房地产可产生 30 年稳定租金收益，资本化率采用无风险利率（按 4% 估算），根据自持物业产生的租金收入估算公司投资性房地产价值，根据该估算的投资性房地产价值与实际账面价值的差额的 75% 计入其他综合收益，对所有者权益进行调整。

全部债务资本化比率是衡量企业的刚性债务水平，在一定范围内，全部债务资本化比率越高，企业的有息债务负担越重。根据上文所述对所有者权益的调整方法，联合对房地产租赁经营企业的全部债务资本化比率同样进行了调整。

3. 偿债能力

偿债能力主要用经营现金流动负债比、调整后 EBITDA 利息保障倍数、调整后 EBITDA/全部债务指标衡量。其中，经营现金流动负债比主要用来衡量企业短期偿债能力；调整后 EBITDA 利息倍数、调整后 EBITDA/全部债务主要用来衡量企业长期偿债能力。

经营现金流动负债比是从现金流量角度来反映企业当期偿付短期负债的能力。经营现金流动负债比越高，企业的短期偿债能力越强。

调整后 EBITDA 利息倍数［调整后 EBITDA 利息倍数＝（EBITDA-公允价值变动损益）/利息支出］反映企业以息税、折旧及摊销前利润对利息的保障程度。调整后 EBITDA 利息倍数越高，企业的长期偿债能力越强。

调整后 EBITDA/全部债务［调整后 EBITDA/全部债务＝（EBITDA-公允价值变动损益）/全部债务］反映企业以息税、折旧及摊销前利润对有息债务的偿还能力。调整后 EBITDA/全部债务越高，企业长期偿债能力越强。

（三）可持续发展能力

可持续发展能力主要考量发展韧性、财务弹性和 ESG 三个方面。

1. 发展韧性

发展韧性主要用物业增值空间和项目拓展风险指标衡量。

物业增值空间为定性指标，主要考量持有型物业所处区域的未来发展潜力，政府发展战略规划、政策扶持、区域经济、人口及产业聚集等趋势对物业保值增值能力的影响。受益于各级政府的区域发展战略规划和产业、人口政策，位于政府重点发展、政策重点扶持地区的持有型物业有较大的增值潜力。未来随着人口流入、产业聚集、交通等基础设施的完善，重点发展区域内的持有型物业运营状况有望持续改善。此外，近年来随着都市圈的发展，重点都市圈核心城市对周边城市的辐射效应更加显著，部分处于培育阶段的潜在都市圈开始形成，城镇化进程的推进赋予了优质地段的持有型物业更大的增值空间。

项目拓展风险为定性指标，主要考量新拓展项目的业态、规模和所处区域与公司经营策略的匹配程度、公司运营能力是否足以支撑项目拓展等。由于新拓展项目的运营状况不确定性较大，需要根据房地产租赁经营企业的经营策略来考察企业未来的经营风险。例如，企业拟拓展的新项目，其业态是否与当地区域经济相匹配，企业对该业态的运营经验是否丰富；新拓展项目的数量占企业总项目数量的比重是否合理，企业的管理半径是否足以支撑项目拓展；在新拓展项目的区域选择上是否有助于企业强化品牌竞争力，能够在区域深耕的基础上合理选择新进入城市等。

2. 财务弹性

财务弹性指标通过企业的未来资本支出和受限资产比例来反映。

未来资本支出为定性指标，由于持有型物业前期资金投入大、回报周期长，若新项目运营状况不及预期或拓展速度过快，将造成资金大量沉淀、债务负担显著增长，可能引发流动性风险。对于房地产租赁经营企业，需考察其未来资本支出计划是否与其财务能力相匹配，能否在规模扩张的同时保持财务杠杆和流动性处于合理水平。

受限资产比例为定量指标，主要考量企业再融资空间。持有型物业具备持续稳定获取现金流的能力以及较好的变现能力，是房地产租赁经营企业最常用的抵押标的。若企业资产受限比例较高，尤其是优质持有型物业受限比例较高，其抵质押融资空间将减少，财务弹性降低。

3. ESG

ESG 指标的评价包括环境责任、社会责任和公司治理三个方面。具体分析见总论。

第九章 化工行业信用评级模型

一、行业定义

根据国家统计局行业分类标准，化工行业主要包含：基础化学原料制造，肥料制造，农药制造，涂料、油墨、颜料及类似产品制造，合成材料制造，专用化学产品制造，炸药、火工及焰火产品制造，日用化学产品制造。联合化工企业信用评级方法适用于：化工产品生产加工为主业的营业收入占比不低于60%；化工产品收益贡献及现金流流入规模不低于总额的50%的化工产品制造商。

二、同业分析

联合对各家评级机构所使用的指标进行了归纳汇总，高频指标具体见表 4.9.1。

表 4.9.1 国内外评级机构高频指标对比——化工行业

非财务指标	财务指标
生产工艺及技术水平	所有者权益
行业地位	资产负债率
业务规模	全部债务资本化比率
产业布局	流动比率
法人治理结构	经营现金流动负债比
管理水平	EBITDA 利息倍数
产品多元化	全部债务/EBITDA
生产基地多元化	全部债务/经营活动净现金流
销售网络布局/市场多元性	毛利率
原材料保障	EBITDA 利润率
成本控制	总资本收益率

资料来源：各家评级机构官网，联合整理。

三、单变量分析

(一)相关性分析

联合对 6 个相关非财务指标，45 个相关财务指标共 51 个指标与利差、信用等级之间进行相关性分析。结果显示，与利差、信用等级相关性显著的指标有 23 个，见表 4.9.2。

表 4.9.2 与利差、信用等级显著相关指标

非财务指标	财务指标
生产工艺及技术	资产总额
行业地位	所有者权益
产业布局	营业收入
产能利用率	利润总额
—	EBIT
	EBITDA
	毛利率
	全部债务资本化比率
	短期债务占比
	流动比率
	速动比率
	FFO/全部债务
	RCF/全部债务
	EBIT 利息倍数
	EBITDA 利息倍数
	FFO 利息倍数
	全部债务/EBITDA
	净债务/EBITDA
	经营活动净现金流

(二)频率分布分析

联合对 51 个指标均做了频率分布分析。指标频率分布图单调性明显，图形陡峭，指标与利差对应关系较为明显的见表 4.9.3。

表 4.9.3　频率分布分析对应关系较为明显的指标

非财务指标	财务指标
生产工艺及技术	经营性净现金流/全部债务
行业地位	经营性净现金流/净债务
产业布局	调整后经营性净现金流/全部债务
	经营现金流动负债比
	净债务/EBITDA
	全部债务/EBITDA
	EBITDA 利息倍数
—	EBIT 利息倍数
	所有者权益
	营业收入
	经营活动净现金流量
	利润总额

四、化工行业模型指标清单

化工企业主体评级打分表见表 4.9.4、表 4.9.5、表 4.9.6。

表 4.9.4　化工企业主体评级打分表——经营能力评价

一级因子	二级因子	三级因子
经营能力	市场竞争力	行业地位
		生产工艺及技术
		产业布局
		生产灵活性
	经营效率	总资产周转率

表 4.9.5　化工企业主体评级打分表——财务能力评价

一级因子	二级因子	三级因子
财务能力	资产质量和盈利能力	EBITDA
		调整后营业利润率
		总资产报酬率
	资本结构	所有者权益
		全部债务资本化比率
	偿债能力	现金类资产/短期债务
		经营现金流动负债比
		EBITDA 利息倍数
		EBITDA/全部债务

表 4.9.6　化工企业主体评级打分表——可持续发展能力评价

一级因子	二级因子	三级因子
可持续发展能力	发展韧性	研发费用占比
		高附加值产品占比
	财务弹性	再融资能力
	ESG	环境责任
		社会责任
		公司治理

（一）经营能力

化工企业经营能力主要从市场竞争力和经营效率两个方面评价。

1. 市场竞争力

市场竞争力主要从企业在行业内地位、生产工艺及技术、产业布局和生产灵活性四个方面评价。

行业地位为定性指标，是衡量化工企业竞争力的重要指标之一。通常一家化工企业产品在产能产量或市场占有率方面居主导地位，或能够通过行业地位取得一定的超额利润的主体，或能够引领行业发展方向，说明其行业地位越高。化工企业行业地位体现在其主要产品产能产量与市场占有率方面具备龙头优势，或已在行业竞争中确立垄断地位，或能够通过行业地位取得一定的超额利润。化工企业规模经济效应明显，经营规模越大，越有利于其在产品销售和原材料采购中获得优势，并降低生产成本。再者，在宏观经济下行和行业周期性波动时，经营规模较大的化工企业依靠自身的资金储备、风险控制机制、获得政府支持的能力等方面的优势，在一定程度上也能抵御外部系统性风险。

生产工艺及技术为定性指标。化工是技术密集型行业，企业的生产线规格、生产工艺及装备技术水平决定了其生产效率、产品质量和成本高低。生产工艺采用行业先进技术、落后产能占比低、生产设备较新，运行稳定性高，符合国家产业政策的主体该项指标评价越好。

产业布局（含多元化、内部循环经济）为定性指标，该指标主要考察受评主体产业链延伸及多产业间的协同，产业链较长，产业间协同效应较高的化工企业对冲风险能力越强，经营稳定性更高。

生产灵活性为定性指标，生产灵活性主要考察企业在不同产品之间或相同产品不同型号之间切换的能力和实现条件，上述能力越强，实现条件越简单说明企业应对市场变化的能力越强，抗风险能力越高。

2. 经营效率

化工企业的经营效率指标为总资产周转率，该指标越大说明公司资产运行效率越高。

（二）财务能力

财务能力主要考量资产质量和盈利能力、资本结构和偿债能力三个方面。

1. 资产质量和盈利能力

盈利能力主要用 EBITDA、调整后营业利润率和总资产报酬率指标衡量。

EBITDA 是企业在一定时期内未计利息、税项、折旧及摊销前的利润，适合用来评价一些前期资本支出巨大，而且需要在一个很长的期间内对前期投入进行摊销的行业。EBITDA 越大，企业的经营业绩越好。

调整后营业利润率是衡量企业盈利能力和营业效率的指标。调整后营业利润率越高，企业的盈利能力越强，营业效率越高。

总资产报酬率是衡量企业总资产的收益水平。总资产报酬率越高，企业的资产盈利能力越强，盈利水平越高。

2. 资本结构

资本结构主要用所有者权益和全部债务资本化比率指标衡量。

所有者权益反映所有者投入资本的保值增值情况，是企业债务的重要保障基础。所有者权益越高，对债务的保障程度越高。

全部债务资本化比率衡量企业的刚性债务水平。在一定范围内，全部债务资本化比率越高，企业的有息债务负担越重。

3. 偿债能力

偿债能力主要用现金类资产/短期债务、经营现金流动负债比、EBITDA利息倍数、EBITDA/全部债务指标来衡量。其中，现金类资产/短期债务、经营现金流动负债比主要用来衡量企业短期偿债能力；EBITDA 利息倍数、EBITDA/全部债务主要用来衡量企业长期偿债能力。

现金类资产/短期债务主要衡量企业现金类资产对短期债务的保障程度。现金类资产/短期债务比值越高，企业的短期偿债能力越强。

经营现金流动负债比［经营现金流动负债比＝经营活动现金流量净额/流动负债×100%］是从现金流量角度来反映企业当期偿付短期负债的能力。经营现金流动负债比越高，企业的短期偿债能力越强。

EBITDA 利息倍数［EBITDA 利息倍数＝EBITDA/利息支出］反映企业以息税、折旧及摊销前利润对利息的保障程度。EBITDA 利息倍数越高，企业的长期偿债能力越强。

EBITDA/全部债务反映企业以息税、折旧及摊销前利润对有息债务的偿还能力。EBITDA/全部债务越高，企业长期偿债能力越强。

（三）可持续发展能力

可持续发展能力主要考虑发展韧性、财务弹性和 ESG 三个方面。

1. 发展韧性

发展韧性主要用研发费用占比和高附加值产品占比指标衡量。

尽管化工工业发展历史悠久，部分传统化工项目的生产技术和产品已经趋于成熟，但研发支出依然直接关系到其产品创新、技术创新、工艺创新和管理创新等能力的形成，并在很大程度上综合反映了未来的市场适应能力、产品竞争能力、成本控制能力等，最终影响着化工企业本身的信用状况。因此，化工企业的研发能力是影响其发展韧性的重要因素。

研发费用占比指标，主要考量企业对研发的投入力度和重视程度，以此评价公司保持技术领先的可能性，研发投入占比越高的企业未来保持技术领先的可能性越大，发展韧性越强。

多数化工产品的竞争压力大，产品附加值较低。但由于化工产品种类的多样性和技术路线的丰富性，部分新兴材料及化学制品项目的生产技术处于不断发展阶段，产品具备较高附加值，在未来具备较强的市场竞争力，因此高附加值产品的制造能力是化工企业发展韧性的重要体现。

　　高附加值产品占比指标，技术含量主要体现为产品附加值，高附加值产品体现了市场需求和前景，高附加值产品占比越高反映公司更多产品符合市场需求导向，未来有助于延长企业生命周期。

2. 财务弹性

　　财务弹性指标通过企业的再融资能力来反映，企业的再融资能力主要关注公司资产受限情况、授信额度使用情况、融资渠道是否畅通、融资渠道的多元化情况、融资成本与同行业相比处于何种水平。

3. ESG

　　ESG 指标的评价包括环境责任、社会责任和公司治理三个方面。具体分析见总论。

第十章　电力行业信用评级模型

一、行业定义

联合根据国家统计局公布的国民经济行业分类（GB/T4754—2017），电力生产行业是电力、热力的生产和供应业的子行业，具体可细分八类：火力发电（不包括既发电又提供热力的活动）；热电联产（指既发电又提供热力的生产活动）；水力发电（指通过建设水电站、水利枢纽、航电枢纽等工程、将水能转换成电能的生产活动）；核力发电（指利用核反应堆中重核裂变所释放出的热能转换成电能的生产活动）；风力发电；太阳能发电；生物质能发电（指主要利用农业、林业和工业废弃物，甚至城市垃圾为原料，采取直接燃烧或气化等方式的发电活动）；其他电力生产，包括利用地热、潮汐能、温差能、波浪能及其他未列明的能源的发电活动。联合电力企业信用评级模型适用于上述各种形式的发电企业，界定标准为营业收入或利润总额 50% 以上来自电力主业。

二、同业分析

美国用于发电的燃料价格完全市场化，电力生产及传输企业可根据自身经营情况向监管部门提出改变费率的动议，同时电力生产及传输企业可向终端用户出售电力，与国内政策及市场环境有较大差异，同时国外评级主体为电力生产与传输企业，而国内评级主体为电力生产企业，评级要素有明显差异。另外，国外对电力行业整体的评级逻辑与国内评级方法有较大区别，可参考借鉴性较弱。因此，本章基于同业分析的思路，仅对国内评级机构的电力行业评级方法进行比较和分析。国内各家评级机构所使用的高频指标具体见表 4.10.1。

表 4. 10. 1　国内各评级机构高频指标对比——电力行业

非财务指标	财务指标
电源结构	EBITDA 利息倍数
竞争能力（供电垄断性、区域竞争力、电价水平区域划分）	营业收入
装机容量	资产负债率
机组利用小时数	全部债务/EBITDA
发电量	经营现金流动负债比
—	营业毛利率
	EBITDA 利润率
	总资产报酬率

资料来源：各家评级机构官网，联合整理。

三、单变量分析

（一）相关性分析

联合对 10 个相关经营状况指标、46 个相关财务指标共 56 个指标与利差和信用等级之间进行相关性分析。结果显示，与利差或信用等级相关性显著的指标有 27 个，见表 4. 10. 2。

表 4. 10. 2　与利差或信用等级显著相关指标

非财务指标	财务指标	
机组利用小时数	资产总额	速动比率
发电量	所有者权益	经营现金流动负债比率
装机容量	营业收入	CFO/全部债务
供电垄断性、优先上网、区域竞争力	利润总额	FFO/全部债务
电价水平区域划分	EBIT-反推法	EBIT 利息倍数
	EBITDA	EBITDA 利息倍数
	经营活动现金流净额	FFO 利息倍数
	总资本收益率	全部债务/EBITDA
—	净资产收益率	净债务/EBITDA
	总资产报酬率	流动资产/总资产
	流动比率	现金收入比

（二）频率分布分析

联合对 53 个指标均做了频率分布分析。指标频率分布图单调性明显，图形陡峭，指标与利差对应关系较为明显的见表 4.10.3。

表 4.10.3　频率分布分析对应关系较为明显的指标

非财务指标	财务指标
发电量	CFO/全部债务
机组利用小时数	CFO/净债务
电源结构	调整后 CFO/全部债务
供电标准煤耗	经营现金流动负债比
	净债务/EBITDA
	全部债务/EBITDA
	EBITDA 利息倍数
—	EBIT 利息倍数
	所有者权益
	营业收入
	经营活动净现金流量
	利润总额

四、电力行业模型指标清单

电力企业按照发电类型的不同，主要划分为两大类——火电企业、水电及其他电力企业，相应主体评级打分表见表 4.10.4、表 4.10.5、表 4.10.6、表 4.10.7、表 4.10.8、表 4.10.9。

1. 火电企业模型指标清单

表 4.10.4　火电企业主体评级打分表——经营能力评价

一级因子	二级因子	三级因子
经营能力	市场竞争力	装机容量
		区域竞争力
		供电标准煤耗
	经营效率	机组利用小时数

表4.10.5　火电企业主体评级打分表——财务能力评价

一级因子	二级因子	三级因子
财务能力	资产质量和盈利能力	营业收入
		调整后营业利润率
	资本结构	总资产报酬率
		所有者权益
	偿债能力	全部债务资本化比率
		现金类资产/短期债务
		经营净现金流/流动负债
		EBITDA利息倍数
		EBITDA/全部债务

表4.10.6　火电企业主体评级打分表——可持续发展能力评价

一级因子	二级因子	三级因子
可持续发展能力	发展韧性	发展趋势
		燃料供应稳定性
	财务弹性	再融资能力
	ESG	环境责任
		社会责任
		公司治理

2. 水电及其他电力企业模型指标清单

表4.10.7　水电及其他电力企业主体评级打分表——经营能力评价

一级因子	二级因子	三级因子
经营能力	市场竞争力	装机容量
		区域竞争力
		补贴及限电情况
	经营效率	机组利用小时数

表 4.10.8　水电及其他电力企业主体评级打分表——财务能力评价

一级因子	二级因子	三级因子
财务能力	资产质量和盈利能力	营业收入
		调整后营业利润率
		总资产报酬率
	资本结构	所有者权益
		全部债务资本化比率
	偿债能力	现金类资产/短期债务
		经营净现金流/流动负债
		EBITDA 利息倍数
		EBITDA/全部债务

表 4.10.9　水电及其他电力企业主体评级打分表——可持续发展能力评价

一级因子	二级因子	三级因子
可持续发展能力	发展韧性	发展趋势
	财务弹性	再融资能力
	ESG	环境责任
		社会责任
		公司治理

（一）经营能力

电力企业经营能力主要从市场竞争力和经营效率两个方面评价。

1. 市场竞争力

市场竞争力主要从装机容量、区域竞争力和供电标准煤耗/补贴及限电情况方面评价。

装机容量为定量指标。经营规模对于判断电力企业的竞争能力至关重要，其中装机容量和发电量规模是其重要体现。规模较大的电力企业在抵御行业周期性波动、降低生产成本、获取上网电量方面有一定的竞争优势，具有较强的风险抵御能力。一般而言，规模大的电力企业具备较强的与上下游企业议价的能力，或本身即具有相关产业链联动生产的条件，因而抵御周期性风险、燃料价格上涨风险的能力更强。同时，规模庞大、对国民经济及所在行业具有重大影响力的电力企业，在全国或区域能源保障体系中占据重要战略地位，因此深受政府关注和支持，常能获得政府政策和资金等多方面的扶持。

在宏观经济下行和行业周期性波动时，各级政府支持和帮助的可能性较大，即使发生资不抵债这一最坏的情况，也有很大可能会得到政府的财政援助，实际损失比例有可能较低。

区域竞争力为定性指标。在全国及区域内排名靠前的电力企业，通常拥有较高的市场地位，并且此类企业往往技术水平较为先进，管理较为规范，生产经营较为稳定，较可能获得更多的上网电量。同时，对电力企业经营规模与市场地位的分析，除了考虑在全国范围内的排名，也要关注受评对象与主要竞争对手相比较的排名情况，对于地方性发电企业，区域内排名更有参考意义。此外，在区域内担当主力供电主体的电力企业比担当调峰供电主体的电力企业具有更高的市场地位。电力企业主要从供电垄断性、燃料获取条件、电力消纳条件等方面进行分析判断。一般而言，拥有稀缺、异质资源的企业可凭借其垄断地位获得较高经济效益，从而在市场竞争中获得优势地位，资源配置能力更强，经济效益也就越高；自身拥有一定规模的燃料资源或者具备较好燃料运输条件的电力企业具备较强的燃料供应稳定性，具备更强的竞争力。

补贴及限电情况为定性指标，主要针对于非煤电的其他类型发电模式，对于该部分电力企业，在结合供电垄断性、电力消纳条件两方面进行判断外，还需从发电企业所享受的电价、补贴回款情况，以及其弃风、弃光、弃水情况等进行补充判断。

供电标准煤耗为定量指标。电力企业的装备水平是其保证发电的根本，其技术水平直接影响机组经营效率。大容量、高参数火电机组在供电标准煤耗、厂用电率、运行稳定性、节能减排等方面更具有明显优势。具体技术层面，发电机组的参数、性能水平较高的电力企业，如（超）临界机组占比较高的电力企业，或电能转换效率较高的清洁能源发电企业，其经济效益较高，能耗指标表现也较好。一般而言，火电机组单机规模越大，技术水平越高，其供电标准煤耗指标越低。

2. 经营效率

电力行业的经营效率指标为定量指标，主要通过机组加权利用小时数进行衡量。由于电力属于重资产行业，在生产过程中固定成本如折旧占比较高，机组发电量的增加可分摊固定成本，单位成本也越低，且发电量的增加可为公司带来收入和利润的增量，因此，利用小时数越高，机组发电效率表现更好。因此，联合主要依据发电利用小时数对经营效率指标进行衡量，对于非电业务占比较高的企业，还应结合非电板块的经营效率来综合确定该企业的经营效率水平。对企业经营效率的分析一般需要与同行业规模相近的企业对比来进行判断。

（二）财务能力

财务能力主要考量资产质量和盈利能力、资本结构和偿债能力三个方面。

1. 资产质量和盈利能力

电力行业资产质量和盈利能力主要用营业收入、调整后的营业利润率和总资产报酬率指标衡量。

营业收入是企业在一定时期内通过生产经营活动所实现的财务成果，是衡量企业经营业绩的一项十分重要的指标。收入规模越大，企业的经营业绩越好。

调整后的营业利润率是衡量企业经营业务盈利能力的指标。调整后的营业利润率越高，企业的经营业务盈利能力越强。对于电力企业来说，如果自身拥有煤炭资源，可在一定程度上平滑燃煤价格波动导致的盈利水平的波动。同时，需要重点关注电力企业在建工程转固时间和固定资产折旧政策变化对该指标带来的波动。

总资产报酬率是衡量企业总资产的收益水平的指标。总资产报酬率越高，企业的资产盈利能力越强，盈利水平越高。

2. 资本结构

资本结构主要用所有者权益和全部债务资本化比率指标衡量。

所有者权益是反映所有者投入资本的保值增值情况，是企业债务的重要保障基础，所有者权益越高，对债务的保障程度越高。

全部债务资本化比率是衡量企业的刚性债务水平，在一定范围内，全部债务资本化比率越高，企业的有息债务负担越重。

3. 偿债能力

偿债能力主要用现金类资产/短期债务、经营现金流动负债比、EBITDA利息倍数、EBITDA/全部债务指标衡量。其中，现金类资产/短期债务、经营净现金流/流动负债主要用来衡量企业短期偿债能力；EBITDA 利息倍数、EBITDA/全部债务主要用来衡量企业长期偿债能力。

现金类资产/短期债务主要衡量企业现金类资产对短期债务的保障程度。现金类资产/短期债务比值越高，企业的短期偿债能力越强。

经营现金流动负债比是从现金流量角度来反映企业当期偿付短期负债的能力。经营现金流动负债比越高，企业的短期偿债能力越强。

EBITDA 利息倍数反映企业以息税、折旧及摊销前利润对利息的保障程度。EBITDA 利息倍数越高，企业的长期偿债能力越强。

EBITDA/全部债务反映企业以息税、折旧及摊销前利润对有息债务的偿还能力。EBITDA/全部债务越高，企业长期偿债能力越强。

（三）可持续发展能力

可持续发展能力主要考量发展韧性、财务弹性和 ESG 三个方面。

1. 发展韧性

电力作为基础能源行业，电力企业发电业务开展的稳定性、整体发电能力以及发电业务开展的经济性水平是其核心竞争力的重要体现。联合认为，火电企业发展韧性主要用燃料供应稳定性以及发展趋势衡量，水电及其他电力企业发展韧性主要用发展趋势衡量。

燃料供应稳定性为定性指标，主要考量煤炭自给率、运输条件等。对于火电企业来说，其盈利水平受上游燃煤价格的波动影响明显，若自身拥有一定规模的燃料资源将有助于火电企业控制运营成本和抵御燃料价格风险，特别是在燃料价格上涨明显的市场行情下，更加能凸显出其经营优势；同时，具有燃料资源的火电企业是否具有较为便利的交通运输线路也会对其燃料成本产生影响。企业本身的规模实力和所处的区域位置会对应不同的燃料市场供应状况，燃料供给相对宽松的市场中火电企业的成本压力较小。总体而言，自身拥有一定规模的燃料资源或者具备较好燃料运输条件的电力企业能够保证原材料供应的稳定性，具备更强的竞争力。

发展趋势为定量指标。发电量持续增长趋势有利于企业发展韧性的提升。发电企业所实施的扩大装机容量或提高发电效率等旨在增强发电量的策略与规划，若其设计合理且得以稳步推行，将有效提升该企业在区域电网内的认可程度和市场售电能力，进而增强其发展韧性。联合主要通过企业未来 2~3 年的资本支出（在建装机/已投运装机）衡量该指标。

2. 财务弹性

财务弹性指标通过企业的再融资能力来反映，企业的再融资能力主要关注公司的股东背景、债务负担以及资产受限情况、授信额度使用情况、融资渠道是否畅通、融资渠道的多元化情况、融资成本与同行业相比处于何种水平。

3. ESG

ESG 指标的评价包括环境责任、社会责任和公司治理三个方面。具体分析见总论。

第十一章　城市基础设施投资行业
信用评级模型

一、行业定义

城市基础设施投资企业（以下简称城投企业）指由地方政府及其部门和机构等通过财政拨款或注入土地、股权等资产设立，承担政府投资项目融资功能，并拥有独立法人资格的经济实体。城市基础设施投资包括机场、地铁、公共汽车、轻轨等城市交通设施投资，市内道路、桥梁、高架路、人行天桥等路网设施投资，城市供水、供电、供气、电信、污水处理、园林绿化、环境卫生等公用事业设施投资等领域。

根据业务性质不同，可将城投企业的业务分为公益性业务、准公益性业务和经营性业务，本评级方法适用的城投企业以公益性和准公益性业务为主。但在监管政策影响下，未来城投企业可能不断进行整合转型，其业务市场化程度或将逐步提高，如其业务发生了实质性变化，全部转变经营性业务或以经营性业务为主，将不再适用本评级模型。

二、同业分析

联合对各家评级机构所使用的指标进行了归纳汇总，高频指标具体见表 4.11.1。

表 4.11.1　国内外评级机构高频指标对比——城投行业

非财务指标	财务指标
企业地位	资产规模（企业规模）
业务区域范围	所有者权益
业务多样性	利润规模
业务持续性	资产负债率

续表

非财务指标	财务指标
	全部债务资本化比率
	现金收入比
—	现金类资产/短期债务
	EBITDA 利息倍数

资料来源：各家评级机构官网，联合整理。

三、单变量分析

（一）相关性分析

联合对12个相关非财务指标，60个相关财务指标共72个指标与利差、信用等级之间进行相关性分析。结果显示，与利差或信用等级相关性显著的指标有33个，见表4.11.2。

表4.11.2 与利差或信用等级显著相关指标

非财务指标	财务指标
区域经济实力	经营规模
区域财政实力	所有者权益
区域债务负担	营业收入
业务区域范围	利润总额
企业地位	EBIT
业务持续性	EBITDA
回款效率	固定资产
资产质量	经营性净现金流
管理水平	总资产报酬率
领导层素质	现金收入比
法人治理结构	经营性净现金流/EBITDA
股东实力	现金比率

续表

非财务指标	财务指标
—	货币资金/全部债务
	经营性净现金流/全部债务
	经营性净现金流/净债务
	调整后经营性净现金流/全部债务
	FFO/净债务
	RCF/净债务
	自由现金流（FCF）/全部债务
	流动资产周转率
	营运资本周转率

（二）频率分布分析

联合对 72 个指标均做了频率分布分析。指标频率分布图单调性明显，图形陡峭，指标与利差对应关系较为明显的见表 4.11.3。

表 4.11.3　频率分布分析对应关系较为明显的指标

非财务指标	财务指标
区域债务负担	经营规模
股东实力	所有者权益
企业地位	营业收入
领导层素质	EBIT
管理水平	现金收入比
业务区域范围	经营性净现金流/EBITDA
回款效率	经营现金流动负债比
资产质量	经营性净现金流/全部债务
—	筹资活动前净现金流/全部债务
	应收账款周转率
	流动资产周转率

四、城市基础设施投资行业模型指标清单

城投企业主体评级打分表见表 4.11.4、表 4.11.5、表 4.11.6。

表 4.11.4　城投企业主体评级打分表——经营能力评价

一级因子	二级因子	三级因子
经营能力	区域评级	GDP
		人均 GDP
		一般公共预算收入
		债务负担
	市场竞争力	企业规模
		平台重要性
	经营效率	回款效率

表 4.11.5　城投企业主体评级打分表——财务能力评价

一级因子	二级因子	三级因子
财务能力	资产质量	资产质量
	资本结构	所有者权益
		全部债务资本化比率
	偿债能力	现金类资产/短期债务
		EBITDA 利息倍数
		EBITDA/全部债务

表 4.11.6　城投企业主体评级打分表——可持续发展能力评价

一级因子	二级因子	三级因子
可持续发展能力	发展韧性	业务持续性
		第三产业占比
		城镇化率
		常住人口变动率
	财务弹性	资产抵质押率
		可用授信额度/全部授信额度
		债券余额/有息债务
	ESG	环境责任
		社会责任
		公司治理

（一）经营能力

城投企业经营能力主要从区域评级、市场竞争力和经营效率三个方面评价。

1. 区域评级

区域评级直接决定了企业的外部运营环境，良好的区域经济环境，可以使企业较好地获得发展资金，也有利于企业经营活动的开展。区域评级包括地区 GDP、人均 GDP、一般公共预算收入和政府债务负担四方面评价，且以上四方面对于城投企业有重大影响。区域经济是城投企业发展的重要基础，地方政府财政收入规模越大，结构越合理，财政实力越强，则相关地方城投企业发展的机会越大，得到的支持也越强，债务负担反映地方政府的偿债能力，是对地方政府整体偿债能力的度量。区域经济实力和财政实力越强，政府债务负担越轻，地区风险越低。

2. 市场竞争力

市场竞争力主要从企业规模和平台重要性两个方面评价。

企业规模为定量指标，经营规模通过资产规模考量。

平台重要性为定性指标，决定了城投企业获得业务的能力、经营持续的能力，也决定了其获取政府资源的能力和竞争优势，是城投企业市场竞争力的有力体现。

平台重要性主要通过企业的业务定位或职能定位来体现。业务定位或职能定位决定了城投企业的业务范围、获得业务的能力、经营持续的能力，也决定了其对于所在区域的重要性，进而决定了其获取政府资源的能力和竞争优势，是城投企业可持续发展的重要保障。对于城投企业来说，若其负责多个业务领域和多个区域的项目，且均具有很强的垄断能力，则说明该城投企业在当地具有很强的不可替代性，其竞争力越强，其对地方政府的重要性高于仅负责单一业务领域或单一区域的城投企业，可以获得当地政府的较大支持，未来发展前景较好。

3. 经营效率

城投企业的经营效率为定性指标，主要依据企业回款效率进行评价。回款效率是对城投企业进行考察的重点指标，主要评估其业务回款是否能够严格遵循协议条款，实现全额且及时的回收。城投企业回款效率的提升，一方面能够有效减轻其在项目建设过程中所面临的资金压力；另一方面，这也从侧面反映了政府对城投企业的有力支持，从而有效增强企业的市场竞争力。

（二）财务能力

财务能力主要考量资产质量、资本结构和偿债能力三个方面。

1. 资产质量

资产质量是定性指标，对企业资产质量的考察，一般从结构和质量两个方面着手。结构主要是分析各项资产在总资产中的占比，质量主要是分析各项资产的流动性、安全性和盈利性，并对资产的真实价值进行分析。安全及真实性主要评价企业资产产权是否有瑕疵、入账价值合理性、大幅变动的可能性等；资产盈利性主要评价企业利用资产创造利润的能力及效率；资产流动性主要考量资产变现能力。在判断资产真实安全的基础上，资产流动性和盈利性越高的企业资产质量越好。较大规模的受限资产或公益性资产会对企业资产质量形成一定负面减分。若企业存在以公允价值计量的资产，应评估其公允价值合理性及变动趋势，对企业资产质量进行综合判断。

2. 资本结构

资本结构主要用所有者权益和全部债务资本化比率指标衡量。

所有者权益是反映所有者投入资本的保值增值情况，是企业债务的重要保障基础，所有者权益越高，对债务的保障程度越高。

全部债务资本化比率是衡量企业的刚性债务水平，在一定范围内，全部债务资本化比率越高，企业的有息债务负担越重。

3. 偿债能力

偿债能力主要用现金类资产/短期债务、EBITDA 利息倍数、EBITDA/全部债务指标衡量。其中，现金类资产/短期债务主要用来衡量企业短期偿债能力；EBITDA 利息倍数、EBITDA/全部债务主要用来衡量企业长期偿债能力。

现金类资产/短期债务主要衡量企业现金类资产对短期债务的保障程度。现金类资产/短期债务比值越高，企业的短期偿债能力越强。

EBITDA 利息倍数反映企业以息税、折旧及摊销前利润对利息的保障程度。EBITDA 利息倍数越高，企业的长期偿债能力越强。

EBITDA/全部债务反映企业以息税、折旧及摊销前利润对有息债务的偿还能力。EBITDA/全部债务越高，企业长期偿债能力越强。

（三）可持续发展能力

可持续发展能力主要考虑发展韧性、财务弹性和 ESG 三个方面。

1. 发展韧性

发展韧性主要用业务持续性、第三产业占比、城镇化率和常住人口变动率四个指标衡量。

业务持续性为定性指标，主要通过考察城投企业职能定位、在手及拟建项目的规模能否满足城投企业的经营需求、建设项目是否符合国家相关政策的规定及企业未来发展战略等方面。业务持续性越强，企业发展韧性越强。企业的业务或职能定位决定了城投企业的业务范围、获得业务的能力、经营持续的能力，也决定了其对于所在区域的重要性，进而决定了其获取政府资源的能力和竞争优势；城投企业在手及拟建项目的业务量是否充裕、建设项目是否符合国家相关政策的规定，内部现金流能够满足城投企业经营发展需要决定了城投业务的稳定性及持续性，是城投企业可持续发展的重要保障。

第三产业占比、城镇化率和常住人口变动率关系到城投企业业务拓展空间，进而影响其发展韧性，三者均为定量指标。经济发展水平越高的地区能够更好地吸引人口、产业、资金聚集，对城市的功能发展提出更高的要求，从而拓展城投业务的发展空间，提高企业发展韧性。

2. 财务弹性

财务弹性指标通过企业的自身造血和再融资能力来反映，企业的财务弹性指标主要关注公司资产受限情况、授信额度使用情况、融资渠道是否畅通、融资渠道的多元化情况等，具体通过资产抵质押率、可用授信额度占全部授信额度的比例和债券余额占有息债务比例三个指标来衡量。

3. ESG

ESG 指标的评价包括环境责任、社会责任和公司治理三个方面。具体分析见总论。

第十二章　建筑工程行业信用评级模型

一、行业定义

根据中国国民经济行业分类国家标准（ GB ／ T4754—2011），建筑业可分四大类：房屋建筑业，土木工程建筑业，建筑安装业，建筑装饰和其他建筑业。其中土木工程建筑又可细分为铁路、道路、隧道和桥梁工程建筑，水利和内河港口工程建筑，海洋工程建筑，工矿工程建筑，架线和管道工程建筑，其他土木工程建筑六个子类别。本评级方法中建筑与工程企业是指在上述四类细分领域中从事工程施工相关业务，且该项业务收入及利润占比均在50%以上的企业。

二、同业分析

联合对各家评级机构所使用的指标进行了归纳汇总，高频指标具体见表4.12.1。

表 4.12.1　国内外评级机构高频指标对比——建筑工程行业

非财务指标	财务指标
市场地位	营业收入
多元化	EBITDA 利息倍数
施工资质	净资产收益率
财务政策	现金收入比
新签合同额	资产负债率
—	EBITDA/全部债务
	营业毛利率

资料来源：各家评级机构官网，联合整理。

三、单变量分析

(一) 相关性分析

联合对 8 个相关非财务指标，69 个相关财务指标共 77 个指标与利差之间进行相关性分析。结果显示，与利差相关性显著的指标有 21 个，见表 4.12.2。

表 4.12.2　与利差显著相关指标

非财务指标	财务指标
竞争实力	资产总额
企业资质	营业收入
业务规模与多样性	利润总额
管理水平	EBIT
行业地位	EBITDA
	所有者权益
	CFO
	投资活动现金流
	筹资活动现金流
	筹资前活动现金流
—	现金类资产加权
	FFO/资本支出
	固定资产
	有形资产收益率
	经营活动流入量/流动负债
	固定支出保障倍数

(二) 频率分布分析

联合对 77 个指标均做了频率分布分析。指标频率分布图单调性明显，图形陡峭，指标与利差对应关系较为明显的见表 4.12.3。

表 4.12.3　频率分布分析对应关系较为明显的指标

非财务指标	财务指标
竞争实力	固定资产
企业资质	营运资本周转率
业务规模与多样性	投资活动现金流
一	现金类资产
	资产总额
	所有者权益
	营业收入
	EBIT
	EBITDA
	短期债务
	速动比率
	现金短期债务比
	现金类资产/全部债务

四、建筑工程行业模型指标清单

建筑工程企业主体评级打分表见表 4.12.4、表 4.12.5、表 4.12.6。

表 4.12.4　建筑工程企业主体评级打分表——经营能力评价

一级因子	二级因子	三级因子
经营能力	市场竞争力	规模和行业地位
		企业实力
		企业资质
		区域和客户多样性
	经营效率	销售债权周转次数
		存货周转次数

表 4.12.5 建筑工程企业主体评级打分表——财务能力评价

一级因子	二级因子	三级因子
财务能力	资产质量和盈利能力	营业收入
		营业利润率
		现金收入比
	资本结构	所有者权益
		全部债务资本化比率
		资产负债率
	偿债能力	现金类资产/短期债务
		EBITDA 利息倍数
		EBITDA/全部债务

表 4.12.6 建筑工程企业主体评级打分表——可持续发展能力评价

一级因子	二级因子	三级因子
可持续发展能力	发展韧性	当年新签合同/上年营业收入
		技术研发实力
	财务弹性	受限资产占比
		可用授信/总额度
		直接融资占比
	ESG	环境责任
		社会责任
		公司治理

（一）经营能力

建筑工程企业经营能力主要从市场竞争力和经营效率两个方面评价。

1. 市场竞争力

市场竞争力主要从规模和行业地位、企业实力、企业资质、区域和客户多样性方面评价。

规模和行业地位为定性指标，通过对企业市场占有率、业主满意度等多方面考察企业在行业内的相对位置，是企业综合实力的体现。规模大、市场地位高的建筑工程企业在竞争中往往更容易得到客户的认可，客户基础更好；较大的经营规模也从一定程度上反映出企业具备丰富的项目管理经验，在技术研发等方面边际成本更低，在招揽大型工程项目等方面更具优势。另外，与规模较小、市场地位较低的企业相比，规模大、市场地位较高的企业在获得政府支持及银行信贷支持方面更有优势。

企业实力为定性指标，反映企业在项目获取、产业链地位（如对上下游资金占用能力）、融资能力和资金实力等方面的实力差异。

企业资质为定性指标，衡量企业所拥有资质的数量、等级和稀缺程度。建筑资质是建筑工程企业承接项目的必备条件，更是衡量企业施工能力、以往业绩表现的重要指标。建筑资质等级的高低、类别，直接关系到企业的竞争力和对外品牌优势。

区域和客户多样性为定性指标，旨在判断企业经营区域风险和客户质量，主要从项目区域和服务客户两个维度进行分析。项目区域范围关注公司的业务区域分布以及在区域内的市场份额，同时关注区域经济、财政实力等情况。客户多样性则重点考察企业的客户集中度、客户质量等情况。

2. 经营效率

建筑工程行业的经营效率指标，为定量指标。高效率的经营是管理水平和专业水平的综合体现；经营效率分析中主要对企业资产运营情况进行评价，具体包括对销售债权周转次数和存货周转次数等的测算分析。其中，销售债权周转次数越高，表明企业对下游客户欠款回收越及时；存货周转次数越高，表明企业结算进度越快。

（二）财务能力

财务能力主要考虑资产质量和盈利能力、资本结构和偿债能力三个方面。

1. 资产质量和盈利能力

资产质量和盈利能力在评级模型中主要采用营业收入、营业利润率和现金收入比指标衡量。

营业收入是企业在一定时期内通过生产经营活动所实现的最终财务成果，主营业务收入的规模和变动趋势，可以反映出企业经营的稳定性。

营业利润率是衡量企业盈利能力和营业效率的指标。营业利润率越高，企业的盈利能力越强，营业效率越高。

现金收入比衡量企业收入实现质量。一般情况下，现金收入比越高，企业的收入实现质量越高。

2. 资本结构

资本结构主要用所有者权益、全部债务资本化比率和资产负债率指标衡量。

所有者权益反映所有者投入资本的保值增值情况，是企业债务的重要保障基础。所有者权益越高，对债务的保障程度越高。

全部债务资本化比率衡量企业的刚性债务水平。在一定范围内，全部债务资本化比率越高，企业的有息债务负担越重。

3. 偿债能力

偿债能力主要用现金类资产/短期债务、EBITDA 利息倍数、EBITDA/全部债务指标来衡量。其中，现金类资产/短期债务主要用来衡量企业短期偿债能力；EBITDA 利息倍数、EBITDA/全部债务主要用来衡量企业长期偿债能力。

现金类资产/短期债务主要衡量企业现金类资产对短期债务的保障程度。现金类资产/短期债务比值越高，企业的短期偿债能力越强。

EBITDA 利息倍数反映企业以息税、折旧及摊销前利润对利息的保障程度。EBITDA 利息倍数越高，企业的长期偿债能力越强。

EBITDA/全部债务反映企业以息税、折旧及摊销前利润对有息债务的偿还能力。EBITDA/全部债务越高，企业长期偿债能力越强。

(三) 可持续发展能力

可持续发展能力主要考虑发展韧性、财务弹性和 ESG 三个方面。

1. 发展韧性

联合认为，建筑工程企业发展韧性指标主要用当年新签合同/上年营业收入和技术研发实力指标衡量。前者为定量指标，通过测算新签合同与营业收入的比值直观展现企业营业收入持续性。后者为定性指标，技术研发实力强的企业，施工质量、成本控制等方面越有优势，市场份额提升空间越大，发展韧性越强。

2. 财务弹性

财务弹性指标通过企业的再融资能力来反映，企业的再融资能力主要关注公司的资产受限情况、授信额度使用情况、直接融资占比等指标。

3. ESG

ESG 指标的评价包括环境责任、社会责任和公司治理三个方面。具体分析见总论。

第十三章 航空运输行业信用评级模型

一、行业定义

联合根据国家统计局公布的国民经济行业分类（GB/T4754—2017）以及结合全球行业分类标准（GICS）和实际信用评级中的需要，确定行业信用评级分类。

航空运输指使用飞机、直升机及其他航空器运送人员、货物、邮件、行李等的一种交通运输方式。国民经济行业分类中界定的航空运输业主要包括航空客货运输、通用航空服务及航空运输辅助活动。联合航空运输企业信用评级模型适用于以航空客货运为主营业务的中国企业。

二、同业分析

联合对各家评级机构所使用的指标进行了归纳汇总，高频指标具体见表4.13.1。

表4.13.1 国内外评级机构高频指标对比——航空运输行业

非财务指标	财务指标
区位优势	经营现金流动负债比
机场等级及功能定位	全部债务/EBITDA
旅客吞吐量	资产负债率
航空性业务收入	偿债负债率（DSCR）
公司管理水平	FFO利息倍数
法人治理结构	人均直达旅客负债额
航空公司集中度/多样性	非受限现金/每日运营成本

资料来源：各家评级机构官网，联合整理。

三、单变量分析

(一)相关性分析

联合对 7 个相关非财务指标，72 个相关财务指标共 79 个指标与利差之间进行相关性分析。结果显示，与利差相关性显著的指标有 26 个，见表 4.13.2。

表 4.13.2   与利差显著相关指标

非财务指标	财务指标
区位优势	营业收入
机场功能及定位打分	利润总额
旅客吞吐量	EBITDA
货邮吞吐量均值	EBITDA 利润率
航空性业务收入	现金类资产/短期债务
资产质量	调整后 CFO/全部债务
	RCF/全部债务
	RCF/资本支出
	固定资产
	经营性净现金流
	应收账款周转率
	流动资产周转率
	总资产周转率
—	期间费用率
	经营活动流入量/流动负债
	企业自由现金流/全部债务
	剩余授信额度/授信总额度
	收到的现金
	经营活动现金流量净额
	现金类资产

(二)频率分布分析

联合对 79 个指标均做了频率分布分析。指标频率分布图单调性明显，图形陡峭，指标与利差对应关系较为明显的见表 4.13.3。

表 4.13.3　频率分布分析对应关系较为明显的指标

非财务指标	财务指标
区位优势	短期债务占比
旅客吞吐量	经营现金流动负债比率
货邮吞吐量均值	现金/全部债务
—	经营性净现金流/全部债务
	调整后经营性净现金流/全部债务
	RCF/全部债务
	RCF/资本支出
	EBITDA 利息倍数
	FFO 利息倍数
	固定资产
	应收账款周转率
	流动资产周转率
	总资产周转率
	调整后毛利率
	有形资产收益率
	现金比率
	自由支配现金流/全部债务
	剩余授信额度/授信总额度

四、航空运输行业模型指标清单

航空运输企业主体评级打分表见表 4.13.4、表 4.13.5、表 4.13.6。

表 4.13.4　航空运输企业主体评级打分表——经营能力评价

一级因子	二级因子	三级因子
经营能力	市场竞争力	市场地位
		可用吨公里
		运输总周转量
	经营效率	客座率
		客公里收入

表 4.13.5　航空运输企业主体评级打分表——财务能力评价

一级因子	二级因子	三级因子
财务能力	资产质量和盈利能力	利润总额
		营业利润率
		总资产报酬率
	资本结构	所有者权益
		全部债务资本化比率
	偿债能力	经营现金流动负债比
		现金类资产/短期债务
		EBITDA 利息倍数
		EBITDA/全部债务

表 4.13.6　航空运输企业主体评级打分表——可持续发展能力评价

一级因子	二级因子	三级因子
可持续发展能力	发展韧性	航线网络分布
		机队规模和机龄
	财务弹性	再融资能力
	ESG	环境责任
		社会责任
		公司治理

（一）经营能力

航空运输企业经营能力主要从市场竞争力和经营效率两个方面评价。

1. 市场竞争力

航空运输企业的市场竞争力主要从市场地位、可用吨公里和运输总周转量方面评价。

市场地位为定性指标，主要考察航空运输企业市场份额及维持份额的能力，主要考量因素如运输总周转量在行业中占比与排名，核心区域客货源吸引力、运输量及公司的市场占有率，航线网络及航班时刻的竞争力，优异的服务品质、常旅客计划等维持客源的能力。

可用吨公里是定量指标，为每一航段可提供业载与该航段距离的乘积之和，是反映企业运力的重要指标。

运输总周转量是定量指标，为实际每一航段载运吨数与该航段距离的乘积之和，也叫收入吨公里，是反映企业运量的重要指标。

2. 经营效率

航空运输企业的经营效率为定量指标。客座率为旅客周转量与可用座公里之比，反映运输飞行中的座位利用程度。客公里收入为航空客运收入除以收入客公里。

（二）财务能力

财务能力主要考量资产质量和盈利能力、资本结构和偿债能力三个方面。

1. 资产质量和盈利能力

资产质量和盈利能力主要用利润总额、营业利润率和总资产报酬率指标衡量。

利润总额是企业在一定时期内通过生产经营活动所实现的最终财务成果，是衡量企业经营业绩的一项十分重要的经济指标。利润总额越大，企业的经营业绩越好。

营业利润率主要反映企业主业的盈利能力的指标。营业利润率越高，企业的盈利能力越强，营业效率越高。

总资产报酬率是衡量企业总资产的收益水平。总资产报酬率越高，企业的资产盈利能力越强，盈利水平越高。

2. 资本结构

资本结构主要用所有者权益和全部债务资本化比率指标衡量。

所有者权益是反映所有者投入资本的保值增值情况，是企业债务的重要保障基础，所有者权益越高，对债务的保障程度越高。

全部债务资本化比率是衡量企业的刚性债务水平，在一定范围内，全部债务资本化比率越高，企业的有息债务负担越重。

3. 偿债能力

偿债能力主要用现金类资产/短期债务、经营现金流动负债比、EBITDA利息倍数、EBITDA/全部债务指标衡量。其中，现金类资产/短期债务、经营现金流动负债比主要用来衡量企业短期偿债能力；EBITDA利息倍数、EBITDA/全部债务主要用来衡量企业长期偿债能力。

经营现金流动负债比是从现金流量角度来反映企业当期偿付短期负债的能力。经营现金流动负债比越高，企业的短期偿债能力越强。

现金类资产/短期债务主要衡量企业现金类资产对短期债务的保障程度。现金类资产/短期债务比值越高，企业的短期偿债能力越强。

EBITDA 利息倍数反映企业以息税、折旧及摊销前利润对利息的保障程度。EBITDA 利息倍数越高，企业的长期偿债能力越强。

EBITDA/全部债务反映企业以息税、折旧及摊销前利润对有息债务的偿还能力。EBITDA/全部债务越高，企业长期偿债能力越强。

（三）可持续发展能力

可持续发展能力主要考虑发展韧性、财务弹性和 ESG 三个方面。

1. 发展韧性

发展韧性主要用航线网络分布、机队规模和机龄指标衡量。其中航线网络分布是定性指标，航线网络覆盖范围及成熟度、航线设计、通航城市区域分布、航空基地布局及区域集中度等方面是考察航空运输企业经营稳定性及抗风险能力的重要因素。航空运输行业产品同质化程度较高，具有竞争力的航线资源与航线时刻对于航空运输企业摆脱价格竞争具有关键意义。机队规模和机龄是定性指标，机队规模是业务持续性的重要保障，机龄和机型对航空运输企业经营效率产生一定影响，年轻机队各项性能较好，飞机及发动机短期内发生故障而进行大修的概率较低及日常养护费用相对较少。此外，年轻机队在燃油经济效益方面更具优势。

2. 财务弹性

财务弹性指标通过企业的再融资能力来反映，企业的再融资能力主要关注公司资产受限情况、授信额度使用情况、融资渠道是否畅通、融资渠道的多元化情况、融资成本与同行业相比处于何种水平。

3. ESG

ESG 指标的评价包括环境责任、社会责任和公司治理三个方面。具体分析见总论。

第十四章 收费公路行业信用评级模型

一、行业定义

根据《公路法》《收费公路管理条例（修订草案征求意见稿）》(以下简称《收费公路管理条例》)等法规，收费公路①指通过依法收取车辆通行费等筹集建设、养护、管理资金的公路（含桥梁和隧道）。目前，收费公路包括高速公路以及少量普通一级公路；根据建设主体、资金来源、收费期限、经营模式不同，收费公路还可区分为政府收费公路和经营性公路。联合收费公路企业信用评级方法与模型适用于以收费公路建设运营为主营业务、以通行费收入为主要收入来源的受评主体。

联合根据收费公路企业经营目标、财务特征及外部支持等方面的不同，将收费公路企业区分为平台类和运营类。平台类企业一般为省级或市级政府相关部门组建的国有企业，其主要经营目标是投资、建设及运营辖区内收费公路。由于它们承担较大的投资建设任务，通常债务规模较大、债务负担较重，主要依靠通行费收入及政府给予的资金补助或资源补偿来偿还债务。运营类企业一般引入社会资本，采用特许经营模式对收费公路进行投资运营管理，其主要经营目标是通过运营收费公路获取投资回报，持有路产以经营性公路为主，盈利能力较强，主要依靠通行费收入偿还债务。平台类和运营类收费公路企业评级要素相同，但由于两者在经营目标、财务特征和外部支持等方面的不同，联合在评级方法与模型中为两种类型企业赋予不同的指标权重，并设置不同的阈值。

二、同业分析

联合对各家评级机构所使用的指标进行了归纳汇总，高频指标具体见

---

① 根据现行 2004 年版《收费公路管理条例》，收费公路是指符合公路法和本条例规定，经批准依法收取车辆通行费的公路（含桥梁和隧道）。

表 4.14.1。

表 4.14.1　国内外评级机构高频指标对比——收费公路行业

非财务指标	财务指标
通行费收入	全部债务/EBITDA
控股路产里程	EBITDA 利息倍数
路网里程区域内占比	资产负债率
单公里通行费收入	全部债务资本化比率
—	经营现金流动负债比
	净资产收益率

资料来源：各家评级机构官网，联合整理。

三、单变量分析

联合对 4 个相关非财务指标，71 个相关财务指标共 75 个指标与利差、信用等级之间进行相关性分析。结果显示，与利差或信用等级相关性显著的指标有 21 个，见表 4.14.2。

表 4.14.2　与利差或信用等级显著相关指标

非财务指标	财务指标	
控股路产里程	资产总额	营运资本周转率
通行费收入	所有者权益	总资产周转率
	营业总收入	总资产报酬率
	利润总额	调整后毛利率
	EBIT	剩余授信额度/授信总额度
	EBITDA	筹资活动前净现金流
—	FFO 利息倍数	期末现金及现金等价物余额
	固定资产	资本支出
	CFO	调整营业利润率
	流动资产周转率	—

四、收费公路行业模型指标清单

收费公路企业主体评级打分表见表 4.14.3、表 4.14.4、表 4.14.5、表 4.14.6、表 4.14.7。

表 4.14.3　平台类收费公路企业主体评级打分表——经营能力评价

一级因子	二级因子	三级因子
经营能力	市场竞争力	区位优势
		企业竞争地位
		控股路产里程
	经营效率	公路资产周转率
		单公里通行费收入

表 4.14.4　运营类收费公路企业主体评级打分表——经营能力评价

一级因子	二级因子	三级因子
经营能力	市场竞争力	区位优势
		企业竞争地位
		控股路产里程
	经营效率	公路资产周转率
		单公里通行费收入

表 4.14.5　平台类收费公路企业主体评级打分表——财务能力评价

一级因子	二级因子	三级因子
财务能力	资产质量和盈利能力	EBITDA
		EBITDA 利润率
		总资产报酬率
	资本结构	所有者权益
		全部债务资本化比率
	偿债能力	现金短期债务比
		经营现金流动负债比
		EBITDA 利息倍数
		EBITDA/全部债务

表 4.14.6 运营类收费公路企业主体评级打分表——财务能力评价

一级因子	二级因子	三级因子
财务能力	资产质量和盈利能力	EBITDA
		EBITDA 利润率
		总资产报酬率
	资本结构	所有者权益
		全部债务资本化比率
	偿债能力	现金短期债务比
		经营现金流动负债比
		EBITDA 利息倍数
		EBITDA/全部债务

表 4.14.7 收费公路企业主体评级打分表——可持续发展能力评价

一级因子	二级因子	三级因子
可持续发展能力	发展韧性	经济发达程度
		单公里汽车保有量
	财务弹性	融资成本和融资渠道
	ESG	环境责任
		社会责任
		公司治理

（一）经营能力

收费公路企业经营能力主要从市场竞争力和经营效率两个方面评价。

1. 市场竞争力

市场竞争力主要从区位优势、企业地位和控股路产里程三个方面评价。

区位优势是一个定性指标，主要是指收费公路企业所辖路产在全国路网或区域路网中的重要性，对于路产承担的车流量有着直接的影响，进而影响公路企业的市场竞争力。路产区位优势很大程度上决定了其周边路网建设是否完善，路网效应是否显著，路产承担车流量的大小、车流量稳定性及车流量结构，如收费公路企业所辖路产区位优势明显，即位于全国路网或省内路网交通枢纽区域或属于京广、京沪等交通要道重要组成部分，则其路网建设完善程度高、路网效应显著、承担车流量大且稳定。因此，这种优势使得该路产具有强大的抵御宏观或区域经济波动风险的能力，从而增强了其市场竞争力。

企业地位是一个定性指标，它反映了地方政府给予收费公路企业的定位及企业面对的竞争格局，是收费公路企业综合实力的体现，很大程度上决定了收费公路企业承担的职能，在区域内的市场占有率，获取区域内政策支持、项目资源、金融资源的能力以及与地方政府之间的关系。企业地位越高，则承担的职能越重，区域内市场占有率越高，获取政策支持、项目资源及金融资源的能力越强，与地方政府之间的关系也越紧密，获取地方政府支持的可能性越大。根据收费公路企业定位及经营模式的不同，可将其区分为平台类主体和经营性主体；根据行政层级的不同，可将其区分为省级交通投资运营平台和地市级交通投资运营平台；根据竞争格局的不同，可将其区分为完全垄断型、寡头垄断型和垄断竞争型等。一般情况下，平台类主体地位高于经营性主体，省级平台地位高于地市级平台，完全垄断型主体地位高于其他类型主体。

控股路产里程是一个定量指标，它是收费公路企业经营规模的直观体现，也是收费公路企业获取稳定收益的根源。现行收费政策以里程计费为主，在该原则保持不变的情况下，企业所控股路产越多、收费里程越长，其规模效应越大，对单一路产的依赖性越弱，经营风险也越分散。拥有较长控股路产里程的企业具备更大的通行费收入潜力，同时具备更强的抵御行业收费标准调整、局部地区车流量变化以及部分路段竞争分流等方面的经营风险能力。

2. 经营效率

经营效率主要从单公里通行费收入和公路资产周转率两个方面评价。

单公里通行费收入为定量指标，是路产质量和路产效益的直观体现。同等路产规模下，单公里通行费收入越高，则通行费收入越多、盈利性越强、路产效益越好。

公路资产周转率为定量指标。单公里通行费收入反映的是不考虑投资成本及费用情况下的路产效益，公路资产周转率是收费公路企业通行费收入与公路资产账面价值的比值，反映的是考虑路产投资成本费用的路产运营效率。公路资产周转率越高，则收回路产投资的时间越短、路产运营效率越高。

（二）财务能力

财务能力主要考量资产质量和盈利能力、资本结构和偿债能力三个方面。

1. 资产质量和盈利能力

资产质量和盈利能力主要从 EBITDA、EBITDA 利润率和总资产报酬率三个方面评价。

不同收费公路企业折旧摊销政策差异较大，为实现收费公路企业利润可比，联合使用 EBITDA 来反映收费公路企业利润规模。此外，鉴于收费公路企业现金回流的及时性，EBITDA 较大程度上可反映收费公路业务经营活动现金流量净额。同等控股里程下，不同车流量结构、收费标准、成本费用管理水平及财务政策为企业带来的利润规模及构成、现金净流入规模差异较大。EBITDA 综合反映了收费公路企业利润和现金流状况。总体而言，EBITDA 规模越大，企业的经营业绩越好。

EBITDA 利润率反映了剔除折旧摊销政策影响后收费公路企业的盈利能力。EBITDA 利润率越高，企业盈利能力越强。

总资产报酬率反映收费公路企业资产获得综合回报的能力。总资产报酬率越高，企业的资产盈利能力越强。

2. 资本结构

资本结构主要用所有者权益和全部债务资本化比率衡量。

所有者权益是反映所有者投入资本的保值增值情况，是企业债务的重要保障基础，所有者权益越高，对债务的保障程度越高。

全部债务资本化比率反映的是企业全部资本中，通过借贷形式筹措的资本所占比例，也反映了企业刚性债务的偿付压力，是衡量企业的刚性债务水平的指标，在一定范围内，全部债务资本化比率越高，企业的有息债务负担越重。

3. 偿债能力

偿债能力主要用现金类资产/短期债务、经营现金流动负债比、EBITDA 利息倍数、EBITDA/全部债务指标衡量。其中，现金类资产/短期债务、经营净现金流/流动负债主要用来衡量企业短期偿债能力；EBITDA 利息倍数、EBITDA/全部债务主要用来衡量企业长期偿债能力。

现金短期债务比主要衡量企业现金类资产对短期债务的保障程度。现金类资产/短期债务比值越高，企业的短期偿债能力越强。

经营现金流动负债比是从现金流量角度来反映企业当期偿付短期负债的能力。经营现金流动负债比越高，企业的短期偿债能力越强。

EBITDA 利息倍数反映企业以息税、折旧及摊销前利润对利息的保障程度。EBITDA 利息倍数越高，企业的长期偿债能力越强。

EBITDA/全部债务反映企业以息税、折旧及摊销前利润对有息债务的偿还能力。EBITDA/全部债务越高，企业长期偿债能力越强。

（三）可持续发展能力

可持续发展能力主要考量发展韧性、财务弹性和 ESG 三个方面。

1. 发展韧性

发展韧性主要从区域经济发达程度和单公里汽车保有量两个方面评价。

区域经济发达程度是一个定性指标，直接影响收费公路企业的未来发展。这一因素决定了未来的客货运需求量和车流量，进而影响企业的盈利水平和信用状况。区域经济发展水平越高、经济活跃程度越高，则人员与货物流动性越大，对公路运输的需求越大，收费公路的车流量就越大。评价区域经济发达程度主要考虑地区 GDP 规模、人均 GDP、人口密度等因素，综合反映地区客货运需求量。经济发达程度越高，企业发展韧性越强。

单公里汽车保有量为定量指标，侧面反映地区客运量需求。

2. 财务弹性

财务弹性指标衡量企业的再融资能力，主要关注公司资产受限情况、授信额度使用情况、融资渠道是否畅通、融资渠道的多元化情况、融资成本与同行业相比处于何种水平。

3. ESG

ESG 指标的评价包括环境责任、社会责任和公司治理三个方面。具体分析见总论。

第十五章 商业银行业信用评级模型

一、行业定义

商业银行是指依照《中华人民共和国商业银行法》和《中华人民共和国公司法》设立的吸收公众存款、发放贷款、办理结算等业务的企业法人。商业银行是为从事商品生产和流通的企业提供金融服务的企业，在经营性质和经营目标上，商业银行与中央银行和政策性金融机构不同。商业银行以盈利为目的，在经营过程中讲求效益性、安全性和流动性原则。本信用评级方法适用于主要包括大型国有商业银行、全国性股份制商业银行、城市商业银行、外资银行、民营银行、农村商业银行、村镇银行、农村信用社和农村合作银行等。

二、同业分析

联合对各家评级机构所使用的指标进行了归纳汇总，高频指标具体见表 4.15.1。

表 4.15.1　国内外评级机构高频指标对比——商业银行业

非财务指标	财务指标
业务多元化	拨备覆盖率
客户集中度	不良贷款率
风险管理体系	成本收入比
公司治理	核心一级资本充足率
市场地位	贷款规模
经营地区经济状况	流动性比例
行业政策	资本充足率

资料来源：各家评级机构官网，联合整理。

三、单变量分析

（一）相关性分析

联合对 5 个非财务指标，85 个财务指标共 90 个指标与利差、信用等级之间进行相关性分析。结果显示，与利差和信用等级相关性均显著的指标有 53 个，见表 4.15.2。

表 4.15.2　与利差和信用等级均显著相关指标

非财务指标	财务指标		
宏观和区域风险	个人贷款	应付债券	存款合计（不含应付利息）
公司治理	以公允价值计量且其变动计入其他综合收益的金融资产	卖出回购金融资产	股东权益
业务经营分析	净利润	减值损失	贷款余额合计
风险管理水平	利润总额	个人活期	负债总额
未来发展	长期股权投资	储蓄存款	公司存款
	公司活期	存放同业款项	同业资产
	以摊余成本计量的金融资产	投资资产	公司定期
	拨备前利润总额	衍生金融资产	资产总额
	利息净收入	拆入资金	平均资产收益率稳定性
	营业收入	其他权益工具	平均净资产收益率稳定性
—	买入返售金融资产	贴现资产	不良贷款率
	信用减值损失	拆出资金	减值损失/拨备前利润总额
	客户存款	实收资本	核心一级资本净额
	贷款及垫款净额	个人定期	一级资本净额
	公司贷款	市场融入资金	资本净额
	以公允价值计量且其变动计入当期损益的金融资产	可供出售金融资产	净稳定资金比例

（二）频率分布分析

联合对 90 个指标均做了频率分布分析。指标频率分布图单调性明显，图形陡峭，指标与利差对应关系较为明显的见表 4.15.3。

表 4.15.3 频率分布分析对应关系较为明显的指标

非财务指标	财务指标		
宏观和区域风险	个人贷款	以公允价值计量且其变动计入当期损益的金融资产	储蓄存款
公司治理	净利润	存款合计（不含应付利息）	投资资产
业务经营分析	利润总额	股东权益	拆入资金
风险管理水平	公司活期	贷款余额合计	贴现资产
未来发展	拨备前利润总额	负债总额	拆出资金
	利息净收入	公司存款	实收资本
	营业收入	公司定期	个人定期
	买入返售金融资产	资产总额	市场融入资金
	客户存款	应付债券	同业存放款项
	贷款及垫款净额	卖出回购金融资产	其他存款
一	公司贷款	减值损失	平均资产收益率
	个人活期	拨备覆盖率	资本净额
	平均净资产收益率	减值损失/拨备前利润总额	投资资产占比
	拨备前资产收益率	核心一级资本净额	一级资本净额
	不良贷款率	一	一

四、商业银行模型指标清单

商业银行主体评级打分表见表 4.15.4、表 4.15.5、表 4.15.6。

表 4.15.4 商业银行主体评级打分表——经营能力评价

一级因子	二级因子	三级因子
经营能力	市场竞争力	存款规模
		区域经济环境
		业务多元化：地域分散化程度和业务多样性
	风险管理	全面风险管理能力
		拨备覆盖率

表 4.15.5　商业银行主体评级打分表——财务能力评价

一级因子	二级因子	三级因子
财务能力	资产质量和盈利能力	平均净资产收益率
		减值损失/拨备前利润总额
		不良贷款率
		不良及关注类贷款占比
	资本和偿付能力	资本充足率
		核心一级资本净额
	负债和流动性	流动性比例或净稳定资金比例
		客户存款/负债总额

表 4.15.6　商业银行主体评级打分表——可持续发展能力评价

一级因子	二级因子	三级因子
可持续发展能力	发展韧性	发展趋势
	财务弹性	再融资能力
	ESG	环境责任
		社会责任
		公司治理

（一）经营能力

商业银行经营能力主要从市场竞争力和风险管理两个方面评价。

1. 市场竞争力

市场竞争力主要从存款规模、区域经济环境和业务多元化方面评价。

存款规模为定量指标。对商业银行来说，经营规模对判断其竞争能力十分重要，存款规模是商业银行经营规模的重要体现，是体现商业银行市场地位的重要指标。

区域经济环境为定性指标。城市商业银行和农村金融机构等地方性银行的业务开展主要集中于某个区域，区域经济环境主要影响银行的业务规模、结构和增速以及资产质量等。分析区域经济风险时主要考虑区域经济实力、财政实力和地方政府债务等方面。

业务多元化为定性指标，主要从分支机构地域分散化程度和业务多样性两个方面进行判断。商业银行分支机构设立的地域分散化程度一定程度上反映出其业务经营面临的集中风险和发展空间，地域分散化程度越高，意味着其受单一地区风险集中爆发的影响越小，同时发展空间更大；联合会结合中间业务收入占比、数字银行和金融科技的发达程度来判断商业银行的业务多样性，中间业务收入占比越高，数字银行和金融科技发达程度越强，一般情况下，商业银行业务多样化程度越高，其市场综合竞争力越强。

2. 风险管理

风险管理主要考量商业银行的全面风险管理能力和拨备覆盖水平。

全面风险管理能力指标为定性指标，主要考察商业银行的风险管理架构及制度是否完善和健全，以及运营中可能面对的风险（信用风险、流动性风险、市场风险和操作风险等）。全面风险管理能力对商业银行持续发展至关重要。联合关注商业银行是否建立了符合业务发展需求的风险管理架构，是否建立了信用风险、流动性风险、市场风险、操作风险等各类风险管理制度并进行持续的监控，是否针对不断变化的环境和情况及时修改完善风险管理的制度、方法和手段，以控制新出现的风险或以前未能控制的风险。联合将评估商业银行风险管理体系的运行、风险管理政策的落实、风险管理工具的使用，以及能否有效地对各类风险进行识别、评估、监测和控制。

拨备覆盖率（拨备覆盖率=贷款损失准备金余额/不良贷款余额×100%）衡量商业银行计提的贷款减值准备对不良贷款的覆盖程度，拨备覆盖率越高，资本越不易受到侵蚀，越有助于商业银行保持较强的偿付能力。

（二）财务能力

财务能力主要考量资产质量和盈利能力、资本和偿付能力、负债和流动性三个方面。

1. 资产质量和盈利能力

商业银行资产质量和盈利能力主要用不良贷款率、不良及关注类贷款占比、平均净资产收益率和减值损失/拨备前利润总额指标衡量。

不良贷款率（不良贷款率=不良贷款余额/贷款余额×100%）是衡量商业银行资产质量的核心指标，不良贷款率越低，其资产质量越好。

不良及关注类贷款占比［不良及关注类贷款占比=（不良贷款余额+关注类贷款余额）/贷款余额×100%］是衡量商业银行资产质量的重要指标，不良及关注类贷款占比越低，其资产质量越好。

平均净资产收益率（平均净资产收益率=当期净利润/［（期初所有者权益+期末所有者权益）/2］×100%）衡量商业银行对于所有者权益的运营能力，

平均资产净收益率越高，越有助于资本的补充，进而保证较强的偿付能力。

减值损失/拨备前利润总额［减值损失/拨备前利润总额＝资产减值损失/（利润总额+资产减值损失）×100%］衡量资产减值准备的计提对于盈利的消耗程度。减值损失/拨备前利润总额指标越高，减值损失对盈利的消耗程度越高。

2. 资本和偿付能力

资本和偿付能力主要用资本充足率和核心一级资本净额指标衡量。

资本充足率［资本充足率＝（总资本−对应资本扣除项）/风险加权资产×100%］是衡量商业银行资本充足性的核心指标，表示商业银行在存款人和债权人的资产遭受损失之前，能够以自己的资本承担损失的能力，是核心监管指标之一。

核心一级资本净额的大小一定程度上反映了商业银行业务规模上限以及吸收损失能力的强弱，核心一级资本净额越高，商业银行吸收损失能力越强，对债务的保障程度越高。

3. 负债和流动性

负债和流动性主要用流动性比例（适用于资产规模<2000亿元的商业银行）、净稳定资金比例（适用于资产规模≥2000亿元的商业银行）和客户存款/负债总额指标衡量。

净稳定资金比例（净稳定资金比例＝可用的稳定资金/业务所需的稳定资金×100%）是资产规模在2000亿元及以上的商业银行测量可用的稳定资金对于业务所需资金的覆盖程度。分子端即银行可用的稳定资金，该指标值越高，说明银行稳定资金来源越充足，应对中长期资产负债结构性问题的能力越强。

流动性比例（流动性比例＝流动资产/流动负债×100%）用于衡量资产规模在2000亿元以下的商业银行现金以及一个月内可变现等资产对活期存款以及一个月内到期等负债的覆盖程度。流动性比例高，说明商业银行短期流动性水平较好。

客户存款/负债总额用于衡量商业银行的负债稳定性，客户存款占负债总额的比重越高，说明商业银行负债的稳定性越好，越有助于其整体保持良好的流动性水平。

（三）可持续发展能力

可持续发展能力主要考量发展韧性、财务弹性和ESG三个方面。

1. 发展韧性

联合对商业银行发展韧性的评估主要从发展趋势来评估。

发展趋势指标为定性指标，是指预计银行的未来经营情况让其有能力在行业整体展望负面的时候依然有抵御风险、稳定发展的能力，包含业务结构稳健性、金融科技发展与应用水平、发展战略等方面。由于银行业是顺周期行业，商业银行的发展战略应依据外部宏观经济环境和自身条件的状况及其变化来制定和实施，并根据对实施过程与结果的评价和反馈来调整。每一家银行都会对自身的发展前景有一个规划或预期，这在某种程度上体现着决策管理层的经营战略和发展构想。一般而言，战略规划与行业发展方向越契合，战略发展目标及实现途径越清晰，且实现目标的条件越充足，其达成战略目标的可能性越高，对未来发展越有利。联合需要对商业银行发展战略的综合分析，对其实现经营预期的可能性和可行性做出判断。

2. 财务弹性

财务弹性影响着商业银行应对财务危机的能力，反映其适应经济环境变化的能力。保持适度财务弹性的商业银行具有有效的负债管理和保护机制，在面对无法预见的紧急情况时，商业银行可以通过自身造血和外部再融资空间及时筹措和调度资金，保持商业银行内外部流动性，避免出现现金周转不畅、调度不灵的情形。联合主要通过考察商业银行再融资能力衡量其财务弹性。商业银行的再融资能力主要关注融资渠道是否畅通、融资渠道的多元化情况、融资成本在同行业中所处的水平以及市场融入资金占比。

3. ESG

ESG 指标的评价包括环境责任、社会责任和公司治理三个方面。具体分析见总论。

第十六章 保险行业信用评级模型

一、行业定义

根据国家统计局公布的国民经济行业分类（GB/T4754—2017）以及结合全球行业分类标准（GICS）和实际信用评级中的需要，保险业属于金融业，包括人身保险、财产保险、再保险、商业养老金、保险中介服务、保险资产管理、保险监管服务及其他保险活动。本信用评级方法适用于：经营原保险业务的人寿保险公司，具体指以人的寿命和身体为保险标的的保险活动，包括人寿保险、年金保险、健康保险和意外伤害保险等；经营原保险业务的财产保险公司，具体指以财产及其有关利益为保险标的的保险，包括财产损失保险、责任保险、信用保险、保证保险等。

二、同业分析

联合对各家评级机构所使用的指标进行了归纳汇总，高频指标具体见表4.16.1、表4.16.2。

表4.16.1 国内各评级机构高频指标对比——寿险行业

非财务指标	财务指标
原保险保费市场份额	投资收益率
产品多样性	综合偿付能力充足率
渠道控制力及多元化	核心偿付能力充足率
市场风险	退保率
高风险投资占比	平均净资产收益率
次级债权权益占比	平均资产收益率
高风险资产/股东权益	综合流动性比率
新业务价值率	流动性覆盖率

非财务指标	财务指标
风险管理能力	—
久期匹配度	

资料来源：各家评级机构官网，联合整理。

表 4.16.2 国内各评级机构高频指标对比——财险行业

非财务指标	财务指标
原保险保费市场份额	再保险杠杆率
风险管理能力	投资收益率
产品多样性	综合偿付能力充足率
渠道控制力及多元化	核心偿付能力充足率
发电量	赔付率
市场风险	平均净资产收益率
高风险投资占比	平均资产收益率
次级债务权益占比	综合流动性比率
高风险资产/股东权益	流动性覆盖率
—	综合成本率

资料来源：各家评级机构官网，联合整理。

三、单变量分析

联合对寿险 94 个指标、财险 85 个指标与信用等级之间进行相关性分析。结果显示，与信用等级相关性显著的指标分别有 7 个和 8 个，见表 4.16.3、表 4.16.4。

表 4.16.3 与信用等级显著相关指标（寿险行业）

非财务指标	财务指标
原保费收入	净资产收益率
市场份额	总资产收益率
	所有者权益
—	实际资本
	综合偿付充足率

表 4.16.4　与信用等级显著相关指标（财险行业）

非财务指标	财务指标
原保费收入	净资产收益率
市场份额	总资产收益率
—	投资收益率
	综合成本率
	实际资本
	所有者权益

四、保险行业模型指标清单

保险企业主体评级打分表见表 4.16.5、表 4.16.6、表 4.16.7、表 4.16.8、表 4.16.9、表 4.16.10。

1. 寿险企业模型指标清单

表 4.16.5　寿险企业主体评级打分表——经营能力评价

一级因子	二级因子	三级因子
经营能力	市场竞争力	业务所属区域经济环境
		市场份额
		保费收入增速稳定性
		渠道控制力及多样性
	风险管理	全面风险管理体系
		高风险资产/股东权益

表 4.16.6　寿险企业主体评级打分表——财务能力评价

一级因子	二级因子	三级因子
财务能力	盈利能力	总资产收益率
		投资收益率
		赔付率
		退保率
	资本和偿付能力	所有者权益
		综合偿付能力充足率
		核心偿付能力充足率
	流动性	综合流动性比率
		可快速变现资产/资产总额

表 4.16.7　寿险企业主体评级打分表——可持续发展能力评价

一级因子	二级因子	三级因子
可持续发展能力	发展韧性	发展趋势
		新业务价值率
	财务弹性	资本补充能力
	ESG	环境责任
		社会责任
		公司治理

2. 财险企业模型指标清单

表 4.16.8　财险企业主体评级打分表——经营能力评价

一级因子	二级因子	三级因子
经营能力	市场竞争力	业务所属区域经济环境
		市场份额
		保费收入增速稳定性
		渠道控制力及多样性
	风险管理	全面风险管理体系
		高风险资产/股东权益

表 4.16.9　财险企业主体评级打分表——财务能力评价

一级因子	二级因子	三级因子
财务能力	盈利能力	总资产收益率
		投资收益率
		综合成本率
	资本和偿付能力	所有者权益
		综合偿付能力充足率
		核心偿付能力充足率
	流动性	综合流动性比率
		可快速变现资产/资产总额

表 4. 16. 10　财险企业主体评级打分表——可持续发展能力评价

一级因子	二级因子	三级因子
可持续发展能力	发展韧性	发展趋势
		准备金增长率
	财务弹性	资本补充能力
	ESG	环境责任
		社会责任
		公司治理

（一）经营能力

保险公司经营能力主要从市场竞争力和风险管理两个方面评价。

1. 市场竞争力

市场竞争力为定性指标，主要从业务所属区域经济环境、市场份额、保费收入增速稳定性、渠道控制力及多样性四个方面进行评价。

业务所属区域经济环境为定性指标。保险公司均为全国展业企业，由于部分保险公司的经营区域在一定范围的省份内，故对于区域经济环境应重点分析经济发展质量、产业结构合理程度、城镇化进程、居民收入水平等。区域经济环境主要考察指标包括 GDP 及其增速、人均可支配收入、区域保险深度和密度、地区多发性自然灾害、地理和气候等因素。一般来讲，区域经济发展水平越高，人口密度越大，医疗水平越高，人均可支配收入水平越高，区域内保险公司业务发展水平越高。

市场份额是指原保费收入市场份额，是保险公司的原保费收入在行业内各家公司的原保费收入中的占比情况，是体现保险公司市场地位的重要指标。原保费收入市场份额越高，保险公司的市场地位越高，对于保险公司长期业务拓展以及公司盈利增长越有利。

保费收入增速稳定性为定量指标。保费收入波动性＝原保费收入三年增长率的方差/标准差，是衡量保险公司保费收入增长的稳定程度，保险公司保费收入波动性越稳定，则其经营策略及市场竞争地位越稳定，如果出现大幅的波动，则表明其产品结构或经营政策发生较大变化，需关注保险公司所面临的经营风险。此外，对于新成立的保险公司，由于初期业务拓展，也会导致成立初期保费收入增长率呈现较大波动。

渠道控制力及多样性为定性指标。销售渠道是将保险产品、服务与保险消费者有效连接起来的纽带，保险销售渠道的建设和维护是开展保险业务的重要方面。销售渠道包含渠道控制力和渠道多样性两个方面，故对销售渠道的考察，主要关注自营渠道建设情况、自营渠道保费收入占比、销售渠道多样性及分散度、佣金率水平和变化等指标。

2. 风险管理

保险行业的风险管理指标为定性和定量指标，主要通过考察保险公司内部全面风险管理体系以及高风险资产与股东权益的比例倍数。

（二）财务能力

财务能力主要考量盈利能力、资本和偿付能力、流动性三个方面。

1. 盈利能力

保险行业盈利能力主要从总资产收益率、投资收益率，以及寿险公司的退保率和赔付率，财险公司的综合成本率等几个方面评价。

总资产收益率＝净利润/〔（期初资产总额+期末资产总额）/2〕×100%。该指标为反映企业盈利能力的重要指标之一，指标数值越高，表明企业资产与该企业所能获得的收益越高，指标数值越低，则反映出企业过高追求资产规模或资产规模某种意义上的减值。

投资收益率＝（投资收益+公允价值变动损益）/〔（期初投资类资产余额+期末投资类资产余额）/2〕×100%。该指标是保险公司投资能力的直接反映，投资收益率的大小，一定程度上反映了保险公司资产端资金运用收益水平的强弱。另外，财险公司投资收益率指标整体评价水平低于寿险公司，主要是由于保险公司负债端业务成本和不同类型保险公司资产端投资策略的不同所致。

寿险公司考虑赔付率＝（赔付支出−摊回赔付支出）/已赚保费，以及退保率＝本期退保金/（期初寿险责任准备金+期初长期健康险责任准备金+本期期缴保费收入）。通过对寿险保单赔付和退保情况的综合考量，以判断寿险公司业务成本消耗情况。

对于财险公司考虑综合成本率＝综合费用率+综合赔付率，是对财险公司整体业务品质的体现。其中，综合费用率＝（分保费用+营业税金及附加+手续费及佣金支出+业务及管理费−摊回分保费用）/已赚保费，综合赔付率＝（赔付支出−摊回赔付支出+提取保险责任准备金−摊回保险责任准备金+提取保费准备金）/已赚保费。综合成本率越低，反映承保业务盈利能力越好。

2. 资本和偿付能力

资本结构主要用所有者权益、综合偿付能力充足率和核心偿付能力充足率三个指标衡量。

所有者权益是反映所有者投入资本的保值增值情况，是企业债务的重要保障基础，所有者权益越高，对债务的保障程度越高。净资产＝所有者权益＝资产总额−负债总额，该指标是衡量一个公司资本实力的直接依据之一。

综合偿付能力充足率（综合偿付能力充足率＝实际资本/最低资本×100%）和核心偿付能力充足率（核心偿付能力充足率＝核心资本/最低资本×100%），均反映保险公司资本充足性的重要指标，偿付能力充足性指标越高，保险公司的资本越充足，保险公司履行保单责任、承受投资损失等风险的能力越强，能为其业务的长期发展提供越大力度的保障。

3. 流动性

保险行业流动性主要用综合流动性比率和可快速变现资产在资产总额中的占比来衡量。

未来一段时间内的综合流动性比率（未来一段时间内的综合流动性比率＝现有资产未来一段时间内现金流入/现有负债未来一段时间内现金流出），该指标为"偿二代"体系下的流动性指标之一，未来的一段时间包括未来的3个月、1年内、5年内等期限，具体期限的选取需根据具体保险公司的流动性情况、业务发展策略、资产和负债的久期匹配情况等因素具体考察。

可快速变现资产/资产总额是衡量保险公司持有的短期内具有快速变现能力或高流动性的资产配置情况，该类资产可以帮助保险公司在集中赔付发生或者债务集中到期的情况下，获得足够的资金应对并维持正常经营水平。该指标也可反映出保险公司在综合考量流动性的前提下对资产的配置情况。

（三）可持续发展能力

可持续发展能力主要考量发展韧性、财务弹性和 ESG 三个方面。

1. 发展韧性

保险公司发展韧性主要从发展趋势和新业务价值率/准备金增长率两个方面评价。

发展趋势为定性指标。保险公司属于强监管行业。对于保险公司的主营保险业务方面，寿险和财险的各类保险产品主要采用注册制和报备制两种方式，均需通过银保监会审批审核或报备通过方可面向客户销售，并且在产品的需求上，不同类型的保险产品需求基本趋同，故各家保险企业在保险产品销售商存在一定程度的趋同，因此主要业务发展表现在产品设计的差别、费率差异、服务差异以及渠道差异等方面，均会最终作用于企业的产品销售表现上，影响企业自身的信用状况。销售渠道广泛、产品丰富、服务能力强、费率存在一定优势的保险公司的市场竞争优势也越明显。不同企业由于经营策略的不同，在产品研发和销售的策略各有不同，通常品牌效应好、专项产品设计口碑好、销售渠道稳定广泛、理赔及产品服务好等具有更高附加值的企业，在未来业务发展上更具有可持续性。此外，保险公司的利润还来源于其资金的运用成果，由于银保监会对于不同类型的企业资金投向和各类资产的配置的限额均有较为明确的规定，因此在保险资金运用上，保险公司受到更为严格的监管；但仍需关注在高风险资产投资方面，保险公司具体的投资策略和投资偏好，在实现收益的同时，更稳健的投资策略能为保险公司带来更持续的投资利润，以应对未来的发展。

新业务价值率＝新业务价值/年化保费收入。该指标是寿险企业当年产生的保单价值，这部分会在未来转化为公司的内含价值。新业务价值＝年化新保费×新业务价值率，新业务价值的增速决定了寿险公司的成长性。

准备金增长率＝（年末准备金计提规模−上年末准备金计提规模）/上年末准备金计提规模×100%。财险公司保险产品期限均为一年期及以内，因此根据每年产品策略、产品种类和规模的不同，其相应的计提保险责任准备金的规模均不相同，因此通过年末准备金规模较上期的变动增长情况可以看出财险的业务成长性。

2. 财务弹性

财务弹性影响着保险公司应对财务危机的能力，反映企业适应经济环境变化的能力。保持适度财务弹性的企业具有有效的资金链管理和保护机制，在面对无法预见的紧急情况时，保险公司主要通过自身利润留存、发行资本补充债及股东增资的方式筹措和调度资金，保持企业内外部流动性，避免出现现金周转不畅、调度不灵的情形。联合一般主要通过保险公司的资本补充能力来衡量考察保险公司的财务弹性。

3. ESG

ESG 指标的评价包括环境责任、社会责任和公司治理三个方面。具体分析见总论。

第十七章　证券行业信用评级模型

一、行业定义

联合按照 2019 年修订颁布的《证券法》来确定本方法和模型所指的证券公司行业。本评级方法和模型适用于证券公司行业，证券公司是指依照《公司法》和《证券法》规定，经国务院证券监督管理机构审查批准经营证券业务的有限责任公司或者股份有限公司；业务范围包括证券经纪，证券投资咨询，与证券交易、证券投资活动有关的财务顾问，证券承销与保荐，证券自营，证券资产管理以及其他证券业务。

二、同业分析

联合对各家评级机构所使用的指标进行了归纳汇总，高频指标具体见表 4.17.1。

表 4.17.1　国内外评级机构高频指标对比——证券行业

非财务指标	财务指标
宏观环境	净资本
行业环境	平均资本收益率
运营实力	营业费用率
市场地位	风险覆盖率
风险管理能力	资本杠杆率
业务竞争力	流动性覆盖率
区域分布	EBITDA 利息倍数
营业收入行业占比	总债务/EBITDA
市场占有率	营业收入支出比
业务集中度	净资本收益率
业务风险水平	总资产收益率

续表

非财务指标	财务指标
	净资本负债率
	净资产负债率
	净资本/净资产
—	资产负债率
	流动比率
	短期有息负债/总有息负债
	净稳定现金率

资料来源：各家评级机构官网，联合整理。

三、单变量分析

(一) 相关性分析

联合对 7 个相关非财务指标，21 个相关财务指标共 28 个指标与利差之间进行相关性分析。结果显示，与利差相关性显著的指标有 12 个，见表 4.17.2。

表 4.17.2　与利差显著相关指标

非财务指标	财务指标
市场地位	货币资金
经纪业务客户规模	资产总额
机构客户服务能力	营业收入
	营业利润
	短期债务比
—	平均净资产收益率
	净资本
	自营权益及衍生品/净资本
	自营固定收益/净资本

与信用等级相关性显著的指标有 12 个，见表 4.17.3。

表 4.17.3　与信用等级显著相关指标

非财务指标	财务指标
市场地位	货币资金
经纪业务客户规模	资产总额
机构客户服务能力	营业收入
—	营业利润
	权益乘数
	平均净资产收益率
	净资本
	自营权益及衍生品/净资本
	自营固定收益/净资本

（二）频率分布分析

联合对 28 个指标均做了频率分布分析。指标频率分布图单调性明显，图形陡峭，指标与利差对应关系较为明显的指标有 14 个，见表 4.17.4。

表 4.17.4　频率分布分析对应关系较为明显的指标

非财务指标	财务指标
市场地位	净资本
经纪业务客户规模	自营权益及衍生品/净资本
机构客户服务能力	货币资金
业务综合竞争力	资产总计
业务多元化	营业收入
—	营业利润
	短期债务占比
	权益乘数
	各项风险资本之和

四、证券行业模型指标清单

证券企业主体评级打分表见表 4.17.5、表 4.17.6、表 4.17.7。

表 4.17.5　证券企业主体评级打分表——经营能力评价

一级因子	二级因子	三级因子
经营能力	市场竞争力	市场地位
		业务综合竞争力
		业务多元化
	风险管理水平	监管评价
		风控体系
		风险覆盖率

表 4.17.6　证券企业主体评级打分表——财务能力评价

一级因子	二级因子	三级因子
财务能力	盈利能力	净资产收益率
		盈利波动性
	资本与杠杆	净资本
		资本杠杆率
	流动性	优质流动资产/总资产
		流动性覆盖率

表 4.17.7　证券企业主体评级打分表——可持续发展能力评价

一级因子	二级因子	三级因子
可持续发展能力	发展韧性	机构客户服务能力
		经纪业务客户规模
		转型创新能力
	财务弹性	融资渠道多样性
		外部授信/净资产
	ESG	环境责任
		社会责任
		公司治理

（一）经营能力

证券企业经营能力主要从市场竞争力和风险管理水平两个方面评价。

1. 市场竞争力

市场竞争力主要从市场地位、业务综合竞争力、业务多元化三个方面评价。

市场地位为定量指标，是证券公司业务经营能力的主要体现，联合认为，营业收入/全行业收入指标的最近年度数据能够反映证券公司在行业中市场地位，收入市场占有率越高，证券公司市场地位越高。

业务综合竞争力为定性指标，侧重于证券公司综合业务资质，单项业务竞争力、业务结构以及各业务板块协同能力。具有齐全的业务牌照的证券公司能够提供综合金融服务，证券公司各单项业务市场排名越高，业务协同能力越强，其业务综合竞争力得分越高。

业务多元化为定量指标。对于证券公司来说，业务多元化程度越高意味着其对单一业务的依赖性越低，抵御风险的能力越强，一般来说，券商规模越大，也具有更多的资本和业务资质开展多元化的业务，而中小券商其业务可能会存在对自营和经纪业务过度依赖的情况，业务更容易受到市场波动的影响。业务多元化主要通过最大单一业务收入占比来衡量，占比越高，得分越低。

2. 风险管理水平

风险管理水平主要从监管评价、风控体系和风险覆盖率三个方面评价。

监管评价为定性指标，证券业协会发布的证券公司分类评级结果是证券公司风险管理水平的综合反映，因此在打分过程中会将监管评价作为重要参考。

风控体系为定性指标。风控体系的评价考察证券公司风险管理架构和制度体系是否完善和健全，证券公司的风险偏好以及对于运营中可能遇到的风险的管理能力。证券公司风险管理能力包括对信用风险、市场风险、操作风险和流动性风险的管理。信用风险管理主要关注信用风险管理体系建设情况，包括内部评级制度、客户准入制度、授信审批体系、抵质押率、保证金比例、担保比例等。市场风险管理主要关注证券公司投资组合面临的主要风险类别以及相应的风险管理措施；市场风险评估技术以及风险对冲措施和手段；市场风险压力测试结果和自营权益类证券及衍生品/净资本等指标。操作风险管理主要关注操作风险管理体系和政策，操作风险监控和评估程序的有效性。流动性风险管理主要关注证券公司资产负债管理策略，内部流动性储备、外部融资渠道以及流动性风险监管指标等。

风险覆盖率为定量指标，作为证券公司全面风险管理水平的衡量标准，风险覆盖率=净资本/各项风险资本准备之和×100%，该指标反映了净资本对于各项风险准备之和的覆盖程度，是证券公司抵御风险的能力的反映。风险覆盖率取自证券公司风险控制指标监管报告。

（二）财务能力

财务能力主要考量盈利能力、资本与杠杆和流动性三个方面。

1. 盈利能力

盈利能力主要从净资产收益率和盈利波动性两个方面评价。

净资产收益率主要衡量证券公司净资产的收益水平。

盈利波动性（盈利波动性=近 3 年利润总额标准差/利润总额算术平均值的绝对值×100%），主要衡量证券公司盈利的稳定性，反映证券公司应对业务周期峰谷的能力。联合认为，如果证券公司难以摆脱"靠天吃饭"的业务性质，难以在周期波动中保持盈利稳定，则意味着其应对风险的能力不足，更容易在市场低谷时期造成较大的业绩亏损，进而影响其偿债能力及信用水平。该指标越低，则意味着盈利波动性越小，反映了证券公司较好的盈利稳定性和持续性。

2. 资本与杠杆

资本与杠杆主要用净资本和资本杠杆率指标衡量。净资本和资本杠杆率取自证券公司风险控制指标监管报告。

净资本分为核心净资本和附属净资本。核心净资本是证券公司净资产剔除掉风险调整项目后的值，代表证券公司可随时用于变现以满足支付需要的资金数额；附属净资本主要来自中国证监会认定或核准的可计入附属净资本的项目，包括优先股、应急可转债、次级债等。数值越大，证券公司资本实力越强。

资本杠杆率（资本杠杆率=核心净资本/表内外资产总额×100%），该指标将证券衍生品、资产管理等表外证券公司业务考虑在内，该指标越高，则意味着证券公司杠杆水平越低，其经营越安全。

3. 流动性

流动性主要用优质流动资产/总资产、流动性覆盖率衡量。

优质流动资产/总资产=优质流动资产/总资产×100%，优质流动资产取自监管报表，总资产=净资产+负债（均取自监管报表）。该指标主要衡量证券公司资产的流动性即资产的即期变现能力，该指标越高，意味着证券公司持有的优质流动资产越多，其资产在无损状态下迅速变现的能力越强，那么应对流动性风险的能力越强。

流动性覆盖率（流动性覆盖率＝优质流动资产/30 天内净流出×100%），取自证券公司风险控制指标监管报告。该指标指的是证券公司要保持充足的、无变现障碍的优质流动性资产，并通过变现这些资产来满足未来 30 日的流动性需求，主要衡量短期内证券公司应对流动性风险的能力；该指标越高，意味着证券公司应对流动性风险能力越强。

（三）可持续发展能力

可持续发展能力主要考虑发展韧性、财务弹性和 ESG 三个方面。

1. 发展韧性

发展韧性因素主要从机构客户服务能力、经纪业务客户规模和转型创新能力三个方面考量。

机构客户服务能力为定量指标，主要从交易单元席位租赁收入占有率（公司交易单元席位租赁收入/全行业交易单元席位总租赁收入×100%）去考量，交易单元席位租赁收入均来自中国证券业协会官网，占比越高，公司机构客户服务能力越强。

经纪业务客户规模为定量指标，主要从客户资金占有率（证券公司客户资金余额/全行业总客户资金余额×100%）去考量，客户资金余额数据均来自中国证券业协会官网。客户资金占有率与证券公司经纪业务客户规模成正比，主要衡量证券公司经纪业务在行业内的地位与实力。

转型创新能力为定性指标，考量证券公司未来发展方向是否契合市场和政策导向，从财富管理转型成果、资管业务转型情况、对金融科技投入三个方面来综合考察。向财富管理转型为当前乃至未来很长一段时间内证券公司经纪业务发展的必然趋势，而受资管新规等因素影响，证券公司资管业务普遍面临主动管理转型的压力，同时，中国互联网经济飞速发展，传统金融与现代科技的成功结合为多家金融机构注入了新的活力，证券公司对金融科技的研发投入在一定程度上代表着未来的发展潜力。

2. 财务弹性

证券公司财务弹性因素主要从融资渠道多样性和外部授信/净资产两个方面考量。

融资渠道多样性为定性指标，多样性的融资渠道可以为证券公司提供稳定的资金来源，较单一融资渠道抗干扰性更强，风险性更低。

外部授信/净资产＝银行、非银机构授信和股东流动性支持之和/证券公司净资产×100%，为定量指标，数据来源主要为受评证券公司年报、提供资料和风险监控报表。

3. ESG

ESG 指标的评价包括环境责任、社会责任和公司治理三个方面。具体分析见总论。

第十八章　金融控股类企业信用评级模型

一、行业定义

本模型所指金融控股类企业是以控制金融类企业的股份作为其主要业务及主要收入来源的企业。由于金融控股类企业业务组合多样、个体特征差异较大，本模型从可操作性及便利性角度出发，主要依据控股型企业旗下金融业务收入占比划分适用范围。一般情况下，本模型适用于控股金融业务种类在两种及以上，且金融业务收入占比超过总收入 50%，同时单一金融业务收入占比低于总收入 80% 的金融控股类企业。某些情况下，部分多元控股型企业旗下金融业务利润贡献度很高，但由于利润很低的一般工商类业务收入规模较大，导致其金融业务收入占比较低，对于上述控股型企业本模型也存在一定的适用性及参考价值。对于旗下单一金融业务收入占比超过总收入 80% 的控股型企业，因单一业务对其经营影响很大，该类控股型企业则适用于该核心业务所属特定行业的评级方法。

二、同业分析

由于金融控股类企业的评级方法及模型通常纳入非银金融机构或其他企业的评级方法及模型，目前尚无单独的金融控股类企业评级方法及模型，即使在非银金融机构或其他企业的评级方法及模型中，也没有明确提及适用于金融控股类企业，因此只能在已有文献基础上，充分借鉴其他金融机构（如投资管理公司、资产管理公司、证券公司等）的评级方法及模型，按照 3C 评级框架要求，提出金融控股类企业的评级指标。

非财务指标选取方面，主要考察市场地位、业务组合、风控能力、对子公司控制力等；财务指标方面，主要考察资本实力和结构、盈利能力、流动性和偿债能力等。

三、单变量分析

(一) 相关性分析

联合对 35 个指标与利差进行相关性检验，结果显示，与利差具有显著相关性的指标有 5 个，见表 4.18.1。

表 4.18.1　与利差显著相关指标

指标名称
平均净资产收益率
总资本收益率
总资产收益率变异系数
EBITDA 全部债务比
母公司资产负债率

(二) 频率分布分析

联合对 35 个指标开展频率分布分析。指标频率分布图单调性明显，图形陡峭，指标与利差对应关系较为明显的见表 4.18.2。

表 4.18.2　频率分布分析对应关系较为明显的指标

指标名称
所有者权益
平均净资产收益率
母公司口径资产负债率
母公司口径利润总额
总资产收益率变异系数
利润总额变异系数

四、金融控股类企业模型指标清单

金融控股类企业主体评级打分表见表 4.18.3、表 4.18.4、表 4.18.5。

表 4.18.3　金融控股类企业主体评级打分表——经营能力评价

一级因子	二级因子	三级因子
经营能力	市场竞争力	市场地位
		业务组合
		经调整的营业总收入
	风险管理水平	风控体系
		风控绩效

表 4.18.4　金融控股类企业主体评级打分表——财务能力评价

一级因子	二级因子	三级因子
财务能力	盈利能力	净资产收益率
		盈利能力稳定性
	资本与杠杆	所有者权益
		全部债务资本化比率
		母公司资产负债率
	偿债能力	筹资活动前现金流入/短期债务
		现金类资产短期债务比
		EBITDA/全部债务

表 4.18.5　金融控股类企业主体评级打分表——可持续发展能力评价

一级因子	二级因子	三级因子
可持续发展能力	发展韧性	综合服务能力
	财务弹性	再融资能力
	ESG	环境责任
		社会责任
		公司治理

(一) 经营能力

金融控股类企业经营能力主要从市场竞争力和风险管理水平两个方面评价。

1. 市场竞争力

市场竞争力主要从市场地位、业务组合和经调整的营业总收入三个方面评价。

市场地位是判断企业竞争力的重要指标。联合主要考察金融控股类企业旗下核心业务在全国范围内的细分行业地位，具体如市场占有率、权威机构行业排名、财务数据排名等，某些细分行业可能因监管限制等原因只能在属地区域内展业，则考察区域内的细分行业地位。并且，结合金融控股企业资源禀赋、品牌知名度、影响力和声誉等因素进行综合判断。

金融控股类企业的业务组合决定了其向客户提供的金融产品、服务的范围，对企业的发展有着重要影响作用。联合主要对企业参股、控股金融类业务的情况进行考察，主要包括金融牌照或业务齐全度及牌照价值两个方面。其中对于牌照价值的分析主要考虑金融业务是否具备特许经营权、是否处于强监管环境、集团内业务间的协同发展性、业务布局对集团资源使用的有效性等。

金融控股类企业具有业务覆盖范围广、业务组合复杂多样等特点，在并表层面无法用统一的业务规模指标进行衡量。因此，联合会对金融控股类企业每一项核心业务规模进行单独考量，并将并表层面收入规模视作业务规模的重要表征指标。收入规模反映了金融控股类企业在其业务组合下的经营成果，是其业务规模的体现，也在一定程度上反映了其市场竞争力。联合选取营业总收入指标对业务规模进行考察。但由于金融控股类企业财务报表格式存在不一致的情况，联合对一般企业财务报表格式的金融控股类企业的收入规模指标进行调整，考虑到金融企业投资收益对利润贡献度较高，联合在营业总收入基础上额外考虑了投资业务收益情况，并采用调整后的营业总收入进行行业内横向比较。

2. 风险管理水平

风险管理水平对于金融控股类企业长期可持续发展至关重要。联合对于金融控股类企业风险管理水平分析主要围绕两个方面：一是风险管理体系建设，二是风险管理评价。联合关注金融控股类企业的风险管理体系与组织架构建设、风险管理目标、风险偏好和容忍度设置及调整、风险管理人员素质、风险管理流程设置、信息化建设等；关注金融企业的上述设置是否满足监管机构或自律组织相关要求（如有）；金融企业风险管理目标和金融企业发展战略是否匹配。

联合主要从金融控股类企业及其核心子公司两个角度，通过监管评价、监管处罚情况、业务资产组合情况及风险抵御水平来验证对于金融企业风险管理水平的评价。同时，联合评估分析业务的客户集中度、行业集中度和区域集中度控制及变动情况，评估分析业务资产质量表现（如不良率、逾期率、违约率、代偿率等及其变动情况），通过行业内同业对比来综合判断其风险管理水平。

（二）财务能力

财务能力主要考察盈利能力、资本与杠杆和偿债能力三个方面。

1. 盈利能力

盈利能力在评级模型中主要采用净资产收益率和盈利能力稳定性指标衡量。

净资产收益率是反映股东盈利水平的重要指标，主要衡量企业资产的收益水平，该指标值越高，表明该企业资产所能获得的收益越高，该指标值越低，则反映出资产在某种意义上的减值。通常情况下，净资产收益率应高于社会平均投资收益率，可将该指标与银行一年期贷款利率相比较。

盈利能力稳定性使用近三年企业总资产收益率变异系数进行衡量，具体公式为近 3 年总资产收益率标准差/总资产收益率算术平均值×100%。该指标越低，则意味着盈利波动性越小，反映了该企业具备较好的盈利稳定性和持续性。

2. 资本与杠杆

资本与杠杆主要用合并口径所有者权益、全部债务资本化比率以及母公司资产负债率指标衡量。

所有者权益反映所有者投入资本的保值增值情况，是企业债务的重要保障基础。所有者权益越高，对债务的保障程度越高。

全部债务资本化比率衡量企业的刚性债务水平。在一定范围内，全部债务资本化比率越高，企业的有息债务负担越重。

母公司资产负债率能够反映母公司自身的杠杆水平和财务风险大小，一定程度上决定了母公司财务支出压力。

3. 偿债能力

偿债能力主要用现金类资产/短期债务、筹资活动前现金流入/短期债务和 EBITDA/全部债务指标来衡量。其中，现金类资产/短期债务和筹资活动前现金流入/短期债务主要用来衡量企业短期偿债能力；EBITDA/全部债务主要用来衡量企业长期偿债能力。

现金类资产/短期债务主要衡量企业现金类资产对短期债务的保障程度。现金类资产/短期债务比值越高，企业的短期偿债能力越强。

筹资活动前现金流入/短期债务是从现金流量角度来反映企业当期偿付短

期负债的能力。筹资活动前现金流入/短期债务比值越高，企业的短期偿债能力越强。

EBITDA/全部债务反映企业以息税、折旧及摊销前利润对有息债务的偿还能力。EBITDA/全部债务越高，企业长期偿债能力越强。

（三）可持续发展能力

可持续发展能力主要考虑发展韧性、财务弹性和 ESG 三个方面。

1. 发展韧性

联合对金融控股类企业发展韧性的评估主要考察其综合服务能力和协同效应，从战略协同、业务组合协同、资源及渠道、内部交易机制、牌照拓展、创新能力等方面定性评价。

2. 财务弹性

财务弹性影响着企业应对财务危机的能力，反映企业适应经济环境变化的能力。保持适度财务弹性的企业具有有效的资金链管理和保护机制，在面对无法预见的紧急情况时，企业可以通过自身造血和外部再融资空间及时筹措和调度资金，保持企业内外部流动性，避免出现现金周转不畅、调度不灵的情形。联合主要通过企业的直接融资和间接融资能力，以及融资空间等指标来考察企业的财务弹性。

3. ESG

ESG 指标的评价包括环境责任、社会责任和公司治理三个方面。具体分析见总论。

第十九章　地方政府信用评级模型

地方政府信用评级遵循 3C 信用评级理论，把可持续发展能力作为重要支柱之一，其三支柱内涵与企业有所不同，详见本章。

一、适用范围

联合的地方政府信用评级模型适用于中国地方政府主体信用评级。地方政府是指相对于中央政府而存在的各级政府。地方政府信用评级是对影响地方政府的诸多信用风险因素进行分析研究，对地方政府如期偿付债务的能力及偿还意愿进行的评价，是对其违约可能性及损失严重程度的综合评估。

二、评级框架

联合认为地方政府信用风险主要取决于区域经济实力、财政实力、债务状况和可持续发展能力。地方政府信用评级主要从区域经济风险、财政实力及债务风险、可持续发展能力共三个维度对地方政府的主体信用状况进行分析，从而形成以 3C 理论为基础的基本分析思路和评估框架。

（一）关键假设

联合地方政府信用评级基于以下假设：

1. 地方政府的信用风险主要取决于区域经济风险、财政实力、债务状况及可持续发展能力；

2. 地方政府信用水平与国家的信用水平存在一定的相关性，一般不高于国家的信用水平；

3. 假设我国宏观经济、金融市场环境、法律环境等不会发生根本性变化，不会出现不可抗力因素（如自然灾害、战争等）。

（二）评级框架

联合的地方政府信用评级方法从区域经济风险、财政实力及债务风险、可持续发展能力共 3 个维度对地方政府的主体信用状况进行分析。其中，区域经济风险主要考察地区经济基础水平和地区经济发达程度，财政实力及债务风险主要考察财政实力和债务状况，可持续发展能力主要考察发展韧性和政府治理水平。

从级别评定过程来看，首先通过区域经济风险、财政实力及债务风险和可持续发展能力三方面的评估，得出受评主体模型基础信用级别 R_0；其次，由评级专家总结给出的调整因素以及调整规则，对地方政府自身难以量化、非常态性的因素进行定性分析和调整，得到个体信用级别 R_1；最后，根据对外部支持力度的判断，得到地方政府主体信用级别 R_2，见图 4.19.1。

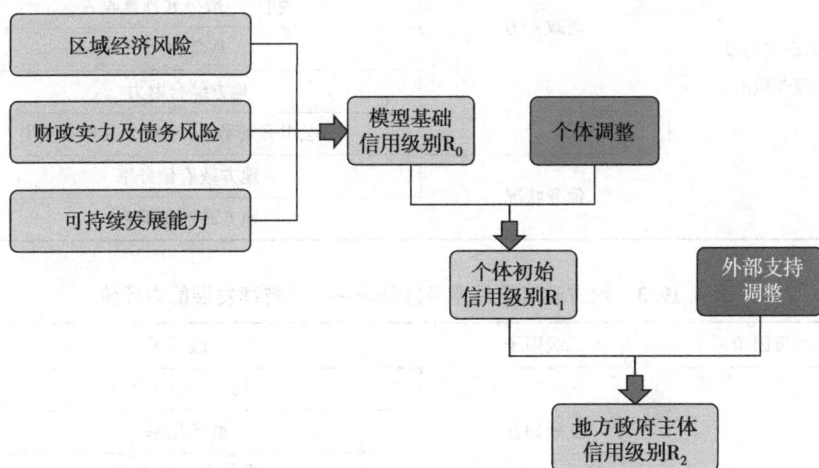

图 4.19.1 地方政府信用评级方法框架

三、地方政府评级模型指标清单

经过专家经验判断后，得到地方政府评级模型指标以及各指标的权重，最终确定打分表见表 4.19.1、表 4.19.2、表 4.19.3。

表 4.19.1　地方政府信用评级打分表——区域经济风险评价

一级因子	二级因子	三级因子
区域经济风险	地区经济基础水平	GDP
		GDP 年增速
		固定资产投资增长率
	地区经济发达程度	人均可支配收入
		人均 GDP

表 4.19.2　地方政府信用评级打分表——财政实力及债务风险评价

一级因子	二级因子	三级因子
财政实力及债务风险	财政实力	一般公共预算收入
		一般公共预算收入增长率
		税收/一般公共预算收入
		基金收入
		地方综合财力
		一般公共预算收入/一般公共预算支出
	债务状况	地方政府债务率
		地方政府负债率

表 4.19.3　地方政府信用评级打分表——可持续发展能力评价

一级因子	二级因子	三级因子
可持续发展能力	发展韧性	第三产业占比
		城镇化率
		常住人口变动率
	政府治理水平	政府经济治理水平
		政府财政治理水平
		政府债务治理水平

（一）区域经济风险

地方政府的区域经济风险主要从地区经济基础水平和地区经济发达程度两个方面评价。

1. 地区经济基础水平

地区经济基础水平决定了区域发展可获得的政策支持、经济发展水平、地理位置优势及自身资源，是区域经济发展的基础环境。地区经济基础水平主要从地区生产总值、地区生产总值增速和固定资产投资增长率三个方面评价。地区生产总值规模越大，地区生产总值增长速度和固定资产投资增长速度越快，地区经济基础水平越高，区域经济实力越强，区域风险往往越低。

地区生产总值、地区生产总值年增速和固定资产投资增长率均为定量指标，均根据不同的行政级别，对同一个档位分别设置不同的阈值。地区经济体量大则地方政府的税收多，同时持续稳定的经济增长也反映出区域产业结构的合理性和竞争力。因此，经济规模大、持续保持高速增长的地区具备更强的抵御负面冲击的能力，地区财政收入更有保障，区域经济风险越低。

2. 地区经济发达程度

地区经济发达程度主要通过人均可支配收入和人均地区生产总值两个指标进行评价。人均可支配收入和人均地区生产总值均为定量指标，均根据不同的行政级别，对同一个档位分别设置不同的阈值。人均收入高的区域通常经济发达，同时高附加值的产业占比高，经济结构合理，财政收入规模大，区域经济实力强。

（二）财政实力及债务风险

财政实力及债务风险主要考虑财政实力和债务状况两个方面。财政实力是区域经济的成果反映，是地方政府债务偿还能力的直接保障，主要分析财政收入规模及稳定性、财政收入结构及质量、财政收支平衡等方面。

1. 财政实力

地方政府财政实力主要通过一般公共预算收入、一般公共预算收入增长率、税收在一般公共预算收入中的占比、政府性基金收入、地方综合财力、一般公共预算收入占一般公共预算支出的比例共 6 个指标进行评估。上述指标均为定量指标，均根据不同的行政级别，对同一个档位分别设置不同的阈值。

一般公共预算收入衡量财政收入的规模，一般公共预算收入是地方政府财政收入的重要来源，包括税收和非税收入，是地方政府偿还债务的重要保障。

一般公共预算收入增长率衡量的是财政收入的增速和稳定性，稳定增长的财政收入可以反映出地方政府稳定和可靠的偿债能力。

税收占一般公共预算收入的比例衡量的是财政收入的质量和稳定性。一般公共预算收入中的税收来源于地方企业利润和居民收入，与区域经济的发展状况密切相关；非税收入取决于政府的政策法规，在当前减税降费的大背景下，非税收入具有一定的不确定。因此，税收的来源稳定性更高。

政府性基金收入衡量的也是财政收入的规模。政府性基金收入以国有土地使用权出让收入为主，是偿还地方政府专项债务的主要来源，受国家宏观经济政策和当地房地产市场的影响较大。

地方综合财力包括一般公共预算收入、政府性基金收入和转移性收入，是地方政府可用于偿还债务的收入来源，衡量的是财政收入的规模。

一般公共预算收入占一般公共预算支出的比例衡量的是财政自给能力和一般公共预算收支平衡情况。根据我国财政量入为出的原则，财政支出与财政收入要保持平衡，因此在考察一般公共预算收支平衡时，通常不考虑地方政府一般公共预算总收入中的债务收入及上级补助收入，只比较一般公共预算收入与一般公共预算支出的平衡情况，收入占支出的比例越高，表明地方政府财政自给能力越强。

2. 债务状况

地方政府债务状况主要通过政府债务负担和债务偿还能力两个方面进行考察，分别用地方政府负债率和地方政府债务率两个指标来衡量。上述指标均为定量指标，均根据不同的行政级别，对同一个档位分别设置不同的阈值。

地方政府负债率（地方政府负债率=地方政府债务余额/地区生产总值×100%）衡量政府债务负担状况，可以体现地方经济规模对政府债务的承载能力，也可以反映地方经济增长对政府举债的依赖程度。该指标值越大，地方政府债务负担越重，政府债务风险越高。

地方政府债务率（地方政府债务率=地方政府债务余额/地方综合财力×100%）衡量政府债务偿还能力，即地方政府通过调动当期财政收入满足偿债需求的能力。地方政府债务率越高，政府债务压力越大，政府债务偿还能力越弱，政府债务风险越高，该指标一般不得超过100%的警戒线水平。

（三）可持续发展能力

可持续发展能力是指在确保区域资源的可持续利用、生态环境良性循环条件下，区域经济保持持续、快速及健康发展的能力。可持续发展能力主要考虑发展韧性和政府治理水平两个方面。

1. 发展韧性

发展韧性代表一个区域经济系统面对经济冲击的稳固性及受到冲击后恢复的能力。在地方政府信用评级模型中，发展韧性的评估主要关注第三产业占比、城镇化率和常住人口变动率共三个指标，均为定量指标，均根据不同的行政级别，对同一个档位分别设置不同的阈值。

第三产业占比（第三产业占比＝第三产业增加值/地区生产总值×100%）是衡量生产社会化程度和市场经济发展水平的重要标志。第三产业主要集中在服务行业，可以为第一、第二产业的发展提供助力，吸纳从第一、第二产业转移出来的富余劳动力。第三产业逐渐成为拉动经济发展的主要动力，第三产业的发展也具有较强的可持续性，具有一定的抗经济冲击的能力。第三产业占比越高，地区经济的抗经济冲击的韧性越强。

城镇化率衡量地区的现代化水平。随着工业化发展，非农产业不断向城镇集聚。城镇化的进程有利于改善区域产业结构，吸引优秀人才和高附加值产业向城市聚集，推动现代城市发展。城镇化进度较快的区域，经济发展水平较好，进而吸引人口、产业、资金聚集，形成经济发展的良性循环。

常住人口变动率衡量地区吸引人口和产业聚集的能力。城市常住人口的增加为城市经济发展提供生产力，同时也会促进需求增长，因此人口的聚集可以带来密度效益和规模效益，是现代城市发展的主要动力。常住人口持续增长反映了地区能吸引人口聚集，经济发展状况较好；反之，人口持续净流出，反映出区域不能留住人才，人口老龄化严重，经济发展缺乏动力。

2. 政府治理水平

政府治理水平是指地方政府制定和执行推动区域经济发展的有效政策，并规范财政、管理债务的水平。政府治理水平对地区经济和社会的发展、稳定财政和保障债务偿还的影响重大。政府治理水平主要分析政府经济治理水平、财政治理水平和债务治理水平三个方面。

政府经济治理水平是定性指标，主要考察区域经济政策制定是否符合当地情况，政府行政审批效率及营商环境。因地制宜的经济发展政策有利于地区发挥比较优势，推动区域经济的可持续发展；便捷的行政审批程序及良好的营商环境有助于减少经济运行中的摩擦，有助于企业投资增长，促进区域经济的发展。

政府财政治理水平是定性指标，主要考察地方政府财政管理相关制度的健全性、执行的规范性，以及财政预算的有效性和透明度。财政预算有效性主要关注地方政府预算执行情况，通过对比分析年初财政预算和年末财政决算的差异，判断地方政府对财政收入的预测能力和财政支出的控制能力。两者差异越小，政府稳定财政状况应对财政危机的能力越强，反映政府的财政管理水平越高。财政预算的透明度主要考察地方政府财政预决算信息是否能够及时进行公开披露。

政府债务治理水平是定性指标，主要考察地方政府债务管理制度的健全性、执行的规范性、区域内隐性债务负担、政府债务期限分布和政府的再融资空间。区域内隐性债务负担是通过对平台企业存量债务规模、市场利差、债务偿还风险事件等信息进行综合分析和判断。政府的再融资空间通过政府存量债务余额与债务限额之间的差额来考察。政府债务治理水平越高，对债务偿还的安排及再融资的协调能力越强，越容易获得金融机构的认同，能更好地调配资金促进地区发展。

第二十章　主权信用评级模型

主权信用评级遵循 3C 信用评级理论，把可持续发展能力作为重要支柱之一，但其三支柱特别是可持续发展能力的内涵与企业有所不同，详见本章。

一、适用范围

本评级模型主要适用于主权国家的中央政府，但考虑到一些地方政府（如中国香港、中国澳门等）享有高度的自治权，且具备相对独立的财政及货币政策，因此本方法也适用于这些地方政府。主权信用评级是对主权政府（国家或地区）信用质量的综合评估。主权信用评级反映的是对主权政府及时足额偿付非官方债权人债务的能力及意愿的评估，是对主权违约可能性的前瞻性评估。

二、同业分析

基于同业分析的思路，通过比较国际三大评级机构的主权评级方法以及模型中所选取指标的异同，为构建联合主权评级模型及指标选取提供一定思路。

在评级要素选取上，两家国际评级机构所选评级要素名称有所差异，但其涵盖的内容基本相同，均考虑政治治理与结构特征、宏观经济政策与表现、公共财政偿付实力以及外部风险抵御能力；另一家评级机构的评级要素选取有所不同，虽然也覆盖经济实力、政治实力和财政实力等要素，但风险事件敏感度为等级调整减分项。国际三大评级机构在政治部分的指标选取主要参考世界银行的全球治理指标（WGI），WGI 是评估一个国家基本制度框架的重要组成部分，为衡量主权的政治实力提供衡量标准。国际三大评级机构在经济部分的分析具有一定相似性，主要涵盖经济总量、经济增速、通货膨胀以及国民收入等指标。财政评估会考虑财政弹性、长期财政趋势、政府债务结构、融资方法以及或有负债等因素带来的潜在风险。外部指标评估方面，两家评级机构均是从国际收支、外部债务以及汇率稳定性三个角度进行分析，而另一家评级机构则是采取风险事件敏感度评估，其中涉及外部波动性风险指标，一旦触发风险事件会对级别进行减分。

三、单变量分析

联合对 27 个指标与国际三大信用等级进行相关性检验，结果显示，与信用等级具有显著相关性的指标有 19 个，见表 4.20.1。

表 4.20.1　与信用等级显著相关指标

指标名称
名义 GDP 总量
CPI 增幅
物价波动率
失业率
人均 GDP
财政收入/GDP
财政余额/GDP
政府利息/财政收入
财政收入/政府债务
政府治理指数
人类发展指数
环境表现指数
全球创新指数
人口老龄化程度
不良贷款率
经常账户余额/GDP
国际净头寸/GDP
外债总额/GDP
一般政府外债总额/外债总额

四、评级框架

经同业分析、单变量分析以及专家经验判断后，得到主权信用评级的主要因素，即将国家治理、宏观经济表现及韧性、财政偿付能力作为主权评级的三大支柱，通过三支柱获得模型基础信用等级 R_0。然后通过外部融资风险来考察外部风险和外债偿付情况，综合考量后得到个体初始信用级别（本、外币）R_1。最后，通过可持续发展因素定性调整得到个体信用级别（本、外币）R_2，再根据外部支持项调整得到最终的发行人主体信用级别（本、外币）R_3。其中，国家治理能力主要考察政治稳定程度、政府治理能力和制度建设状况，宏观经济表现及韧性主要考虑经济规模、经济增长、物价水平、就业情况和经济发达程度，财政偿付能力主要考虑财政收支状况、政府债务压力和政府偿债能力，外部融资风险主要考察国际收支、外债压力和外债偿付能力。

五、主权信用评级模型指标清单

主权国家主体评级打分表见表 4.20.2、表 4.20.3、表 4.20.4、表 4.20.5。

表 4.20.2　主权国家主体评级打分表——国家治理评价

一级因子	二级因子	三级因子
国家治理	政治稳定程度	政治稳定性
		监管质量
	政府治理能力	腐败控制
		政府效率
	制度建设状况	法规
		话语权和问责制
	定性调整	

表 4.20.3　主权国家主体评级打分表——宏观经济表现及韧性评价

一级因子	二级因子	三级因子
宏观经济表现及韧性	经济规模	名义 GDP 总量
	经济增长	实际 GDP 增速
		经济增长波动性
	物价水平	CPI 增幅
		物价波动性
	就业情况	失业率
	经济发达程度	人均 GDP
	定性调整	

表4.20.4　主权国家主体评级打分表——财政偿付能力评价

一级因子	二级因子	三级因子
财政偿付能力	财政收支状况	财政收入/GDP
		财政余额/GDP
	政府债务压力	政府债务/GDP
		利息支出/财政收入
	政府偿债能力	财政收入/政府债务
	定性调整	

表4.20.5　主权国家主体评级打分表——外部融资风险评价

一级因子	二级因子	三级因子
外部融资风险	国际收支	经常账户余额/GDP
		国际净头寸/GDP
	外债压力	外债总额/GDP
		一般政府外债总额/全部外债
	外债偿付能力	经常账户收入/外债总额
		外汇储备/外债总额
	定性调整	

（一）国家治理

国家治理主要从政治稳定程度、政府治理能力以及制度建设状况三个部分定量打分，并通过考察政治体制进行定性档次调整。

1. 政治稳定程度

政治稳定性是考量执政主体被暴力等手段动摇或推翻的可能性，其引发的风险包括执政主体执政能力弱化、缺乏调动内部资源的能力来偿还债务等，这些均会对主权信用状况产生严重负面影响。政治环境或执政主体的稳定是国家或地区经济社会稳定、政策有效执行、债务正常偿付的前提条件。政治稳定程度主要参考世界银行公布的国家治理能力指数（WGI）。

2. 政府治理能力

政府治理能力主要通过政府效率、监管质量、腐败控制等来衡量。政府效率是反映政府执政能力最重要的指标，是对政府公共服务质量、政府行政部门独立程度、政策制定和实施的质量以及政府对相关政策做出的承诺的可信度的综合评价。一个高效的政府在提供公众服务、政策制定和执行、公共财政管理等方面成效显著，有利于社会稳定和经济的稳定发展。监管质量指政府制定、实施有效的政策法规、允许并推动私有部门发展的能力。腐败控制指对私行使公共权力的程度，包括各种类型的腐败，以及精英阶层、官员或私人对国家利益的"占取"。透明程度高、责任追究制度完善的政府体系在腐败控制方面通常表现较好；存在严重腐败问题政府其当地经济发展、政府财政状况必定会受到较大负面影响，其执政稳定性也较差。政府治理能力主要参考 WGI 中的腐败控制指标和政府效率指标。

3. 制度建设状况

完善的法治建设对个人合法权益的保障、社会秩序的维护起到至关重要的作用，也是经济稳定运行的前提条件。主要考量执法层对社会制度的信心以及对法律法规的服从程度，重点关注合约执行质量、对财产权保护、警察和法庭质量以及犯罪或暴力发生的可能性。话语权和问责制指公民在政府选举中的参与度，以及言论自由、媒体自由等。话语权是国家公民可以按照个人意愿表达意见和想法的基本权利，而高度集权的地区容易衍生的特权官僚集团，严重影响了社会的公正性，易引发民众不满从而影响执政主体的稳定。政府治理能力主要参考 WGI 中的法规以及话语权和问责制指标。

（二）宏观经济表现及韧性

宏观经济表现及韧性主要考量经济规模、经济增长、物价水平、就业情况以及经济发达程度多个方面，并进行定性档次调整。

1. 经济规模

经济规模反映一国经济抵御风险冲击的能力，经济总量大、持续保持高经济增长的经济体通常具备更强的抵御负面冲击的能力，公共财政波动性也会较低，且居民收入、财富也会同步快速增长，这类经济体通常具有更高的信用等级。而经济增长波动大的经济体其银行业发展、公共财政收支也比较不稳定，这类经济体抵御冲击的能力较差，可能导致主权债务偿付的中断。经济规模主要采用名义 GDP 总量指标进行衡量。

2. 经济增长

经济增长反映主权国家的增量变化，直接影响未来经济走势，因此采用实际 GDP 增速指标来反映，同时关注经济增长的波动性，体现经济周期以及稳定性情况。

3. 物价水平

价格稳定是经济稳定增长和繁荣的重要条件，低通胀和稳定经济增长的主权国家通常较长期高通胀和强烈经济周期波动的主权国家具有更高的信用等级。通货膨胀水平恶化通常是政治和经济环境不稳定的前兆，这是由于高通胀会严重损害市场对本币的信心，使本币实际价值下降，甚至导致资本大幅外流、货币或国际收支危机。通货紧缩同样会给经济带来负面影响，物价的下跌使得企业产品价格下跌、企业利润减少，影响企业生产和投资的积极性，也限制了社会需求的有效增长，还会导致政府债务负担的加重。通货膨胀率的大幅波动则是货币政策不确定、货币当局（央行）控制通胀水平乏力的体现，同样不利于经济的长期稳定发展。因此可以通过 CPI 增幅指标来反映，同时需要关注物价的波动性。

4. 就业情况

就业市场是主权国家经济发展以及稳定的重要组成部分，失业率作为一国失业水平的量化指标，也是反映宏观经济运行状况的重要参考依据。在分析劳动力市场时，长期失业率和青年人口失业率是重要的参考。一个处于长期高失业状态的经济体势必存在结构性问题，不仅会对其财政支出造成负担，更会陷入高失业和低增长的恶性循环。青年人口失业率高的经济体，其经济增长停滞或陷入衰退的可能性较大，未来的经济增长有限。

5. 经济发达程度

经济发达程度主要通过人均 GDP 水平来考量。较高的人均 GDP 是国家发达程度较高的表现，意味着劳动力从事着高附加值的工作，也是劳动力质量及其富裕程度的衡量标准，因此其经济实力更强并且能够更好地吸纳负面冲击的影响。

（三）财政偿付能力

财政偿付能力主要考量财政收支状况、政府债务压力和政府偿债能力三个方面，并进行定性档次调整。

1. 财政收支状况

财政收支状况是政府财政实力的最直接体现，考量因素主要包括财政收入水平以及财政收支盈余或赤字等指标。

政府财政收入水平在一定程度上体现了政府财力较强，用财政收入/GDP来衡量；但该比例并不是越高越好，若该比值很高，这样的财政收入水平可持续性不强，未来增长空间有限。

财政收入保持稳定增长是政府财政状况和经济发展健康的体现之一，有助于降低财政赤字或增加财政盈余，提升政府的偿债能力。财政收入的主要来源是税收，宽税基和低税率是健康的税收制度表现，可以提供较大的收入弹性。相反，税收负担较重的地区，政府财政收入弹性将受到限制。

财政支出的弹性、支出项目的效能也在考量范围内。财政支出包括经常性支出和投资性支出，其中经常性支出是用于政府机关、教育医疗、社会保障等方面的支出，这部分用于维持经济社会正常运行的支出具有较强的刚性，在财政支出中的占比越大，则财政固定费用的负担就越重，财政支出弹性就越小，对债务的保障能力也越弱。此外，有效的支出项目能够提供社会所需的公共服务和支撑经济持续增长的基础设施和教育水平。

长期财政赤字率（财政赤字/GDP）较高的政府面临较大的财政支出压力，也会加重政府的债务负担，政府为了控制赤字，缩减开支也会对经济和社会的稳定发展带来负面影响。

2. 政府债务压力

计量主权债务的首选指标为一般政府债务总额/GDP。较高且持续增加的债务负担会恶化主权政府的偿付能力，但因国家发展程度不同，债务负担的承受度也不同。因此，主权债务存量与主权信用不是一个简单的线性关系。但是，在其他条件相同的情况下，主权债务负担越大，主权信用风险越高。衡量主权债务负担的另一个指标是利息支出/财政收入，较大的利息支出压力不仅会导致政府财政赤字规模的增长，而且会对政府资本支出造成限制。

3. 政府偿债能力

财政收入是政府偿还本币债务的最主要资金来源，因此财政收入对政府债务的保障程度是政府偿债能力的最直接体现。联合用政府财政收入和一般政府债务总额的比值来衡量政府债务的偿还能力，该比例越高，财政收入对政府债务的保障程度越强。利息支付压力对偿债能力也有较大影响，特别是长期债务利息支付压力较重会持续增加财政负担，减小财政支出弹性。因此主权政府长期维持高利息支出可能会导致财政赤字规模增加并限制政府其他支出规模，对长期经济稳定发展也有负面影响。

除了财政收入以外，一些政府还拥有大量的金融资产（如主权财富基金）可以用于偿还政府债务，在其他条件相同的情况下，这些政府的偿债能力往往更强。

（四）外部融资风险

外部融资风险主要考量国际收支、外债压力以及外债偿付能力三个方面，并进行定性档次调整。

1. 国际收支

经常账户盈余或赤字水平用经常账户盈余或赤字与 GDP 的比值来衡量，长期较高的经常账户赤字水平说明该国家或地区的基础外汇获取能力较弱。对外净资产是反映主权国家对外投资状况的指标，主权国家的对外资产规模庞大且净资产为正有助于提升其外债偿还保障能力；反之则将对外债偿还保障能力有负面影响。

2. 外债压力

衡量主权外债压力的指标主要是外债总额/GDP。外债总额包括一般政府外债、中央银行外债、银行外债和其他部门（企业）外债。由于货币国际化程度较高的国家或地区，特别是作为国际金融中心的国家或地区，其银行拥有大量境外存款，导致其银行外债规模较大，其企业外部融资能力也较强，国际融资较为普遍，因此对于此类国家或地区主权外债主要参考其一般政府外债和中央银行外债总额。而对于非国际货币且私人部门国际融资能力不强的主权国家，私人部门需要通过换取外汇来偿付外债，因此对于此类国家或地区的主权外债负担应参考包括银行外债和企业外债在内的外债总额。

3. 外债偿债能力

经常账户收入和外汇储备规模均可以对外债偿付提供一定保障，充足的经常账户收入和外汇储备能够增强一国的国际清偿能力，因此采用经常账户收入/外债总额和外汇储备/外债总额指标来反映外债偿付能力。

（五）其他可持续发展因素

除了政治、经济、财政等方面的可持续性发展因素外，其他主要考量战争及地缘政治风险、金融稳定性、环境及社会可持续发展能力和历史违约记录四个方面，是对可持续发展能力分析的重要补充。

1. 战争及地缘政治风险

经常处于战争或面临战争威胁会造成主权政府军事支出增加，从而加重财政负担，并对经济的稳定发展造成严重影响。存在反动势力或恐怖主义盛行的主权国家社会稳定性通常较差，也会影响经济秩序的正常运行。此外，地缘政治冲突、外交孤立、宗教和民族冲突、大国博弈等因素也可能会导致军事冲突，从而破坏国家的稳定。

2. 金融稳定性

稳定、高效的金融系统，特别是银行系统，不仅可以有效地调配社会资金，提高经济运转效率，还可以在一定程度上为政府抵御风险提供资金保障。与此同时，银行在经济体系中的重要角色也决定了政府和央行会一贯进行干预以避免银行业出现系统性的失效。这些干预通过监管和规制加以实施，往往也采用财务支持的形式，包括将银行债务社会化以确保银行系统的偿付能力。因此，银行系统存在的风险大多最终会转嫁给主权，从而影响主权信用质量。虽然金融自由化是经济灵活性的重要特征，但联合认为，实体经济基础较强的储蓄型经济体通常比过于依靠虚拟经济的消费型经济体稳健性强。

3. 环境及社会可持续发展能力

环境可持续发展能力主要考量自然灾害、环境污染等因素对经济增长造成的影响及给政府财政造成的负担程度。自然灾害发生频率多与地理环境有关，地震、海啸、台风、火山喷发等重大自然灾害频发会对主权经济造成严重影响，增加政府财政负担和债务负担。

社会可持续发展能力则主要考量人口结构、劳动力素质、健康及安全保障等因素对经济增长及社会稳定性造成的影响。老龄化的人口结构使主权政府财政支出负担较重，通常拥有较高的主权债务，并且此类债务缩减的可行性较小，同时由于劳动人口比例减小，经济持续增长难度较大。

4. 历史违约记录

历史违约记录是考量一国（或地区）政府偿债意愿的重要因素。有过违约记录的国家（或地区）主权信用质量通常较低，特别是违约频繁的国家（或地区）。这些国家（或地区）在国际资本市场融资的难度更大、成本更高，在面临外部风险事件冲击时发生违约的可能性更大。

第一章　3C信用评级质量评价体系

3C信用评级质量评价指标体系由评级区分度、评级准确性、评级稳定性等指标构成。

一、评级区分度

（一）级别分布图

由于中国信用评级市场长期存在"级别门槛"问题，信用等级集中分布在AA级及以上级别，级别区分度不足。3C评级体系表观的评级区分度将首先体现在级别分布中，本文使用级别分布图展示更趋于正态分布的级别序列，并计算级别分布的偏态和峰度以量化其与正态分布的差异（见图5.1.1）。

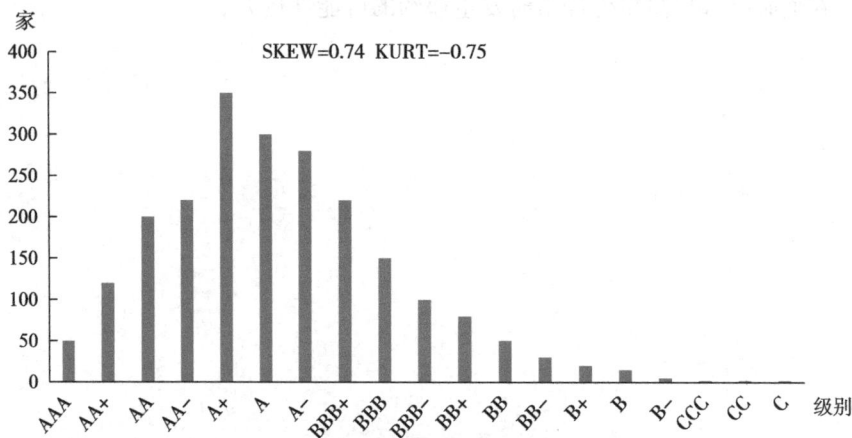

图 5.1.1　一种正偏态（右偏态）的级别分布

偏态是指样本的不对称程度，正态分布的偏态系数为0。偏态系数大于

0，是由于样本均值在众数右侧，称为右偏或正偏；偏态系数小于 0，是由于样本均值在众数左侧，称为左偏或负偏。峰度是指样本分布中峰部的尖度，正态分布的峰度系数为 0，以正态分布为基准，峰度系数大于 0 的分布为正峰度，峰度系数小于 0 的分布为负峰度。

（二）利差显著性检验

信用利差是指债券收益率与无风险收益率之间的差值，通常用基点（BP）为单位进行表示。一般来说，债券的信用等级越低，其信用风险越高，投资者可能的风险溢价要求越高，对应信用利差水平越高。使用 Mann-Whitney U 两独立样本非参数检验方法对信用利差进行显著性检验，得到级别（主体级别或债项级别）对利差影响不显著次数，可以从市场化的角度衡量信用等级序列的区分性，若级别未通过利差显著性检验，一定程度上说明投资者对部分信用等级的认可度不高。但由于影响信用利差的因素较多，除违约风险溢价外，还包括流动性溢价、期限溢价、税收因素等，信用利差只能一定程度上反映信用等级对风险区分能力。

二、评级准确性

评级准确性衡量评级结果是否能够准确反映违约率的高低。根据信用评级的定义，信用等级越高，其统计违约率应该越低。对于违约样本而言，其违约前信用评级应当处于较低水平，充分提示违约风险。

（一）平均违约位置

平均违约位置的概念源于相对评级位置，相对评级位置是指在全部样本中信用等级高于或等于本级别的样本占全部样本的比例（信用等级等于本级别按 0.5 个样本计）。为便于说明问题，假设信用等级集合为 R，$R = \{C, CC, CCC, \cdots, AA, AA^+, AAA\}$。将集合元素对应到整数集合 i，$i \in (1, \cdots, k)$，$k = 19$，表示为 R_i，C 级对应第 1 个元素，表示为 R_1，AAA 级对应第 19 个元素，表示为 R_{19}。

对于特定信用等级 R_i，其相对评级位置 P_i 可表示为 $P_i = \frac{1}{2} p_i + \sum_{j=i+1}^{k} p_j$，其中 p_j 为信用等级为 R_j 的样本占全部样本的比例，$j = i, \cdots, k$。

ADP 为违约样本的相对评级位置经加权平均求得：

$$ADP = \sum_{i=1}^{k} P_i \cdot p_i$$

其中，P_i 表示信用等级为 R_i 的相对评级位置，p_i 表示违约样本中信用等级为 R_i 的比例。ADP 结果在 0～1 之间波动，值越高表示评级的相对准确性越高。当违约更多的发生在信用等级相对较低的发行人中时，ADP 的结果会接近 1，评级系统的相对准确性越高，相对排序能力越强；当违约更多的发生在信用等级较高的发行人中时，ADP 的结果会接近 0，评级的相对准确性也较低。根据公式定义，即使样本中最低信用等级全部发生违约、其他信用等级均未违约，ADP 仍不等于 1，即使样本中最高信用等级全部发生违约、其他信用等级均未违约，ADP 仍不等于 0。为便于理解，可以使用调整后的平均违约位置：

$$ADP' = \frac{ADP - \dfrac{1}{2}}{1 - w} + \frac{1}{2}$$

其中，w 为全部样本的违约率。

（二）违约率倒置次数

就某个评级体系而言，各级别的违约率反映了特定受评群组报告期内的违约风险暴露情况，在衡量信用风险时具有一定的参考价值，但违约率的绝对数值大小无法用于评价评级体系准确性表现的优劣。针对发生违约的各级别群组，如果高级别的违约率大于低级别的违约率，则可以认为评级体系在对信用风险的排序方面存在一定问题，评级准确性表现不佳。我们使用违约率倒置次数来量化这种违约率"倒置"现象，对于发生违约的两个信用等级 R_i（较高级别）和 R_j（较低级别），如果 R_i 的违约率 δ_i 大于 R_j 的违约率 δ_j，则计为一次倒置。违约率倒置次数为各级别违约率间倒置次数之和，违约率可以是年度违约率或平均累积违约率。

1. 年度违约率计算方法

年度违约率为年初建立的某类信用等级发行人组成的群组中在年内发生违约的数量除以该群组中样本数量。年度违约率的计算公式如下：

$$ND(R_y) = \frac{nm(R_y)}{nn(R_y)}$$

R_y——y 年 1 月 1 日建立的由信用等级为 R 的发行人组成的群组，不含 y 年 1 月 1 日以前已发生违约、被终止评级的发行人；

$ND(R_y)$——y 年信用等级为 R 的发行人的年度违约率；

$nn(R_y)$——群组 R_y 的样本数量；

nm（Ry）——群组 Ry 中的发行人在 y 年发生违约的数量。

特别地，当年发行人在违约前被终止评级的情形仍将作为违约样本纳入统计。

2. 平均累积违约率计算方法

平均累积违约率由平均边际违约率计算得到。

y 年初群组的 t 年期边际违约率是指发行人在 $y+t-1$ 年 1 月 1 日前未发生违约的情况下，在 $y+t-1$ 年发生违约的违约率，计算公式如下：

$$nd_t(R_y) = \frac{nm_t(R_y)}{nn_t(R_y)}$$

$nd_t(R_y)$ ——y 年信用等级为 R 的发行人的 t 年期边际违约率；

$nm_t(R_y)$ ——y 年 1 月 1 日建立的由信用等级为 R 的发行人组成的群组中，生存（未发生违约、未被终止评级）至第 t 年，在 $y+t-1$ 年发生违约的数量；

$nn_t(R_y)$ ——y 年 1 月 1 日建立的由信用等级为 R 的发行人组成的群组中，在 $y+t-1$ 年 1 月 1 日前未发生违约、未被终止评级的发行人数量；

$$nn_t(R_y) = nn_{t-1}(R_y) - nm_{t-1}(R_y) - sp_t(R_y)$$

$sp_t(R_y)$ ——y 年 1 月 1 日建立的由信用等级为 R 的发行人组成的群组中，在 $y+t-1$ 年被终止评级的发行人数量。

对于特定时间区间内（y_0 年至 Y 年）建立的多个群组，t 年期平均边际违约率 $\overline{nd_t}(R_{y_0}^Y)$ 定义为：

$$\overline{nd_t}(R_{y_0}^Y) = \frac{\sum_{y_0}^{Y-t+1} nm_t(R_y)}{\sum_{y_0}^{Y-t+1} nn_t(R_y)}$$

进一步地，由平均边际违约率 $\overline{nd_t}(R_{y_0}^Y)$ 定义平均边际生存率 $\overline{S_t}(R_{y_0}^Y)$：

$$\overline{S_t}(R_{y_0}^Y) = \prod_{t=1}^{T} 1 - \overline{nd_t}(R_{y_0}^Y)$$

最终得到 y_0 年至 Y 年的 T 年期平均累积违约率 $\overline{ND_T}(R_{y_0}^Y)$：

$$\overline{ND_T}(R_{y_0}^Y) = 1 - \overline{S_t}(R_{y_0}^Y) = 1 - \prod_{t=1}^{T} [1 - \overline{nd_t}(R_{y_0}^Y)]$$

（三）违约前信用等级

除了信用风险的识别能力，针对违约风险的预警能力也是评级准确性的重要体现，精准识别是内涵，及时预警是外延。评级准确性较高的评级体系应避免出现受评主体在发生违约前信用等级仍维持较高水平的情况。我们使用违约主体违约前 12 个月区间内的最高信用等级、信用等级中位数、违约前 1 个月、3 个月、6 个月的信用等级以及违约时信用等级来综合评价预警及时性角度的评级准确性。

三、评级稳定性

在特定时间区间内，评级稳定性主要通过信用等级调整的频次、幅度等情况体现，评级体系需要在准确性和稳定性之间需求平衡，即及时调整信用等级、反映受评主体最新信用状况与保持信用等级的稳定性不可兼得（见表 5.1.1）。

表 5.1.1　评级稳定性指标样本示例

受评主体	期初	时点 1	时点 2	期末	上调	下调	大跨度调整	评级逆转	评级波动
1	AAA	AAA	AAA	AAA	0	0	0	0	0
2	AA$^+$	AA$^+$	AAA	AAA	1	0	0	0	1
3	AA	AA$^-$	AA$^-$	AA$^-$	0	1	0	0	1
4	A	BBB$^+$	A$^-$	A	1	1	0	1	4
5	无评级	AA	AA$^+$	AA$^+$	1	0	0	0	1
6	AA$^-$	A$^+$	A$^-$	BBB$^-$	0	1	1	0	6
7	AA	终止	AA	AA$^+$	1	0	0	0	1
8	AA	AA$^-$	终止	终止	0	1	0	0	1
…	…	…	…	…	…	…	…	…	…
n	…	…	…	…	…	…	…	…	…

注：表中列示了评级调整的几种典型情况，用于说明下文评级稳定性指标。

（一）评级调整率

评级调整是指受评主体在统计期内信用等级发生上调和下调的情形。计算评级调整率时，分母为统计期期初存续且具有有效信用等级、统计期内新增的受评主体（见表 5.1.1 样本 5）数量之和（n），如无特殊说明评级有效期默认为 1 年；分子为统计期内信用等级发生上调或下调的受评主体数量（见表 5.1.1 样本 2 至样本 8 信用等级均发生调整），受评主体在统计期内发生多次调整时仅计为 1 次评级调整（见表 5.1.1 样本 6）。评级调整不考虑受评主体期初、期末信用等级或状态的变化情况，针对统计期内受评主体信用等级上调和下调同时存在的情形，既是上调样本，也是下调样本，统计评级调整时仍计为 1 个样本，即使受评主体在期初、期末的信用等级相同；受评主体期末状态为终止评级、信用等级上调或下调发生在终止评级之前的情形，纳入评级调整统计；信用等级上调或下调发生在终止评级之后时仍纳入统计，特指受评主体被终止评级后又被重新评级的情形。

（二）大跨度调整率

大跨度调整是指一次评级调整中信用等级变动大于或等于 3 个子级的情形（见表 5.1.1 样本 6）。计算大跨度调整率时分母为 n。

（三）评级逆转率

评级逆转是指一段时间内受评主体信用等级上调和下调同时存在的情形（见表 5.1.1 样本 4），即信用等级发生回调（逆转）。具体来看，统计期内某个样本发生上调或下调，调整时间为 T_1，将 T_1 向前追溯 18 个月至 T_0，在 T_0 至 T_1 这段时间内，若该样本存在方向相反的调整（下调或上调），即为评级逆转。计算评级逆转率时分母为 n。

评级机构若出现评级逆转现象则说明其信用评级体系过于敏感，即可能在受评对象信用基本面未发生本质变化的情况下对受评对象出现的正面或负面信息做出过度反应。理想情况下评级逆转率应为 0。

（四）评级波动率

通过计算信用等级调整频次得到的评级调整率，在衡量评级稳定性时无法体现出调整的幅度情况，因此我们使用评级波动率指标作为评级调整率的补充。

评级波动率的计算口径与评级调整率基本一致，但分子为统计期内受评主体发生上调或下调的调整子级数量之和。如受评主体信用等级先由 A 级下调至 BBB$^+$ 级，又由 BBB$^+$ 级上调至 A$^-$ 级，后又上调至 A 级（见表 5.1.1 样本 4），在计算评级调整率时计为 1 个调整样本，计算评级波动率时计为 4 个波动样本。计算评级波动率时分母为 n。

（五）调整子级数量均值

调整子级数量均值定义为发生调整的样本调整子级数量之和与调整数量

的比，通过调整样本的平均调整幅度反映评级调整的强度（见表 5.1.1 样本 2 至样本 8 信用等级发生调整，调整子级数量之和为 15，调整数量为 7，调整子级数量均值约为 2.14）。调整子级数量均值也可以通过评级波动率和评级调整率的比得到。调整子级数量均值越小越好。

（六）信用等级迁移矩阵

信用等级迁移矩阵的计算方法采用 Cohort 法，只对期初和期末均有效的发行人主体信用等级从期初到期末的级别变动情况进行统计，即发行人状态须同时满足期初存续和期末存续，亦不考虑期间等级多调和等级回调的情况。Cohort 信用等级迁移矩阵的计算公式为：

$$m_{i,j} = \frac{n_{i,j}}{N_i}$$

其中，$n_{i,j}$ 为统计期初信用等级为 i 而考察期末信用等级为 j 的企业的个数，N_i 为统计期初信用等级为 i 的发行主体个数；特别地，$m_{i,j}$ 表示期初信用等级 i 的发行人在期末未发生等级迁移（级别稳定）的比率，对于信用等级 i，我们称 $m_{i,j}$ 为该等级的稳定率，$(1 - m_{i,j})$ 则为该等级的迁移率。

基于信用等级迁移矩阵，可计算平均信用等级迁移矩阵和加权平均信用等级迁移矩阵。平均信用等级迁移矩阵统计方法类似于信用等级迁移矩阵，特定时间区间内（y_0 年至 Y 年），T 年期平均信用等级迁移矩阵的计算公式为：

$$\overline{m}_{i,j}(T) = \frac{\sum_{y_0}^{Y-T+1} n_{i,j}(y+T)}{\sum_{y_0}^{Y-T+1} N_i(y)}$$

其中，y 表示统计区间内各年份，T 表示矩阵期限，$n_{i,j}(y+T)$ 表示 y 年年初信用等级为 i、$(y+T-1)$ 年年末级别为 j 的企业个数，$N_i(y)$ 表示 y 年年初信用等级为 i 的企业个数。T 年期平均信用等级迁移矩阵整体稳定率 $\overline{M}(T)$ 可表示为：

$$\overline{M}(T) = \frac{\sum_{y \in [y_0, Y-T+1]}^{i \in I} n_{i,i}(y+T)}{\sum_{y \in [y_0, Y-T+1]}^{i \in I} N_i(y)}$$

I 表示所有子级集合。

对于 y_0 年至 Y 年所能构建的所有 T 年期信用等级迁移矩阵，以各个群组样本数量占所有群组样本数量的比例为权重，将所有 T 年期信用等级迁移矩阵的各级别迁移率加权求和，可得到 T 年期加权平均信用等级迁移矩阵。

y 年的 T 年期信用等级迁移矩阵可表示为：

$$m_{i,j}(y_T) = \frac{n_{i,j}(y+T)}{N_i(y)}$$

y 年群组的权重可表示为：

$$w_i(y) = \frac{N_i(y)}{\sum\limits_{y_0}^{Y-T+1} N_i(y)}$$

y_0 年至 Y 年的 T 年期加权平均信用等级迁移矩阵可表示为：

$$\overline{wm}_{i,j}(T) = \sum_{y_0}^{Y-T+1} m_{i,j}(y_T) \times w_i(y) = \sum_{y=y_0}^{Y-T+1} m_{i,j}(y_T) \times w_i(y)$$

第二章　3C信用评级结果质量检验

本章采用上一章中描述的评级质量评价方法，针对中国资本市场发债企业的3C评级结果进行区分度、准确性和稳定性方面的评级结果质量检验。

一、评级区分度检验

（一）级别分布情况

样本涉及36个行业（工商20个行业、公用7个行业、金融9个行业）5414家样本，R_3中枢①为A-级，AAA级占比为2.20%，整体分布较为分散（见图5.2.1）。

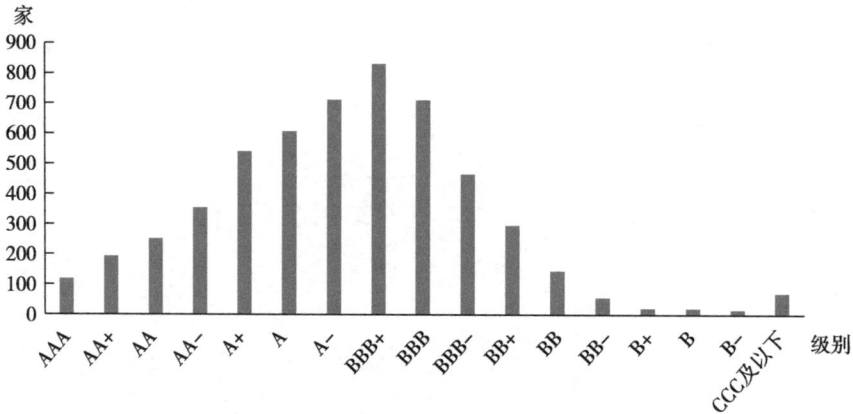

图5.2.1　3C评级模型各级别分布情况

（二）利差显著性检验

在区分性检验方面，开展两项关于利差的检验：利差排序检验，如果利

---

① 如无特殊说明，本报告所指中枢均按中位值计算，即排名半数值样本所在的位置。

差和信用等级之间具有单调性，即信用等级越低，利差越高，则评级模型对信用风险越具有区分度，反之缺乏区分度；显著性检验，采用独立样本非参数检验方法，在 95% 的置信水平下，如果不同信用等级的利差序列通过显著性检验，则评级模型对信用风险具有区分度，反之不具有区分度。以下对全样本 3C 评级模型的利差检验结果做具体分析。

1. 利差排序检验

从利差排序检验来看，3C 级别和利差之间总体具有单调性，说明模型所得结果具有较高的信用风险区分度（见图 5.2.2）。

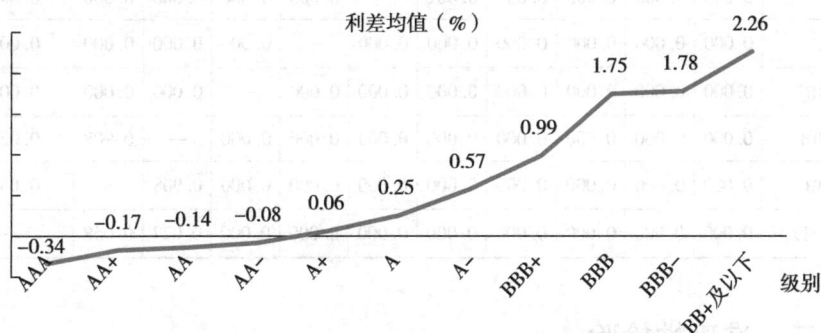

图 5.2.2　3C 评级模型利差分布情况

2. 显著性检验

使用 K 个独立样本非参数检验方法，对全样本 R_3 不同信用等级的利差差异性进行了显著性检验。检验结果显示，在 95% 的置信水平下，R_3 各级别利差差异显著，表明模型所得 R_3 结果对信用风险具有较好的区分度（见表 5.2.1）。

表 5.2.1　R_3 结果假设检验汇总

序号	零假设	检验	显著性	决策者
1	在级别类别上，利差的分布相同	独立样本 Kruskal-Wallis 检验	0.0001	拒绝零假设

使用 Mann-Whitney U 两独立样本非参数检验方法，对全样本 R_3 不同信用等级间的利差差异性进行显著性检验。在 90% 的置信水平下，除个别级别样本间未通过利差显著性检验外，其余各级别利差差异较为明显，表明 3C 模型对信用风险具有良好的区分度（见表 5.2.2）。

表 5.2.2　3C 评级体系下 R_3 结果各级别两样本独立检验汇总

级别	AAA	AA⁺	AA	AA⁻	A⁺	A	A⁻	BBB⁺	BBB	BBB⁻	BB⁺及以下
AAA	—	0.000	0.000	0.000	0.000	0.000	0.000	0.000	0.000	0.000	0.000
AA⁺	0.000	—	0.122	0.000	0.000	0.000	0.000	0.000	0.000	0.000	0.000
AA	0.000	0.122	—	0.005	0.000	0.000	0.000	0.000	0.000	0.000	0.000
AA⁻	0.000	0.000	0.005	—	0.001	0.000	0.000	0.000	0.000	0.000	0.000
A⁺	0.000	0.000	0.000	0.001	—	0.001	0.000	0.000	0.000	0.000	0.000
A	0.000	0.000	0.000	0.000	0.001	—	0.000	0.000	0.000	0.000	0.000
A⁻	0.000	0.000	0.000	0.000	0.000	0.000	—	0.000	0.000	0.000	0.000
BBB⁺	0.000	0.000	0.000	0.000	0.000	0.000	0.000	—	0.000	0.000	0.000
BBB	0.000	0.000	0.000	0.000	0.000	0.000	0.000	0.000	—	0.908	0.027
BBB⁻	0.000	0.000	0.000	0.000	0.000	0.000	0.000	0.000	0.908	—	0.058
BB⁺及以下	0.000	0.000	0.000	0.000	0.000	0.000	0.000	0.000	0.027	0.058	—

二、准确性检验

在违约检验方面，参照国际评级机构普遍采用的方法开展了两项检验：基尼系数，该值越高，则评级模型区分度越好，反之越差；违约前平均信用等级，该值越高，代表违约前级别越高，评级模型对违约预警的及时性越差，反之越好。

从准确性检验来看，2024 年上半年 3C 评级基尼系数为 0.98，与国际评级机构接近，说明模型整体区分度较高；3C 评级体系下违约前平均信用等级与国际评级机构接近，说明模型违约预警能力较强（见表 5.2.3）。

表 5.2.3　3C 评级体系下违约检验情况

检验方式	3C 级别	国际评级机构
基尼系数	0.98	90%左右
违约前平均信用等级	CC	Caa2（Moody's）B⁻（S&P）

三、稳定性检验

模型稳定性主要是采用不同年份之间（企业年报为 2020—2022 年三年加权和 2019—2021 年三年加权）数据来进行对比。正常情况下，同一主体在不同年份的信用级别整体应稳定，不会出现数据小幅波动导致级别调整的情况。通过统计模型级别未出现变动的个数占比来计算稳定比率。稳定比率越高，模型越稳定。

从级别稳定性来看，公用板块稳定性较高，工商和金融板块由于部分行业受周期影响及行业监管政策影响较大，板块稳定性弱于公用，各板块下移率均高于上移率。整体来看，3C 模型最终结果稳定性为 88.31%，模型稳定性较高，略高于国际三大评级机构稳定性（80%～85%）（见表 5.2.4）。

表 5.2.4　3C 评级模型各板块稳定性情况　　　　单位:%

板块	稳定比率
工商	83.53
公用	94.43
大工商	90.02
金融	76.95
全样本	88.31

四、小结

通过以上检验和对比分析，可以得到结论如下：从样本分布来看，3C 评级模型结果分布较为分散，具有较高的区分度。从利差检验效果来看，级别和利差之间具有单调性；从显著性检验结果来看，在 95% 的置信水平下，各级别利差差异基本显著，说明 3C 结果对信用风险具有较好的区分度。从准确性检验来看，3C 级别基尼系数与国际评级机构接近，说明模型区分度较高；3C 评级体系下违约前平均信用等级与国际评级机构接近，说明模型违约预警能力较强。从稳定性结果来看，3C 模型稳定性为 88.31%，模型稳定性较高。

五、附表

附表 5.2.1　穆迪平均累积违约率　　　　单位:%

信用等级	1983—2023 年			1983—2022 年		
	1 年期	3 年期	5 年期	1 年期	3 年期	5 年期
Aaa	0.00	0.01	0.06	0.00	0.00	0.10
Aa1	0.00	0.00	0.09	0.00	0.00	0.10
Aa2	0.00	0.10	0.31	0.00	0.10	0.30

续表

信用等级	1983—2023 年			1983—2022 年		
	1 年期	3 年期	5 年期	1 年期	3 年期	5 年期
Aa3	0.04	0.16	0.36	0.00	0.20	0.40
A1	0.06	0.35	0.70	0.10	0.40	0.70
A2	0.04	0.27	0.64	0.00	0.30	0.70
A3	0.06	0.36	0.78	0.10	0.30	0.70
Baa1	0.10	0.44	0.83	0.10	0.40	0.80
Baa2	0.16	0.68	1.26	0.20	0.70	1.30
Baa3	0.27	1.14	2.33	0.30	1.20	2.40
Ba1	0.51	2.68	5.01	0.50	2.70	5.10
Ba2	0.74	3.46	6.46	0.80	3.60	6.60
Ba3	1.33	6.31	11.80	1.30	6.40	12.00
B1	1.88	8.53	15.37	1.90	8.70	15.60
B2	2.91	11.95	19.91	3.00	12.30	20.40
B3	4.52	15.72	25.29	4.60	16.00	25.60
Caa	6.93	19.78	30.11	7.10	19.90	30.00
Ca-C	33.62	55.71	64.97	32.60	53.10	62.50
IG	0.09	0.43	0.88	0.10	0.40	0.90
SG	4.16	12.46	19.33	4.10	12.40	19.30
All	1.69	4.93	7.44	1.70	4.90	7.40

资料来源：国际三大评级机构官网，联合整理。

附表 5.2.2　标普平均累积违约率　　　　　　　　　　　单位：%

信用等级	1981—2023 年			1981—2022 年		
	1 年期	3 年期	5 年期	1 年期	3 年期	5 年期
AAA	0.00	0.13	0.34	0.00	0.13	0.34
AA$^+$	0.00	0.04	0.14	0.00	0.05	0.14
AA	0.02	0.08	0.34	0.02	0.08	0.34
AA$^-$	0.02	0.15	0.28	0.03	0.15	0.29
A$^+$	0.04	0.17	0.37	0.04	0.17	0.38
A	0.05	0.19	0.40	0.05	0.20	0.41
A$^-$	0.05	0.22	0.44	0.05	0.23	0.46
BBB$^+$	0.09	0.43	0.81	0.09	0.43	0.81

续表

信用等级	1981—2023 年			1981—2022 年		
	1 年期	3 年期	5 年期	1 年期	3 年期	5 年期
BBB	0.14	0.53	1.14	0.14	0.54	1.16
BBB⁻	0.21	1.15	2.36	0.22	1.18	2.44
BB⁺	0.28	1.56	3.02	0.29	1.63	3.13
BB	0.45	2.72	5.17	0.45	2.79	5.34
BB⁻	0.88	4.68	8.41	0.91	4.79	8.57
B⁺	1.86	8.21	13.14	1.91	8.45	13.43
B	2.73	9.79	14.88	2.85	10.13	15.32
B⁻	5.33	16.13	22.19	5.53	16.77	22.93
CCC/C	25.98	41.42	46.65	25.70	40.48	45.63
IG	0.08	0.38	0.78	0.08	0.39	0.80
SG	3.52	9.56	13.70	3.52	9.61	13.80
All	1.49	4.11	5.99	1.48	4.10	5.99

资料来源：国际三大评级机构官网，联合整理。

附表 5.2.3　惠誉平均累积违约率

单位：%

信用等级	1990—2023 年			1990—2022 年		
	1 年期	3 年期	5 年期	1 年期	3 年期	5 年期
AAA	0.11	0.34	0.60	0.11	0.35	0.61
AA⁺	0.00	0.00	0.00	0.00	0.00	0.00
AA	0.00	0.00	0.00	0.00	0.00	0.00
AA⁻	0.07	0.08	0.08	0.08	0.08	0.09
A⁺	0.00	0.10	0.18	0.00	0.10	0.19
A	0.06	0.32	0.62	0.07	0.34	0.65
A⁻	0.07	0.23	0.36	0.05	0.22	0.36
BBB⁺	0.08	0.25	0.56	0.07	0.25	0.60
BBB	0.07	0.53	1.08	0.07	0.53	1.15
BBB⁻	0.22	0.96	1.80	0.23	1.01	1.82
BB⁺	0.26	2.18	3.71	0.25	2.27	3.80
BB	0.50	2.20	4.50	0.48	2.19	4.73
BB⁻	1.07	3.96	5.49	1.04	4.01	5.18
B⁺	1.45	6.22	9.05	1.53	6.15	9.14
B	1.94	8.26	13.47	2.05	8.52	12.48

续表

信用等级	1990—2023 年			1990—2022 年		
	1 年期	3 年期	5 年期	1 年期	3 年期	5 年期
B⁻	3.04	8.76	11.66	3.12	8.92	11.10
CCC to C	23.31	35.30	38.28	22.97	35.17	37.86
IG	0.08	0.36	0.69	0.08	0.37	0.70
SG	2.61	6.78	9.36	2.60	6.80	9.20
All	0.78	2.06	2.89	0.76	2.04	2.81

资料来源：国际三大评级机构官网，联合整理。

附表 5.2.4　联合 3C 平均累积违约率（2021—2023 年）　　单位:%

信用等级	1 年期	3 年期
AAA	0.00	0.00
AA⁺	0.00	0.00
AA	0.00	0.00
AA⁻	0.00	0.00
A⁺	0.25	1.48
A	0.00	0.00
A⁻	0.06	0.43
BBB⁺	0.06	0.47
BBB	0.00	0.00
BBB⁻	0.53	2.86
BB⁺	0.36	1.80
BB	0.86	5.20
BB⁻	0.71	2.97
B⁺	5.97	50.63
B	6.90	47.86
B⁻	2.86	25.99
CCC	0.00	0.00
CC	10.20	60.09
C	25.00	66.25
D	30.00	—
ALL	0.39	1.54

资料来源：联合。

第六部分 展望

当前国内外形势复杂。国外方面，俄乌冲突持续，地缘政治冲突频发，全球经济放缓，通胀攀升，外部环境严峻。国内经济面临需求收缩、供给冲击、预期转弱三重压力，宏观经济增长压力较大。在这一背景下，市场监管部门出台多项举措，促进债券产品创新，支持债券市场定向扩容，完善债券市场体制机制，进一步推动债券市场对外开放，更好地发挥债券市场在服务实体经济、服务国家战略方面的重要作用。对于本土评级机构而言，抓住行业重塑期，积极主动探索高质量发展道路，实现转型升级，是新时期的重要课题。

《关于促进债券市场信用评级行业健康发展的通知》要求，评级机构"2022年底前建立并使用能够实现合理区分度的评级方法体系"，并长期构建以违约率为核心的评级质量验证机制。2022年以来，中国评级行业进入了重塑期和转型期，终将回归揭示信用风险、促进市场合理风险定价的本源。虽然当前3C信用评级理论和方法体系的构建已基本完成，但其实践、应用和完善始终在路上，其未来成长离不开债券市场的发展和开放，未来信用评级体系的完善和优化可以探索以下方向。

第一，构建完善的ESG评价体系，引领评级行业的可持续发展。2021年，在全球倡导可持续发展和中国"双碳"目标等大趋势共同作用下，中国向低碳经济转型迈出了坚实步伐，绿色债券产品创新及配套制度建设均取得了较大的发展，碳中和债、蓝色债券、可持续发展挂钩债券等创新产品不断涌现的同时，监管机构也陆续出台了相应的规范性文件，绿色债券制度环境不断优化，为国内ESG评级体系的发展提供了重要机遇。2024年5月，财政部就《企业可持续披露准则——基本准则》征求意见，这是我国第一份由政府层面发布的、适用于全部企业的可持续发展披露准则，有利于推动我国可持续信息披露与国际社会接轨，提升我国企业可持续信息的披露质量。作为债券市场的重要组成部分，评级机构在ESG评价方面将具有非常广阔的发展空间。但目前国内外的ESG评价缺乏统一的、可量化的ESG评价标准。作为3C信用评级理论和方法的重要组成部分，ESG评价体系的构建、完善和推出，有利于完善3C信用评级体系，从而引领行业的变革，助力国内债券市场的高质量发展。

第二，研究高收益债的评级方法，更好地满足不同类型企业的融资需求。取消强制评级政策施行以来，发行、交易和投资端的评级限制基本取消。但现阶段，中国高收益债市场仍不够成熟，信用债市场对发债企业主体级别仍存在着 AA 级的隐性门槛，弱资质民营企业、中小型的科创类企业等往往难以通过债券市场进行融资。因此，应该大力发展高收益债市场，畅通不同类型企业的融资渠道。信用评级是高收益债券的重要衡量标准，也是高收益债市场不可或缺的重要的风险揭示工具。未来随着高收益债市场的发展成熟，信用评级机构应加强研究，尽快推出高收益债评级方法，提高对各类债券的信用风险评估和预警能力，从而为高收益债券的界定标准和定价提供依据，更好地满足不同资质企业的融资需求。

第三，金融科技在信用评级领域深化应用，加速了评级技术的革新。随着大数据、云计算、人工智能、区块链等一系列技术创新在金融领域得到日益广泛的应用，信用评级行业也迎来了技术革新的浪潮。大数据和云计算被用于风险识别和监测，提高了风险预警的准确性和及时性；区块链被用于资产证券化的底层资产的记录和管理，增强了基础资产的真实性和透明度，有效防范了欺诈风险；人工智能应用于违约风险的辨识和判断，显著提高了对受评主体和债券的违约风险判别的准确性和时效性。因此，金融科技和传统评级技术的深度融合将推动评级技术的不断革新。各类创新性的信用风险识别和量化技术及工具将不断涌现。评级机构需紧跟金融科技创新的时代步伐，积极把金融科技运用于评级技术革新，方能顺应时代潮流。

第四，构建强大的风险监控配套系统，提高信用风险预警能力。自债券市场违约常态化后，投资者对债券违约的关注度显著上升。评级机构需要加强对受评对象的风险监控，提高预警能力，可以通过强化跟踪评级工作，细化风险排查，构建风险预警体系，为投资者提供准确、及时的企业信用风险变化信息，提高信息透明度，提升评级结果对违约风险的预警及时性。目前，联合已建立了基于大数据的风险监控系统，实现了对发行主体和存续债券的全域全时监控和预警提示，自 2021 年上线以来已覆盖工商、公用、金融、结构、非标等全部业务条线，涵盖全部 10000 余家发债（含曾发债）企业，对新增债券违约主体的预警成功率接近 100%，系统对于发生实质性违约或重大信用风险的发债企业平均提前预警期为 6 个月。评级机构在债券风险预警技术方面的进步，能够更好满足投资者的需要，同时也能为监管机构、投资人提供风险监控服务，为企业债券融资提供相应支持。

第五，加强国际评级体系建设，提升国际投资人认可度和影响力，推动本土机构走出去。近年来，中国债券市场持续加大对外开放力度。中国人民银行在 2022 年工作会议中指出，要继续推动出台金融基础设施监管办法，稳步推进债券市场改革开放。2022 年 6 月中国人民银行印发《全面推动北京征信体系高质量发展促进形成新发展格局行动方案》提出，在中资美元债备案环节，鼓励发行人至少选聘一家本土评级机构，逐步提高本土评级机构在国际资本市场的话语权。随着中国构建双循环新发展格局的推进，相关机制和基础设施将不断完善，中国债券市场有望实现更大范围、更宽领域、更深层次的对外开放。对于本土评级机构而言，抓住行业发展机遇期，可以通过拓展中资美元债评级业务打开境外市场，扩大国际影响力和知名度，提升国际竞争力。在此过程中，应推动本土评级技术改进，加强国际评级体系建设，进一步提升评级机构的公信力，推动本土企业国际化发展，减少中国境内企业对西方评级机构的过度依赖。

中国信用评级行业历经三十余年发展，逐渐步入成熟期，同时也面临行业转型挑战，债市违约常态化对评级机构的风险揭示和预警能力提出更高要求。原有的信用评级理论和技术体系面临变革，顺应时代要求、勇于变革的评级机构将涅槃重生，否则将被时代淘汰。3C 信用评级体系的提出将有力推动中国信用评级行业高质量发展，促进本土评级机构提升国际化水平和话语权，为中国信用评级事业的可持续发展开辟新路。"惟其艰难方知勇毅，惟其磨砺始得玉成"，让我们一起期待中国信用评级行业不断前行，早日迎来枝繁叶茂、硕果累累的辉煌时刻吧！

附件 主要财务指标的计算公式

指标名称	计算公式
增长指标	
年复合增长率	(1) 2年数据：增长率 =（本期−上期）/上期×100% (2) n年数据：增长率 =［（本期/前 n 年）＾（1/(n−1)）−1］×100%
经营效率指标	
销售债权周转次数	营业总收入/（平均应收账款净额+平均应收票据+平均应收款项融资）
存货周转次数	营业成本/平均存货净额
存货周转次数	营业成本/（平均存货净额+平均合同资产）（建筑工程行业模型特有）
总资产周转次数	营业总收入/平均资产总额
现金收入比	销售商品、提供劳务收到的现金/营业总收入×100%
应收账款周转次数	营业总收入/平均应收账款净额
净营业周期	应收账款周转天数+存货周转天数−应付账款周转天数（天）
盈利指标	
总资本收益率	（净利润+费用化利息支出）/（所有者权益+长期债务+短期债务）×100%
总资产报酬率	（利润总额+费用化利息支出）/总资产×100%
净资产收益率	净利润/所有者权益×100%
EBITDA 利润率	EBITDA/营业总收入×100%
调整后营业利润率	（营业总收入−营业成本−税金及附加−期间费用）/营业总收入×100%
营业利润率	（营业总收入−营业成本−税金及附加）/营业总收入×100%
期间费用率	（管理费用+销售费用+财务费用+研发费用）/营业总收入×100%
债务结构指标	
资产负债率	负债总额/资产总计×100%
全部债务资本化比率	全部债务/（长期债务+短期债务+所有者权益）×100%
长期债务资本化比率	长期债务/（长期债务+所有者权益）×100%
担保比率	担保余额/所有者权益×100%

续表

指标名称	计算公式
长期偿债能力指标	
EBITDA 利息倍数	EBITDA/利息支出
全部债务/EBITDA	全部债务/EBITDA
EBITDA/全部债务	EBITDA/全部债务
短期偿债能力指标	
流动比率	流动资产合计/流动负债合计×100%
速动比率	（流动资产合计−存货）/流动负债合计×100%
速动比率	（流动资产合计−存货−合同资产）/流动负债合计×100%（建筑工程行业模型特有）
经营现金流动负债比	经营活动现金流量净额/流动负债合计×100%
现金短期债务比	现金类资产/短期债务

注：现金类资产＝货币资金+交易性金融资产+应收票据+应收款项融资中的应收票据；

短期债务＝短期借款+交易性金融负债+一年内到期的非流动负债+应付票据+其他短期债务；

长期债务＝长期借款+应付债券+租赁负债+其他长期债务；

全部债务＝短期债务+长期债务；

EBITDA＝利润总额+费用化利息支出+固定资产折旧+使用权资产折旧+摊销；

利息支出＝资本化利息支出+费用化利息支出。

权利及免责声明